2024 全国房地产估价师职业资格考试
考前小灶卷

建知（北京）数字传媒有限公司　组织编写

张洁函　郝继东　主　编

中国城市出版社

图书在版编目（CIP）数据

2024全国房地产估价师职业资格考试考前小灶卷／建知（北京）数字传媒有限公司组织编写；张洁函，郝继东主编. -- 北京：中国城市出版社，2024.7.
ISBN 978-7-5074-3728-7

Ⅰ.F299.233.5-44

中国国家版本馆CIP数据核字第2024AH4798号

责任编辑：毕凤鸣
责任校对：张　颖

2024全国房地产估价师职业资格考试
考前小灶卷

建知（北京）数字传媒有限公司　组织编写
张洁函　郝继东　主　编

*

中国城市出版社出版、发行（北京海淀三里河路9号）
各地新华书店、建筑书店经销
北京红光制版公司制版
三河市富华印刷包装有限公司印刷

*

开本：787毫米×1092毫米　1/16　印张：17　字数：398千字
2024年7月第一版　2024年7月第一次印刷
定价：60.00元（含增值服务）
ISBN 978-7-5074-3728-7
（904745）

版权所有　翻印必究
如有内容及印装质量问题，请与本社读者服务中心联系
电话：(010) 58337283　　QQ：2885381756
（地址：北京海淀三里河路9号中国建筑工业出版社604室　邮政编码：100037）

本 书 编 委 会

主　　编：张洁函　郝继东
参编人员：（按姓氏笔画排序）
　　　　　甘忠颖　田　丹　任文宇　刘晓玉　刘远辉
　　　　　李　彤　李　雪　李　丽　杨桂斌　霍　琳

编写说明

2021年10月，住房和城乡建设部、自然资源部印发《房地产估价师职业资格制度规定》《房地产估价师职业资格考试实施办法》，房地产估价师考试迎来重大改革。改革后的注册房地产估价师可以从事房地产估价（含土地估价）业务。

住房和城乡建设部会同自然资源部负责《房地产制度法规政策》《房地产估价原理与方法》科目的考试大纲编制、命审题、阅卷等工作。住房和城乡建设部、自然资源部分别负责《房地产估价基础与实务》《土地估价基础与实务》科目的考试大纲编制、命审题、阅卷等工作。

改革后考试大纲覆盖面更广，四个考试科目之间关联性更大，考生将面临更高难度的挑战。为此特编写此书，希望能够助考生一臂之力。各科目特点及本书编写思路如下：

《房地产制度法规政策》涵盖了房地产、土地管理制度、城镇住房制度和房地产领域现行法规政策。改革后大纲较原房地产估价师考试内容新增了土地管理、地籍管理、国土空间规划、土地用途管制、耕地保护、集体经营性建设用地管理、土地市场、地价管理、城市及居住区建设管理等。教材脉络清晰，但知识点细碎且庞杂，考点分布较为均衡，几乎各章各节都能分配到分值。本科目模拟题编写考虑教材的变化及近年考试命题特点，从细节入手，注重知识点在各章的分布及历年真题的出题角度，希望考生通过练习巩固所学知识，熟悉本科目出题特点，对照自身情况，制定下一阶段复习内容，查缺补漏。

《房地产估价原理与方法》科目改革后较原房地产估价师考试内容增加了土地估价方法。本内容分为原理基础和估价方法两部分，均涉及文字知识考核及计算，侧重点各有不同。前者侧重文字考核，后者侧重考核计算，这两类知识点同样重要，不能顾此失彼。考试题型也有较大变化，取消了原来的两道计算题，取而代之的是综合分析题。模拟题编写考虑本科目考试题型的重大变化及知识点变化，结合今年考试命题特点，从各个方面进行了考核，希望能够通过练习，对细节知识点有更精准的把握，提高计算的熟练程度。

《房地产估价基础与实务》科目是根据房地产估价师考试改革前的《房地产估价案例与分析》《房地产开发经营与管理》和《房地产估价相关知识》三个科目的内容整合而成，涵盖的内容较广，分为上下两篇，分别是房地产估价专业基础和房地产估价操作实务。上篇中的房地产投资现金流量分析与资金时间价值、房地产项目经济评价与可行性研究涉及相对比较复杂的计算。模拟题是根据本科目的考试考察要求编写的，针对性强，通过反复练习可以不断强化对考点的理解和记忆，同时提升做题能力。

《土地估价基础与实务》是新增科目，涵盖的内容繁多且广泛，包括土地估价专业基础、土地估价原理与方法和土地估价实务与案例三大部分，其中，土地估价专业基础又分为土地管理基础、土地估价制度与政策以及土地估价相关基础知识三部分。土地估价原理与方法还涉及大量的计算，需要通过做相应的计算题目来掌握。从考试考察要求以及不同考点的考察方式出发，对本科目的模拟题进行了针对性编写；通过反复做题，一是能够检测自己的学习程度；二是能够进一步掌握考点，提升做题能力。

目 录

《房地产制度法规政策》考前小灶卷（一）
《房地产制度法规政策》考前小灶卷（二）
《房地产制度法规政策》考前小灶卷（三）

《房地产估价原理与方法》考前小灶卷（一）
《房地产估价原理与方法》考前小灶卷（二）
《房地产估价原理与方法》考前小灶卷（三）

《房地产估价基础与实务》考前小灶卷（一）
《房地产估价基础与实务》考前小灶卷（二）
《房地产估价基础与实务》考前小灶卷（三）

《土地估价基础与实务》考前小灶卷（一）
《土地估价基础与实务》考前小灶卷（二）
《土地估价基础与实务》考前小灶卷（三）

《房地产制度法规政策》考前小灶卷（一）

微信扫码　免费听课

一、**单项选择题**（共 60 题，每题 0.5 分。每题的备选答案中只有 1 个最符合题意，请在答题卡上涂黑其相应的编号）

1. 国有土地所有权由（　　）代表国家行使。
   A. 国务院
   B. 市、县人民政府
   C. 国务院土地行政主管部门
   D. 市、县人民政府土地行政主管部门

2. 以下各项中，属于农民集体所有的是（　　）。
   A. 自留山
   B. 矿藏
   C. 荒地
   D. 山岭

3. 村民自有的宅基地所有权归（　　）所有。
   A. 国家
   B. 村民个人
   C. 村民家庭
   D. 农民集体

4. 廉租住房单套建筑面积应当在（　　）m² 以内。
   A. 30
   B. 50
   C. 60
   D. 90

5. 单位和个人缴存住房公积金的缴存比例，原则上均不高于职工上一年度月平均工资的（　　）。
   A. 5%
   B. 8%
   C. 10%
   D. 12%

6. 农用地转用方案经批准后，由（　　）组织实施。
   A. 市、县人民政府
   B. 省、自治区、直辖市人民政府
   C. 国务院
   D. 全国人大及常委会

7. 根据《中华人民共和国土地管理法实施条例》（以下简称《土地管理法实施条例》），在国土空间规划确定的城市和村庄、集镇建设用地范围内，为实施该规划而将农用地转为建设用地，下列关于农用地转用的表述，正确的是（　　）。
   A. 不得占用永久基本农田
   B. 涉及占用永久基本农田的，应由国务院批准
   C. 不涉及占用永久基本农田的，应由省、自治区、直辖市人民政府批准
   D. 农用地转用方案经批准后，应由省、自治区、直辖市人民政府组织实施

8. 耕地保护的责任目标考核制度中，每（　　）为一个规划期。
   A. 三年
   B. 五年
   C. 七年
   D. 十年

9. 耕地保护的责任目标考核制度中，期末考核在每个规划期结束后的次年开展 1 次，由（　　）组织开展。

A. 国务院
B. 自然资源部会同农业农村部、国家统计局
C. 各省、自治区、直辖市
D. 各市、县

10. 被征收人或者房屋征收部门对房地产估价机构的复核结果有异议的,应当自收到复核结果之日起( )日内,向被征收房屋所在地房地产价格评估专家委员会申请鉴定。
A. 5 B. 10
C. 15 D. 30

11. 下列不属于有偿使用土地形式的是( )。
A. 出让 B. 租赁
C. 作价出资、入股 D. 抵押

12. 征收土地预公告应当采用有利于社会公众知晓的方式,预公告时间不少于( )。
A. 10 日 B. 10 个工作日
C. 15 日 D. 15 个工作日

13. 自( ),任何单位和个人不得在拟征收范围内抢栽抢建;违反规定抢栽抢建的,对抢栽抢建部分不予补偿。
A. 征收土地公告发布之日起
B. 征收土地预公告发布之日起
C. 征收土地补偿款到位之日起
D. 签订征地补偿安置协议之日起

14. ( )是将未来农用地预期产值还原到当期,并结合被征地农民安置需要,综合考虑修正后测算区片综合地价的方法。
A. 路线价法 B. 综合评估法
C. 征地案例比较法 D. 农用地产值修正法

15. 房屋征收部门是由( )确定的,组织实施本行政区域的房屋与征收补偿工作。
A. 市、县级人民政府 B. 县级以上房地产主管部门
C. 县级以上土地主管部门 D. 被征收范围内单位与个人

16. 对征收补偿方案进行论证、修改后,市、县级人民政府应当予以公布,征求公众意见,期限不得少于( )。
A. 10 日 B. 15 日
C. 28 日 D. 30 日

17. 被征收单位或个人,对被征收房屋的用途产生异议,应当由( )确认。
A. 房地产行政主管部门 B. 房屋征收主体
C. 城市规划行政主管部门 D. 不动产登记机构

18. 被征收房屋的价值由具有相应等级的房地产价格评估机构评估,下列不属于该机构选定方式的是( )。
A. 被征收人协商 B. 少数服从多数决定
C. 随机选定 D. 征收主体认定

19. 下列关于国有建设用地使用权出让最高年限的表述中，错误的是（ ）。
   A. 私立学校用地50年　　　　　　　B. 厂房用地50年
   C. 大型超市用地50年　　　　　　　D. 别墅用地70年

20. 下列用地中，应当采取招标、拍卖等公开竞价的方式出让的是（ ）。
   A. 廉租住房用地　　　　　　　　　B. 商品住宅用地
   C. 公益设施　　　　　　　　　　　D. 城市基础设施

21. 闲置土地的处置方式中，延长动工开发期限最长不得超过（ ）。
   A. 1年　　　　　　　　　　　　　B. 2年
   C. 6个月　　　　　　　　　　　　D. 3个月

22. 某房地产开发公司计划在2017年建设一个大型娱乐城，根据我国法律有关规定，在出让合同中国有土地使用时间最晚到（ ）年底。
   A. 2057　　　　　　　　　　　　　B. 2067
   C. 2087　　　　　　　　　　　　　D. 不限年限

23. 划拨国有建设用地使用权人需要改变批准的土地用途的，须报经（ ）主管部门批准。
   A. 市、县自然资源　　　　　　　　B. 省级自然资源
   C. 市、县城乡规划　　　　　　　　D. 省级城乡规划

24. 某五星级酒店按土地法定最高出让年限减去5年的年限取得土地使用权，经营10年后转让，则取得该土地使用权的剩余使用年限是（ ）年。
   A. 20　　　　　　　　　　　　　　B. 25
   C. 30　　　　　　　　　　　　　　D. 40

25. 根据国家有关法规，闲置土地满（ ）未动工开发时，政府可以无偿收回土地使用权。
   A. 6个月　　　　　　　　　　　　B. 1年
   C. 2年　　　　　　　　　　　　　D. 3年

26. 居住街坊内集中绿地的规划建设，新区建设不应低于（ ）m²/人。
   A. 0.35　　　　　　　　　　　　　B. 0.50
   C. 0.80　　　　　　　　　　　　　D. 1.00

27. （ ）是响应招标、参加投标竞争的法人或者其他组织。
   A. 招标人　　　　　　　　　　　　B. 投标人
   C. 招标监管部门　　　　　　　　　D. 招标监管人

28. 下列选项不属于招标代理机构应当具备的条件的是（ ）。
   A. 与行政机关存在隶属关系
   B. 有能够组织评标的相应专业力量
   C. 有能够编制招标文件的相应专业力量
   D. 有从事招标代理业务的营业场所和相应资金

29. 监理工程师对工程进行进度控制的目的是（ ）。
   A. 确保项目交付使用时间目标的实现
   B. 保证工程项目质量目标的实现

C. 保证合同得到全面认真的履行
D. 确保工程项目安全文明施工

30. 中止施工满（　　）的工程恢复施工前，建设单位应当报发证机关核验施工许可证。
    A. 6个月　　　　　　　　　　B. 1年
    C. 2年　　　　　　　　　　　D. 3年

31. 施工单位进行现场取样时，应在（　　）监督下进行。
    A. 监理单位　　　　　　　　　B. 设计单位
    C. 施工单位　　　　　　　　　D. 实验室人员

32. 建设工程发生质量事故，有关单位应当在（　　）小时内上报。
    A. 1　　　　　　　　　　　　B. 12
    C. 24　　　　　　　　　　　D. 48

33. 按照《房地产开发企业资质管理规定》的规定，W省A市房地产开发公司申报一级资质，由（　　）初审。
    A. A市人民政府　　　　　　　B. W省住房和城乡建设行政主管部门
    C. W省人民代表大会　　　　　D. 国务院住房和城乡建设行政主管部门

34. A房地产开发公司开发建设一住宅工程，该工程建设总投资为4000万元。在其他商品房预售条件具备的情况下，按提供预售的商品房计算，其投入开发建设的资金应达到（　　）万元。
    A. 300　　　　　　　　　　　B. 1000
    C. 750　　　　　　　　　　　D. 1500

35. 商品房现售，必须符合的条件不包括（　　）。
    A. 供水、供电已确定施工进度和交付日期
    B. 持有建设工程规划许可证和施工许可证
    C. 已通过竣工验收
    D. 拆迁安置已经落实

36. 李某与W房地产开发公司签订了商品房预售合同，预测建筑面积为100m²。李某所预购商品房实测建筑面积为95m²，其面积误差比为（　　）。
    A. －3%　　　　　　　　　　B. 3%
    C. －5%　　　　　　　　　　D. 5%

37. 房地产开发项目经规划部门批准变更规划的，房地产开发企业自变更确立之日起（　　）日内应书面通知买受人。
    A. 7　　　　　　　　　　　　B. 10
    C. 15　　　　　　　　　　　D. 30

38. 房地产抵押是指抵押人以其合法的房地产以（　　）的方式向抵押权人提供债务履行担保的行为。
    A. 转移房屋所有权　　　　　　B. 转移占有
    C. 不转移占有　　　　　　　　D. 转移土地使用权

39. 某房地产开发企业开发商品房住宅小区，共8栋，每栋18层、3个单元，每个单

元为一梯三户。2018年6月1日，该项目取得商品房预售许可证，准许销售324套。甲企业于2018年6月5日，应一次性公开( )套房源。

A. 162
B. 200
C. 324
D. 1296

40. 商品房预售合同登记备案的申请人应是( )。

A. 购房人
B. 房地产开发企业
C. 商品房销售代理机构
D. 购房人和房地产开发企业

41. 下列可以从事公司上市房地产估价业务的房地产估价机构是( )。

A. 一级房地产估价机构
B. 二级房地产估价机构
C. 三级房地产估价机构
D. 暂定三级房地产估价机构

42. 房地产中介服务是受当事人委托进行的，房地产中介服务人员在当事人委托的范围内从事房地产中介服务活动，提供当事人所要求的服务，体现了房地产中介服务的( )特点。

A. 委托服务
B. 人员特定
C. 服务有偿
D. 交易复杂

43. 房地产经纪专业人员职业资格属水平评价类职业资格，分( )个层级。

A. 两
B. 三
C. 四
D. 五

44. 房地产估价师注册有效期满需继续执业的，应当在注册有效期满( )日前，申请延续注册。

A. 15
B. 30
C. 60
D. 90

45. 下列关于房地产中介服务收费，表述错误的是( )。

A. 房地产中介服务机构不得收取任何未标明的费用
B. 放开房地产估价收费，根据所提供服务的质量，合理给出价格，并明码标价
C. 中介人促成合同成立的，委托人应当按照约定支付报酬，以及中介活动的费用
D. 委托人在接受中介人的服务后，利用中介人提供的交易机会，绕开中介人直接订立合同的，应当向中介人支付报酬

46. 某分支机构，以设立本分支机构的房地产估价机构的名义出具估价报告，由至少( )名专职注册房地产估价师签字并加盖该房地产估价机构公章。

A. 1
B. 2
C. 3
D. 5

47. 关于开展房地产估价活动的要求，表述错误的为( )。

A. 委托开展法定评估业务，应当依法选择评估机构
B. 房地产估价机构未经委托人书面同意，不得转让受托的估价业务
C. 估价机构应当对委托人提供的权属证明等资料的真实性、完整性和合法性负责
D. 评估机构应当对评估报告进行内部审核

48. 房地产估价师的注册有效期为( )年。

A. 2
B. 3

C. 4
D. 6

49. 对特定的纳税人实行加成征税，加一成等于加( )的10%。
A. 正税
B. 副税
C. 纳税人
D. 税率

50. 调节纳税人负担轻重的主要税制要素是( )。
A. 税率
B. 税基
C. 附加和加成
D. 免征额

51. 城镇土地使用税的计税依据是( )。
A. 纳税人实际占用的土地面积
B. 纳税人实际建设的房屋使用面积
C. 纳税人实际建设的房屋建筑面积
D. 纳税人自己测定的土地面积

52. 城镇土地使用税采用的税率是( )。
A. 四级超额累进税率
B. 四级超额累退税率
C. 分类分级的幅度定额税率
D. 比例税率

53. 耕地占用税实行( )。
A. 累进税率
B. 定额税率
C. 累退税率
D. 一般税率

54. 按税法规定，自用的地下商业用途房产，若房屋原价为100万元，则其最低应缴纳房产税( )元。
A. 4200
B. 5880
C. 8640
D. 86400

55. 根据《中华人民共和国民法典》（以下简称《民法典》），"中介服务合同"是指( )。
A. 居间合同
B. 代理合同
C. 咨询合同
D. 估价合同

56. 《民法典》规定，不动产登记机构应当履行的职责是( )。
A. 查验申请人提供的权属证明
B. 审查申请人提供的评估报告
C. 以年检的形式进行重复登记
D. 对被登记房屋进行实地查看

57. 耕地的承包期为( )年。
A. 20
B. 30
C. 30～50
D. 20～50

58. 建设用地使用权可以在土地的( )设立。
A. 整体
B. 地上部分
C. 地下部分
D. 地表、地上或者地下分别设立

59. 下列不动产登记类型中，不属于本登记的是( )。
A. 首次登记
B. 异议登记
C. 转移登记
D. 预告登记

60. 预告登记后，债权消灭或者自能够进行不动产登记之日起（　　）个月内未申请登记的，预告登记失效。
A. 1　　　　　　　　　　　　B. 2
C. 3　　　　　　　　　　　　D. 6

二、多项选择题（共40题，每题1分。每题的备选项中，有2个或2个以上符合题意，全部选对的，得1分；错选或多选的，不得分；少选且选择正确的，所选的每个选项得0.5分）

61. 廉租住房保障资金的来源有（　　）。
A. 财政预算资金　　　　　　B. 房屋维修资金
C. 土地出让净收益　　　　　D. 住房公积金增值收益
E. 廉租住房预售资金

62. 土地作为承载建筑的地块是房地产开发活动中的物质载体，包括（　　）部分。
A. 地表范围　　　　　　　　B. 地上空间范围
C. 地下空间范围　　　　　　D. 房屋周边范围
E. 房屋外部范围

63. 下列关于房地产业的表述中，错误的有（　　）。
A. 房地产业是开发建设的甲方
B. 建筑业是开发建设的乙方
C. 房地产业是策划者、组织者和发包单位
D. 改革开放以后，坚持"房子是用来住的，不是用来炒的"的定位
E. 城镇住房制度改革简称房改，是住房商品化和社会化的终结

64. 下列属于耕地保护的责任目标考核制度中期末考核的主要内容有（　　）。
A. 耕地占补平衡　　　　　　B. 永久基本农田占用
C. 永久基本农田补划　　　　D. 耕地保有量
E. 违规占用量

65. 《中共中央 国务院关于建立国土空间规划体系并监督实施的若干意见》要求建立"五级三类"国土空间规划体系，下列属于"三类"划分的为（　　）。
A. 总体规划　　　　　　　　B. 个别规划
C. 顶层规划　　　　　　　　D. 专项规划
E. 详细规划

66. 制定区片综合地价应当综合考虑（　　）等因素。
A. 土地资源条件　　　　　　B. 土地供求关系
C. 土地产值　　　　　　　　D. 土地区位
E. 土地年代

67. 城市房屋征收估价的目的是为确定（　　）而评估其房地产市场价格。
A. 被征收房屋价值　　　　　B. 重置价格
C. 货币补偿金额　　　　　　D. 用于产权调换房屋价值
E. 与产权调换房屋价值的差价

68. 在房屋征收补偿估价过程中，应在被征收房屋实地查勘记录上签字或盖章确认的

单位或个人有( )。
A. 被征收人 B. 房屋征收部门
C. 房屋征收实施单位 D. 房屋征收指导部门
E. 注册房地产估价师

69. 房地产估价机构提交的国有土地上房屋征收评估分户初步评估结果应包括( )。
A. 房屋评估价值 B. 评估对象的构成
C. 装饰装修评估结果 D. 评估对象基本情况
E. 停产停业损失评估结果

70. 下列可无偿取得划拨土地使用权的有( )。
A. 国有的荒山 B. 国有的滩涂
C. 国有的沙漠 D. 集体土地
E. 城市的存量土地

71. 划拨土地的用途必须严格按照《国有建设用地划拨决定书》和《建设用地批准书》中规定的( )来使用土地，不得擅自变更。
A. 土地面积 B. 容积率
C. 土地用途 D. 建筑密度
E. 土地使用条件

72. 土地按照用途分为( )。
A. 农用地 B. 建设用地
C. 未利用地 D. 旅游用地
E. 工矿用地

73. 划拨土地使用权是土地使用者经县级以上人民政府依法批准，在缴纳( )等费用后所取得的或者无偿取得的没有使用期限限制的国有土地使用权。
A. 安置费用 B. 补偿费用
C. 无偿取得 D. 转让
E. 出租

74. 下列建设项目用地中，属于应采用招标、拍卖等公开竞价的方式出让的有( )。
A. 旅游设施用地 B. 商品住宅开发用地
C. 廉租住房用地 D. 五星级大酒店用地
E. 烟草企业用地

75. 监理的基本方法就是控制，基本工作是"三控""两管""一协调"。其中，"三控"是指监理工程师在工程建设全过程中的( )。
A. 工程进度控制 B. 工程质量控制
C. 工程投资控制 D. 工程形象控制
E. 工程报表控制

76. 协调是建设监理能否成功的关键，内部的协调主要是( )。
A. 各种需求关系的协调

B. 施工单位的协调

C. 设计单位的协调

D. 社会团体及人员的协调

E. 内部组织关系的协调

77. 对因质量问题给购房人造成损失应当有合理的界定，不应包含（   ）。

A. 开发商的直接损失

B. 开发商的精神损失等间接性损失

C. 购房人的精神损失等间接性损失

D. 商品房销售代理商的直接损失

E. 购房人的直接损失

78. 关于商品住宅保修期的说法，正确的有（   ）。

A. 管道堵塞，保修期为2个月

B. 电器开关，保修期为6个月

C. 洁具，保修期为6个月

D. 管道渗漏，保修期为2年

E. 屋面防水，保修期为3年

79. 房地产预售、销售广告，必须载明以下（   ）事项。

A. 开发企业名称

B. 中介服务机构代理销售的，载明该机构名称

C. 预售许可证书号

D. 项目的具体位置

E. 项目的销售价格有效期

80. 物业服务收费应当遵循（   ）的原则。

A. 合理   B. 公开

C. 公平   D. 费用与服务水平相适应

E. 以收定支

81. 房地产转让是指房地产权利人通过（   ）或者其他合法方式将其房地产转移给他人的行为。

A. 买卖   B. 出租

C. 抵押   D. 赠与

E. 质押

82. 根据《城市房地产转让管理规定》，下列房地产中，不得转让的有（   ）。

A. 已抵押的   B. 已查封的

C. 未取得房屋权属证书的   D. 土地是以划拨方式取得的

E. 依法收回土地使用权的

83. 下列房地产中，不得转让的有（   ）。

A. 10人共有的房地产，未经其他共有人书面同意

B. 未解决权属争议的房地产

C. 设定了抵押权的房地产

D. 已被依法查封的房地产
E. 已列入城市征收范围内的房屋

84. 房屋租赁登记备案记载的信息内容应当包括（ ）。
A. 出租人的姓名（名称）、住所
B. 承租人的姓名（名称）、住所
C. 出租房屋的坐落
D. 租金数额
E. 租赁期限

85. 房地产交易行为是平等民事主体之间的民事法律行为，应遵循（ ）原则。
A. 自愿
B. 公平
C. 诚实
D. 信用
E. 公开

86. 房地产交易管理机构主要职责包括（ ）。
A. 商品房预售许可管理
B. 商品房预售资金监管
C. 商品房买卖合同网签备案管理
D. 房屋抵押管理
E. 房屋买卖合同签订

87. 房地产买卖属于（ ）法律行为。
A. 单务
B. 双务
C. 有偿
D. 无偿
E. 非要式

88. 根据《中华人民共和国城市房地产管理法》（以下简称《城市房地产管理法》），房地产中介包括（ ）。
A. 房地产咨询
B. 房地产估价
C. 房地产经纪
D. 房地产经营
E. 房地产物业

89. 下列房产中，属于免征房产税的有（ ）。
A. 监狱用房
B. 高校招待所
C. 部队营房
D. 法院办公楼
E. 房地产开发企业自用的房地产

90. 下列属于注册房地产估价师权利的为（ ）。
A. 使用注册房地产估价师名称
B. 签署房地产估价报告
C. 保管和使用本人的注册证书
D. 参加继续教育
E. 与当事人有利害关系的，应当主动回避

91. 根据《注册房地产估价师管理办法》，注册房地产估价师签署有虚假记载的估价报告的，处罚原则为（ ）。
A. 造成损失的，依法承担赔偿责任
B. 构成犯罪的，依法追究刑事责任
C. 没有违法所得的，处以1万元以下罚款
D. 有违法所得的，处以违法所得3倍以下且不超过10万元的罚款

E. 由县级以上地方人民政府房地产主管部门给予警告，责令其改正

92. 城市维护建设税是随(　　)附征并专门用于城市维护建设的一种特别目的税。
A. 增值税　　　　　　　　　　B. 财产税
C. 消费税　　　　　　　　　　D. 资源税
E. 营业税

93. 我国现行房地产税收有(　　)。
A. 房产税　　　　　　　　　　B. 城镇土地使用税
C. 耕地占用税　　　　　　　　D. 土地增值税
E. 消费税

94. 下列房产中，不属于免征房产税的有(　　)。
A. 某国家级企业孵化器自用房产
B. 某国家备案众创空间出租给在孵对象使用的房产
C. 高校学生公寓
D. 企业拥有并运营管理的大型体育场馆，用于体育活动的房产
E. 取得保障性租赁住房项目认定书后的保障性租赁住房

95. 按照土地所有权的归属，将建设用地分为(　　)。
A. 国有建设用地　　　　　　　B. 集体所有建设用地
C. 建筑物用地　　　　　　　　D. 存量建设用地
E. 构筑物用地

96. 按照登记物的类型，不动产登记类型分为(　　)。
A. 本登记　　　　　　　　　　B. 预登记
C. 所有权登记　　　　　　　　D. 林权登记
E. 土地登记

97. 房屋登记机构应进行实地查看的情形有(　　)。
A. 房屋所有权初始登记　　　　B. 房屋所有权转移登记
C. 最高额抵押登记　　　　　　D. 在建工程抵押权登记
E. 地役权登记

98. 关于不动产登记簿的表述，正确的为(　　)。
A. 不动产登记簿应当采用电子介质
B. 不动产登记簿损毁、灭失的，不动产登记机构应当及时补造
C. 依据法律规定应当登记的，物权自记载于不动产登记簿时发生效力
D. 除有证据证明不动产权属证书确有错误外，以不动产权属证书为准
E. 采用纸质介质不动产登记簿的，应当配备必要的防盗、防火、防渍、防有害生物等安全保护设施

99. 不动产登记机构依法办理不动产登记，不收取登记费的有(　　)。
A. 查封登记　　　　　　　　　B. 注销登记
C. 预告登记　　　　　　　　　D. 更正登记
E. 转移登记

100. 只收取不动产权属证书每本证书10元工本费的情形为（　　）。
A. 单独申请宅基地使用权登记的
B. 申请宅基地使用权及地上房屋所有权登记的
C. 申请不动产异议登记的
D. 小微企业申请不动产登记的
E. 个体工商户申请不动产登记的

三、综合分析题（共4大题，20小题，每小题1.5分）

（一）

某房地产开发企业开发建设一幢商住楼。2012年5月，以该在建工程抵押向甲银行贷款，未办理登记手续。2012年10月，该企业又以在建工程抵押向乙银行贷款，办理了抵押登记。2012年11月，该企业取得该项目的预售许可证。2012年12月，无房屋住的刘某以90万元购买70m²期房一套，2014年3月该项目竣工交付。同年5月，该企业将商业用房出租给丙商场。2015年10月，该企业到期不能偿还债务，甲、乙银行向法院申请实现抵押权。

1. 该项目竣工验收前，该企业可能申请的登记为（　　）。
A. 预告　　　　　　　　　　B. 抵押
C. 在建工程抵押　　　　　　D. 抵押权预告

2. 刘某应缴纳的契税为（　　）元。
A. 9000　　　　　　　　　　B. 13500
C. 27000　　　　　　　　　 D. 45000

3. 该企业出租给丙商场应缴纳的税为（　　）。
A. 契税　　　　　　　　　　B. 所得税
C. 印花税　　　　　　　　　D. 土地增值税

4. 关于该企业出租商业用房的说法，正确的是（　　）。
A. 应当向房产管理部门申请登记备案
B. 应当经甲、乙银行同意
C. 该租赁关系不得对抗乙银行的抵押权
D. 该租赁关系不受抵押权影响

5. 关于法院处置抵押物时优先保护的说法，正确的为（　　）。
A. 应当首先保护购房人刘某的权益
B. 甲银行抵押在先，优先受偿
C. 乙银行办理了登记，应当优先受偿
D. 甲、乙银行按贷款比例受偿

（二）

A房地产开发公司于2017年1月开发一个经济适用房住宅小区，项目总投资为3000万元，并以划拨方式取得了该项目建设用地使用权。2017年6月，经招标，分别与B监理公司、C施工企业签订了监理合同、施工合同，其中建设工期为一年半，施工工程合同价为1800万元。2017年4月，正式开工建设。2018年9月，A房地产开发公司完成该小区开发，并通过综合验收。

6. 按照规定，如果A房地产开发公司在确定监理公司时，拟采用邀请招标方式，应当向（ ）个以上具备承担招标项目能力、资信良好的特定的法人或者其他组织发出投标邀请书。

A. 1 B. 2
C. 3 D. 4

7. B监理公司在工程监理时，坚持"三控""两管""一协调"，其中"三控"不包括（ ）。

A. 工程进度控制 B. 工程质量控制
C. 工程面积控制 D. 工程投资控制

8. A房地产开发公司在申请领取施工许可证之日起（ ）个月内开工。

A. 一 B. 二
C. 三 D. 六

9. 该项目的竣工验收应由（ ）组织。

A. 建设单位 B. 监理单位
C. 施工单位 D. 设计单位

10. 这个项目中装修工程的最低保修年限为（ ）年。

A. 2 B. 3
C. 4 D. 5

（三）

2016年1月，甲房地产开发公司（以下简称"甲公司"）依法取得某市某区一块国有土地的使用权，投资16000万元人民币开发商品住宅。该项目于2016年10月1日动工，由丙建筑工程公司（以下简称"丙公司"）承包施工。该区私营企业职工王某以抵押贷款方式，于2017年2月以15000元/m^2的价格预购了一套80m^2的住宅。该项目于2017年6月通过竣工验收并交付使用。王某于2017年9月将该套住宅转让给他人，售房收入150万元。

11. 该项目土地使用权出让合同由（ ）与甲公司签订。

A. 该市人民政府土地管理部门 B. 该区人民政府土地管理部门
C. 该区人民政府 D. 该市人民政府

12. 甲公司实施该项目的项目资本金不得少于（ ）万元。

A. 3200 B. 4800
C. 2100 D. 3000

13. 该项目的工程竣工验收工作由（ ）负责组织实施。

A. 该区人民政府建设行政主管部门
B. 该市工程质量监督机构
C. 甲公司
D. 丙公司

14. 王某购买的住宅的产权登记面积为（　　）。
A. 套内建筑面积＋分摊的共有建筑面积
B. 套内房屋使用面积＋分摊的共有建筑面积
C. 套内建筑面积＋套内阳台面积＋分摊的共有建筑面积
D. 套内房屋使用面积＋套内墙体面积＋套内阳台建筑面积＋分摊的共有建筑面积

15. （　　）应当于商品房预售合同签约之日起30日内向房地产管理部门和市、县土地管理部门办理商品房预售合同登记备案手续。
A. 王某　　　　　　　　　　B. 丙公司
C. 甲公司　　　　　　　　　D. 该市建设主管部门

（四）

A房地产开发公司于2014年6月1日，通过出让方式获得B市C县规划区内一处地块，从事写字楼开发建设。并签订了建设用地使用权出让合同，交纳土地出让金9000万元，合同约定2015年3月1日开始动工建设。后由于种种原因，该项目直到2015年7月20日才开始动工建设。同时A房地产开发公司为提高整体投资效益，准备将临街的地块建成商业门市。

16. 上述商业土地使用权出让方式不宜采用（　　）。
A. 招标　　　　　　　　　　B. 拍卖
C. 挂牌　　　　　　　　　　D. 转让

17. 这宗商业土地使用权法定最高出让年限为（　　）年。
A. 40　　　　　　　　　　　B. 50
C. 60　　　　　　　　　　　D. 70

18. 若该宗土地使用权出让，则合同附件包括的内容有（　　）。
A. 当事人名称和住所　　　　B. 土地界址
C. 土地用途　　　　　　　　D. 宗地平面界址图

19. A房地产开发公司改变土地利用条件及用途的，必须取得出让方和（　　）的同意，变更或重新签订出让合同并相应调整地价款。
A. 市级人民政府
B. 省级人民政府
C. 市、县人民政府土地管理部门
D. 市、县人民政府城市规划行政管理部门

20. 超过出让合同约定的动工开发日期满一年未动工开发的，可以征收相当于土地使用权出让金（　　）的土地闲置费。
A. 20%以上　　　　　　　　B. 20%以下
C. 30%以上　　　　　　　　D. 30%以下

《房地产制度法规政策》考前小灶卷（一）
参考答案及解析

一、单项选择题

1. A	2. A	3. D	4. B	5. D
6. A	7. B	8. B	9. A	10. B
11. D	12. B	13. B	14. D	15. A
16. D	17. B	18. D	19. C	20. B
21. A	22. A	23. A	24. B	25. C
26. B	27. B	28. A	29. A	30. B
31. A	32. C	33. B	34. B	35. A
36. C	37. B	38. C	39. C	40. B
41. A	42. A	43. B	44. A	45. C
46. B	47. C	48. B	49. A	50. A
51. A	52. C	53. B	54. B	55. A
56. A	57. B	58. D	59. D	60. C

【解析】

1. A。全民所有制的土地被称为国家所有土地，简称国有土地，其所有权由国务院代表国家行使。

2. A。除法律规定属于国家所有的以外，农村和城市郊区的土地一般属于农民集体所有。《中华人民共和国宪法》简称《宪法》第十条规定："农村和城市郊区的土地，除由法律规定属于国家所有的以外，属于集体所有；宅基地和自留地、自留山，也属于集体所有。"第九条规定："矿藏、水流、森林、山岭、草原、荒地、滩涂等自然资源，都属于国家所有，即全民所有；由法律规定属于集体所有的森林和山岭、草原、荒地、滩涂除外。"

3. D。《宪法》第十条规定："农村和城市郊区的土地，除由法律规定属于国家所有的以外，属于集体所有；宅基地和自留地、自留山，也属于集体所有。"

4. B。廉租住房单套建筑面积控制在50m²以内，保证基本居住功能。

5. D。缴存比例是指职工个人和单位缴存住房公积金的数额占职工上一年度月平均工资的比例。单位和个人的缴存比例不低于5%，原则上不高于12%。

6. A。农用地转用方案经批准后，由市、县人民政府组织实施。

7. B。对建设项目确需占用国土空间规划确定的城市和村庄、集镇建设用地范围外的农用地，涉及占用永久基本农田的，由国务院批准；不涉及占用永久基本农田的，由国务院或者国务院授权的省、自治区、直辖市人民政府批准。农用地转用方案经批准后，由市、县人民政府组织实施。

8. B。从 2016 年起，每五年为一个规划期，期中检查在每个规划期的第三年开展 1 次。

9. A。期末考核在每个规划期结束后的次年开展 1 次，由国务院组织考核部门开展。

10. B。被征收人或者房屋征收部门对房地产估价机构的复核结果有异议的，应当自收到复核结果之日起 10 日内，向被征收房屋所在地房地产价格评估专家委员会申请鉴定。

11. D。有偿使用土地有多种形式，如土地使用权出让，土地租赁，土地使用权作价出资、入股等。

12. B。征收土地预公告应当采用有利于社会公众知晓的方式，在拟征收土地所在的乡（镇）和村、村民小组范围内发布，预公告时间不少于 10 个工作日。

13. B。自征收土地预公告发布之日起，任何单位和个人不得在拟征收范围内抢栽抢建；违反规定抢栽抢建的，对抢栽抢建部分不予补偿。

14. D。农用地产值修正法是以当地主导耕作制度为测算基础，将未来农用地预期产值还原到当期，并结合被征地农民安置需要，综合考虑土地区位、土地供求关系、人口以及经济社会发展水平等因素进行修正后测算区片综合地价的方法。

15. A。房屋征收部门是市、县级人民政府确定的房屋征收部门。

16. D。对征收补偿方案进行论证、修改后，市、县级人民政府应当予以公布，征求公众意见，期限不得少于 30 日。

17. B。为了避免在房屋征收时矛盾过分集中，市、县级人民政府应当依法加强建设活动管理，对违反城乡规划进行建设的，依法予以处理；另外，市、县级人民政府作出房屋征收决定前，应当组织有关部门依法对征收范围内未经登记的建筑进行调查、认定和处理。当事人对有关部门的认定和处理结果不服的，可以依法提起行政复议或者诉讼。

18. D。房地产价格评估机构由被征收人协商选定。协商不成的，通过多数决定、随机选定等方式确定，具体办法由省、自治区、直辖市制定。房地产价格评估机构应当独立、客观、公正地开展房屋征收评估工作，任何单位和个人不得干预。

19. C。《城镇国有土地使用权出让和转让暂行条例》规定的出让最高年限分别为居住用地 70 年，工业用地 50 年，教育、科技、文化卫生、体育用地 50 年，商业、旅游、娱乐用地 40 年，综合或其他用地 50 年。

20. B。《民法典》第三百四十七条规定："设立建设用地使用权，可以采取出让或者划拨等方式。工业、商业、旅游、娱乐和商品住宅等经营性用地以及同一土地有两个以上意向用地者的，应当采取招标、拍卖等公开竞价的方式出让。严格限制以划拨方式设立建设用地使用权。"

21. A。延长动工开发期限。签订补充协议，重新约定动工开发、竣工期限和违约责任。从补充协议约定的动工开发日期起，延长动工开发期限最长不得超过 1 年。

22. A。《城镇国有土地使用权出让和转让暂行条例》规定的出让最高年限分别为居住用地 70 年，工业用地 50 年，教育、科技、文化卫生、体育用地 50 年，商业、旅游、娱乐用地 40 年，综合或其他用地 50 年。娱乐城属于商业用地，最高出让年限为 40 年，则选项 A 正确。

23. A。改变用途须依法批准。划拨国有建设用地使用权人需要改变批准的土地用途的，须报经市、县自然资源主管部门批准。改变后的用途符合《划拨用地目录》的，由市、县自然资源主管部门向土地使用者重新核发《国有土地划拨决定书》；改变后的用途不再符合《划拨用地目录》的，划拨国有建设用地使用权人可以申请补缴出让金、租金等土地有偿使用费，办理土地使用权出让、租赁等有偿用地手续，但法律法规、行政规章等明确规定或《国有土地划拨决定书》约定应当收回划拨国有建设用地使用权的除外。

24. B。《城镇国有土地使用权出让和转让暂行条例》规定的出让最高年限分别为居住用地70年，工业用地50年，教育、科技、文化卫生、体育用地50年，商业、旅游、娱乐用地40年，综合或其他用地50年。酒店的最高用地年限是40年，40－10－5＝25年，则选项B正确。

25. C。超过出让合同约定的动工开发日期满1年未动工开发的，可以征收相当于土地使用权出让金20%以下的土地闲置费；满2年未动工开发的，可以无偿收回土地使用权；但是，因不可抗力或者政府、政府有关部门的行为，或者动工开发必需的前期工作造成动工开发迟延的除外。

26. B。各级生活圈居住区用地应合理配置、适度开发，人均居住区用地面积、居住区用地容积率、居住区用地构成等控制指标应符合《城市居住区规划设计标准》GB 50180—2018的规定。居住街坊内集中绿地的规划建设，新区建设不应低于0.5m²/人。

27. B。投标人是响应招标、参加投标竞争的法人或者其他组织。

28. A。招标代理机构是依法设立、从事招标代理业务并提供相关服务的社会中介组织。招标代理机构应当具备下列条件：①有从事招标代理业务的营业场所和相应资金；②有能够编制招标文件和组织评标的相应专业力量。

29. A。工程进度控制是指项目实施阶段（包括设计准备、设计、施工、使用前准备各阶段）的进度控制。其控制的目的是：通过采用控制措施，确保项目交付使用时间目标的实现。

30. B。建筑工程恢复施工时，应当向发证机关报告；中止施工满1年的工程恢复施工前，建设单位应当报发证机关核验施工许可证。

31. A。施工人员应当在建设单位或者工程监理单位监督下现场取样，并送具有相应资质等级的单位检测。

32. C。建设工程发生质量事故，有关单位应当在24小时内向当地建设行政主管部门和其他有关部门报告。

33. B。房地产开发企业资质等级实行分级审批。一级资质由省、自治区、直辖市人民政府住房和城乡建设行政主管部门初审，报国务院住房城乡建设主管部门审批。二级资质由省、自治区、直辖市人民政府住房城乡建设主管部门或者其确定的设区的市级人民政府房地产开发主管部门审批。

34. B。按提供预售的商品房计算，投入开发建设的资金达到工程建设总投资的25%以上，并已经确定施工进度和竣工交付日期。4000×25%＝1000万元。

35. A。根据《商品房销售管理办法》，商品房现售必须符合以下条件：出售商品房的房地产开发企业应当具有企业法人营业执照和房地产开发企业资质证书；取得土地使用权证书或使用土地的批准文件；持有建设工程规划许可证和施工许可证；已通过竣工验收；拆迁安置已经落实；供水、供电、供热、燃气、通信等配套设施设备具备交付使用条件，其他配套基础设施和公共设备具备交付使用条件或已确定施工进度和交付日期；物业管理方案已经落实。

36. C。面积误差比＝[(实测面积－预测面积)/预测面积]×100％＝(95－100)/100＝－5％。

37. B。经规划部门批准的规划变更、设计单位同意的设计变更导致商品房的结构形式、户型、空间尺寸、朝向变化，以及出现合同当事人约定的其他影响商品房质量或使用功能情形的，房地产开发企业应当在变更确立之日起10日内，书面通知买受人。

38. C。房地产抵押是指抵押人以其合法的房地产以不转移占有的方式向抵押权人提供债务履行担保的行为。

39. C。取得预售许可的商品住房项目，房地产开发企业要在10日内一次性公开全部准售房源及每套房屋价格，并严格按照申报价格，明码标价对外销售。则选项C正确。

40. B。商品房预售，房地产开发企业应当与承购人签订书面商品房预售合同。房地产开发企业应当自签约之日起30日内，向房地产管理部门和市、县土地管理部门办理商品房预售合同登记备案手续。

41. A。《房地产估价机构管理办法》规定，一级房地产估价机构可以从事各类房地产估价业务。二级房地产估价机构可以从事除公司上市、企业清算以外的房地产估价业务。三级房地产估价机构可以从事除公司上市、企业清算、司法鉴定以外的房地产估价业务。暂定期内的三级房地产估价机构可以从事除公司上市、企业清算、司法鉴定、房屋征收、在建工程抵押以外的房地产估价业务。

42. A。房地产中介服务是受当事人委托进行的，房地产中介服务人员在当事人委托的范围内从事房地产中介服务活动，提供当事人所要求的服务，体现的是委托服务的特点。

43. B。房地产经纪专业人员职业资格属于水平评价类职业资格，分高级房地产经纪人、房地产经纪人和房地产经纪人协理三个层级。

44. B。房地产估价师注册期限问题：房地产估价师注册有效期为3年。注册有效期满需继续执业的，应在注册有效期满30日前申请办理延续注册。准予延续注册的，注册有效期延续3年。注册房地产估价师变更执业单位，应与原聘用单位解除劳动合同，并申请办理变更注册手续。变更注册后的注册有效期，仍为原注册有效期。

45. C。根据《民法典》，中介促成合同成立的，委托人应当按照约定支付报酬，但中介活动的费用，由中介人负担；中介人未促成合同成立的，不得请求支付报酬。

46. B。分支机构以设立该分支机构的房地产估价机构的名义出具估价报告，由至少2名专职注册房地产估价师签字并加盖该房地产估价机构公章。

47. C。委托人应当对其提供的权属证明、财务会计信息和其他资料的真实性、完整性和合法性负责。

48. B。房地产估价师注册有效期为3年。

49. A。对特定的纳税人实行加成征税，加一成等于加正税的10％，加二成等于加正税的20％。

50. A。纳税人负担的轻重，主要通过税率的高低来调节。

51. A。城镇土地使用税的计税依据是纳税人实际占用的土地面积。

52. C。城镇土地使用税是采用分类分级的幅度定额税率。

53. B。耕地占用税实行定额税率。

54. B。应税房地产原值＝100×70%＝70万元；应纳房产税的税额＝70×(1－30%)×1.2%＝0.588万元。

55. A。《民法典》中的"中介服务合同"是传统上的居间合同，该合同主要是在房地产经纪服务中使用。

56. A。选项B，不得要求对不动产进行评估；选项C，不得以年检等名义进行重复登记；选项D不是必经程序，有必要时可查看。

57. B。《民法典》规定，土地承包经营权人依法对其承包经营的耕地、林地、草地等享有占有、使用和收益的权利，有权从事种植业、林业、畜牧业等农业生产。耕地的承包期为30年。草地的承包期为30～50年。林地的承包期为30～70年。

58. D。建设用地使用权可以在土地的地表、地上或者地下分别设立。

59. D。本登记包括首次登记、转移登记、变更登记、注销登记、更正登记和异议登记、查封登记。

60. C。预告登记后，债权消灭或者自能够进行不动产登记之日起90日内未申请登记的，预告登记失效。

二、多项选择题

61. ACD	62. ABC	63. DE	64. ABCD	65. ADE
66. ABCD	67. ADE	68. ABE	69. ABD	70. ABC
71. ACE	72. ABC	73. AB	74. ABDE	75. ABC
76. AE	77. ABCD	78. ABE	79. ABC	80. ABD
81. AD	82. BCE	83. ABD	84. ACDE	85. ABCD
86. ABCD	87. BC	88. ABC	89. ACD	90. ABCD
91. ABCE	92. AC	93. ABCD	94. DE	95. AB
96. DE	97. AD	98. ABCE	99. ABCD	100. AB

【解析】

61. ACD。廉租住房保障资金来源有：一是廉租住房保障资金纳入地方财政年度预算安排；二是住房公积金增值收益在提取贷款风险准备金和管理费用之后全部用于廉租住房建设；三是土地出让净收益用于廉租住房保障资金的比例不得低于10%，各地还可根据实际情况进一步适当提高比例；四是廉租住房租金收入实行收支两条线管理，专项用于廉租住房的维护和管理。对中西部财政困难地区，通过中央预算内投资补助和中央财政廉租住房保障专项补助资金等方式给予支持。

62. ABC。土地包含三个部分：一是土地的地表范围，指该宗土地在地表上的"边界"所围合的区域；二是土地的地上空间范围，一般以人类所能够利用的高度为限；三是土地的地下空间范围，一般以人类的能力所及为限。

63. DE。选项D错误，党的十八大以来，坚持"房子是用来住的，不是用来炒的"的定位，坚持住房的居住属性，建立完善租购并举的住房制度。选项E错误，1980年4

月,邓小平明确地提出了住房制度改革的总体构想,提出要走住房商品化的道路。房改掀起了"住宅商品化和社会化",而非终结。

64. ABCD。期末考核主要包括耕地保有量、永久基本农田保护面积、耕地数量变化、耕地占补平衡、永久基本农田占用和补划、高标准农田建设、耕地质量保护与提升、耕地保护制度建设等方面内容。

65. ADE。"三类"是指国土空间规划的类型,分为总体规划、详细规划和相关专项规划三类。

66. ABCD。制定区片综合地价应当综合考虑土地原用途、土地资源条件、土地产值、土地区位、土地供求关系、人口及经济社会发展水平等因素,并至少每3年调整或者重新公布一次。

67. ADE。选择货币补偿的,被征收房屋价值评估目的:为房屋征收部门与被征收人确定被征收房屋价值的补偿提供依据,评估被征收房屋的价值。选择产权调换的,评估目的:为房屋征收部门与被征收人计算被征收房屋价值与用于产权调换房屋价值的差价提供依据,评估用于产权调换房屋的价值。

68. ABE。房屋征收部门、被征收人和注册房地产估价师应当在实地查勘记录上签字或者盖章确认。

69. ABD。分户的初步评估结果应当包括评估对象的构成、基本情况和评估价值。

70. ABC。划拨土地使用权包括土地使用者缴纳拆迁安置、补偿费用(如城市的存量土地或集体土地)和无偿取得(如国有的荒山、沙漠、滩涂等)两种形式。

71. ACE。以划拨方式取得国有建设用地使用权的土地使用者,必须严格按照《国有建设用地划拨决定书》和《建设用地批准书》中规定的划拨土地面积、土地用途、土地使用条件等内容使用土地,不得擅自变更。

72. ABC。《中华人民共和国土地管理法》(以下简称《土地管理法》)规定,国家编制土地利用总体规划,规定土地用途,将土地分为农用地、建设用地和未利用地。

73. AB。建设用地使用权划拨是指县级以上人民政府依法批准,在用地者缴纳补偿、安置等费用后将该幅土地交付其使用,或者将建设用地使用权无偿交给土地使用者使用的行为。

74. ABDE。《民法典》第三百四十七条规定:"设立建设用地使用权,可以采取出让或者划拨等方式。工业、商业、旅游、娱乐和商品住宅等经营性用地以及同一土地有两个以上意向用地者的,应当采取招标、拍卖等公开竞价的方式出让。严格限制以划拨方式设立建设用地使用权。"根据《中华人民共和国土地管理法实施条例》,建设用地使用权出让,除依法可以采取协议方式外,应当采取招标、拍卖、挂牌等竞争性方式确定土地使用者。

75. ABC。监理的基本方法就是控制,基本工作是"三控""两管""一协调"。其中,"三控"是指监理工程师在工程建设全过程中的工程进度控制、工程质量控制、工程投资控制。

76. AE。协调是建设监理能否成功的关键。协调的范围可分为内部的协调和外部的协调。内部的协调主要是工程项目系统内部人员、组织关系、各种需求关系的协调。外部的协调包括与业主有合同关系的施工单位、设计单位的协调和与业主没有合同关系的政府有关部门、社会团体及人员的协调。

77. ABCD。对给购房人造成损失应当有合理的界定，应只包含直接损失，不包含精神损失等间接损失。

78. ABE。地基基础和主体结构在合理使用寿命年限内承担保修；屋面防水 3 年；墙面、厨房和卫生间地面、地下室、管道渗漏 1 年；墙面、顶棚抹灰脱落 1 年；地面空鼓开裂、大面积起砂 1 年；门窗翘裂、五金件损坏 1 年；管道堵塞 2 个月；供热、供冷系统和设备 2 个供暖期或供冷期；洁具 1 年；灯具、电器开关 6 个月。

79. ABC。房地产预售、销售广告，必须载明以下事项：开发企业名称；中介服务机构代理销售的，载明该机构名称；预售许可证书号。

80. ABD。物业服务收费应当遵循合理、公开，以及费用与服务水平相适应的原则。

81. AD。房地产转让是指房地产权利人通过买卖、赠与或者其他合法方式将其房地产转移给他人的行为。

82. BCE。《城市房地产管理法》及《城市房地产转让管理规定》都明确规定了房地产转让应当符合的条件，并规定了下列房地产不得转让：（1）以出让方式取得土地使用权的，转让房地产时，应当符合下列条件：①按照出让合同约定已经支付全部土地使用权出让金，并取得土地使用权证书；②按照出让合同约定进行投资开发，属于房屋建设工程的，完成开发投资总额的 25％以上，属于成片开发土地的，形成工业用地或者其他建设用地条件；③转让房地产时房屋已经建成的，还应当持有房屋所有权证书。（2）司法机关和行政机关依法裁定、决定查封或以其他形式限制房地产权利的。（3）依法收回土地使用权的房地产。（4）未经其他共有人书面同意的共有房地产。（5）权属有争议的房地产。（6）未依法进行登记领取权属证书的房地产。（7）法律和行政法规规定禁止转让的其他情形。

83. ABD。《城市房地产管理法》及《城市房地产转让管理规定》都明确规定了房地产转让应当符合的条件，并规定了下列房地产不得转让：（1）以出让方式取得土地使用权的，转让房地产时，应当符合下列条件：①按照出让合同约定已经支付全部土地使用权出让金，并取得土地使用权证书；②按照出让合同约定进行投资开发，属于房屋建设工程的，完成开发投资总额的 25％以上，属于成片开发土地的，形成工业用地或者其他建设用地条件；③转让房地产时房屋已经建成的，还应当持有房屋所有权证书。（2）司法机关和行政机关依法裁定、决定查封或以其他形式限制房地产权利的。（3）依法收回土地使用权的房地产。（4）未经其他共有人书面同意的共有房地产。（5）权属有争议的房地产。（6）未依法进行登记领取权属证书的房地产。（7）法律和行政法规规定禁止转让的其他情形。

84. ACDE。房屋租赁登记备案记载的信息内容应当包括：出租人的姓名（名称）、住所，承租人的姓名（名称）、身份证件种类和号码，出租房屋的坐落、租赁用途、租金数额、租赁期限等。

85. ABCD。房地产交易行为是平等民事主体之间的民事法律行为，应遵循自愿、公平、诚实、信用原则。

86. ABCD。具体管理职责包括：①楼盘表管理；②新建商品房销售管理，包括商品房预售许可、商品房项目现售管理、购房资格审查与房源信息核验、商品房买卖合同网签备案、商品房预售资金监管等；③存量房转让管理，包括购房资格审核与房源信息核验、存量房转让合同网签备案、存量房交易资金监管等；④房屋抵押管理；⑤房屋租赁管理；⑥房屋面积管理；⑦房屋交易与产权档案管理、服务窗口建设、管理信息平台建设；⑧政策性住房产权与上市交易管理；⑨其他房屋交易与产权管理工作。

87. BC。有偿转让主要包括房地产买卖、房地产作价入股、以房抵债、房屋互换等行为；房地产买卖属于双务法律行为，即买卖双方均享有一定的权利，并需承担一定的义务。

88. ABC。《城市房地产管理法》中所称的"中介"服务机构包括了房地产咨询、房地产估价、房地产经纪等机构。

89. ACD。房产税属于地方税，国家给予地方一定的减免权限，有利于地方因地制宜地处理问题。管理规定的内容较多，答题时可以先考虑排除具有经营性质的项目，选项BE错误。

90. ABCD。注册房地产估价师享有的权利：使用注册房地产估价师名称；在规定范围内执行房地产估价及相关业务；签署房地产估价报告；发起设立房地产估价机构；保管和使用本人的注册证书；对本人执业活动进行解释和辩护；参加继续教育；获得相应的劳动报酬；对侵犯本人权利的行为进行申诉。选项E是房地产估价师的义务。

91. ABCE。注册房地产估价师有禁止行为之一的，由县级以上地方人民政府房地产主管部门给予警告，责令其改正，没有违法所得的，处以1万元以下罚款，有违法所得的，处以违法所得3倍以下且不超过3万元的罚款；造成损失的，依法承担赔偿责任；构成犯罪的，依法追究刑事责任。

92. AC。城市维护建设税是随增值税、消费税附征并专门用于城市维护建设的一种特别目的税。

93. ABCD。我国现行房地产税收有房产税、城镇土地使用税、耕地占用税、土地增值税、契税。其他与房地产紧密相关税种主要有增值税、城市维护建设税、企业所得税、个人所得税、印花税等。

94. DE。企业拥有并运营管理的大型体育场馆，用于体育活动的房产，减半征收房产税；对利用非居住存量土地和非居住存量房屋（含商业办公用房、工业厂房改造后出租用于居住的房屋）建设的保障性租赁住房，取得保障性租赁住房项目认定书后，企事业单位、社会团体以及其他组织向个人、专业化规模化住房租赁企业出租上述保障性租赁住房，减按4%征收房产税。

95. AB。根据土地的性质，建设用地使用权分为国有建设用地使用权、集体建设用地使用权。

96. DE。不动产登记有多种分类方法。按照登记的效力不同，可分为本登记与预登记；按照登记的物权，可分为所有权登记和他项权利登记；按照登记物的类型，可分为土地登记、房屋登记和林权登记等。

97. AD。对房屋等建筑物、构筑物所有权首次登记，在建建筑物抵押权登记，因不动产灭失导致的注销登记，以及不动产登记机构认为需要实地查看的情形，不动产登记机构应当实地查看。

98. ABCE。《民法典》第二百一十七条规定，不动产权属证书记载的事项，应当与不动产登记簿一致；记载不一致的，除有证据证明不动产登记簿确有错误外，以不动产登记簿为准。

99. ABCD。不动产登记机构依法办理不动产查封登记、注销登记、预告登记和因不动产登记机构错误导致的更正登记，不得收取不动产登记费。

100. AB。只收取不动产权属证书10元工本费的情形：单独申请宅基地使用权登记的；申请宅基地使用权及地上房屋所有权登记的。

三、综合分析题

1. AC	2. A	3. BC	4. AC	5. C
6. C	7. C	8. C	9. A	10. A
11. A	12. A	13. C	14. AD	15. C
16. D	17. A	18. D	19. D	20. B

【解析】

1. AC。根据规定，购买期房可以申请预告登记。以在建工程抵押，可以申请在建工程抵押登记。

2. A。无房的刘某购房在90m²以下，契税按照1%计算。

3. BC。该企业把商场出租给丙商场，则需要缴纳企业所得税、印花税。

4. AC。《城市房地产管理法》规定"房屋租赁，出租人和承租人应当签订书面租赁合同，约定租赁期限、租赁用途、租赁价格、修缮责任等条款，以及双方的其他权利和义务，并向房产管理部门登记备案"。抵押权设立后房屋出租的，租赁关系不得对抗已登记的抵押权。

5. C。《民法典》第四百一十四条规定，同一财产向两个以上债权人抵押的，拍卖、变卖抵押财产所得的价款依照下列规定清偿：①抵押权已经登记的，按照登记的时间先后确定清偿顺序；②抵押权已经登记的先于未登记的受偿；③抵押权未登记的，按照债权比例清偿。

6. C。招标人采用邀请招标方式的，应当向3个以上具备承担招标项目的能力、资信良好的特定的法人或者其他组织发出投标邀请书。

7. C。"三控"是指监理工程师在工程建设全过程中的工程进度控制、工程质量控制和工程投资控制。

8. C。应当自领取施工许可证之日起三个月内开工。

9. A。建设单位收到建设工程竣工报告后，应当组织设计、施工、工程监理等有关单位进行竣工验收。

10. A。装修工程质量最低保修期为2年。

11. A。《城市房地产管理法》第十五条规定，土地使用权出让，应当签订书面出让合同。土地使用权出让合同由市、县人民政府土地管理部门与土地使用者签订。

12. A。2009年5月25日，国务院常务会议决定调整固定资产投资项目资本金比例，调整后，保障性住房和普通商品住房项目的最低资本金比例为20%，其他房地产开发项目的最低资本金比例为30%，16000×20%＝3200万元。

13. C。工程竣工的验收工作，由建设单位负责组织实施。

14. AD。房屋产权登记面积是指由房产测绘单位测算,标注在房屋权属证书上,记入房屋权属档案的房屋的建筑面积。成套房屋的建筑面积由套内建筑面积及共有建筑面积的分摊组成。套内建筑面积由套内房屋的使用面积、套内墙体面积、套内阳台建筑面积三部分组成。

15. C。商品房预售,房地产开发企业应当与承购人签订书面商品房预售合同。开发企业应当自签约之日起 30 日内,向房地产管理部门和市、县土地管理部门办理商品房预售合同登记备案手续。

16. D。工业、商业、旅游、娱乐和商品住宅等经营性用地以及同一宗地有两个以上意向用地者的,应当以招标、拍卖等公开竞价方式出让。

17. A。商业、旅游、娱乐用地使用权法定最高出让年限为 40 年。

18. D。合同附件主要内容有:宗地平面界址图;出让宗地竖向界限;市县政府规划管理部门确定的宗地规划条件等。

19. D。用地单位改变土地利用条件及用途的,必须取得出让方和市、县人民政府城市规划行政管理部门的同意,变更或重新签订出让合同并相应调整地价款。

20. B。超过出让合同约定的动工开发日期满一年未动工开发的,可以征收相当于土地使用权出让金 20% 以下的土地闲置费。

《房地产制度法规政策》考前小灶卷（二）

一、单项选择题（共60题，每题0.5分。每题的备选答案中只有1个最符合题意，请在答题卡上涂黑其相应的编号）

1. 被征收人或者房屋征收部门对评估结果有异议的，应当自收到评估报告之日起（　　）日内，向原房地产估价机构书面申请复核评估。
   A. 5 B. 7
   C. 10 D. 15

2. 对被征收房屋价值的补偿，不得低于（　　）被征收房屋类似房地产的市场价格。
   A. 房屋征收决定公告之日
   B. 实施房屋征收之日
   C. 征收价格评估作业开始之日
   D. 接受征收评估委托之日

3. 对格式条款的理解发生争议的，应当按照通常理解予以解释。对格式条款有两种以上解释的，应当（　　）。
   A. 作出不利于提供格式条款一方的解释
   B. 作出有利于提供格式条款一方的解释
   C. 依提供格式条款一方意思处理
   D. 视具体情况而定

4. 房地产开发企业应当自领取营业执照之日起（　　）日内，向登记机关所在地的房地产开发主管部门备案。
   A. 10 B. 15
   C. 20 D. 30

5. 高档住宅小区物业服务费实行（　　）。
   A. 政府指导价 B. 市场调节价
   C. 政府定价 D. 评估价

6. 购买经济适用住房不满（　　）年，不得直接上市交易。
   A. 2 B. 3
   C. 4 D. 5

7. 下列用途的建设用地使用权中，属于建设用地使用权期间届满自动续期的是（　　）。
   A. 住宅 B. 写字楼
   C. 厂房 D. 美食城

8. 下列国有建设用地中，不能通过划拨方式取得使用权的是（　　）。
   A. 街心绿地 B. 加油加气站
   C. 部队靶场 D. 交警办公楼

9. 房地产价格评估专家委员会不少于（　　）人。

A. 2 B. 3
C. 5 D. 7

10. 下列控制指标中，不属于建设监理控制的是（ ）。
A. 质量标准 B. 投资限额
C. 建设工期 D. 投资回报率

11. 建设工程竣工验收的组织实施单位是（ ）。
A. 设计单位 B. 施工单位
C. 建设单位 D. 监理单位

12. 对于以划拨方式取得土地使用权的房地产项目转让的前提是经有批准权的（ ）审批。
A. 人民政府 B. 国有资产主管部门
C. 自然资源主管部门 D. 住房和城乡建设主管部门

13. 商品房竣工验收后，房地产开发企业应及时申请商品房屋所有权（ ）登记。
A. 首次 B. 变更
C. 转移 D. 预告

14. 对国有土地上被征收房屋价值的补偿，不得低于房屋征收决定公告之日被征收房屋类似房地产的（ ）。
A. 重置价格 B. 租赁价格
C. 评估价格 D. 市场价格

15. 建设单位应当自工程竣工验收合格之日起（ ）内，依照本办法规定，向工程所在地的县级以上地方人民政府建设行政主管部门（以下简称备案机关）备案。
A. 30 日 B. 30 个工作日
C. 15 日 D. 15 个工作日

16. 下列房屋活动中，属于未经登记也发生物权变动效力的是（ ）。
A. 买卖 B. 抵押
C. 租赁 D. 继承

17. 根据《中华人民共和国资产评估法》（以下简称《资产评估法》），采用公司形式的评估机构，应当有（ ）名以上评估师。
A. 2 B. 6
C. 8 D. 15

18. 按照责任分工，对房地产估价行业进行监督管理的国务院有关评估行政管理部门的是（ ）。
A. 财政部 B. 自然资源部
C. 住房和城乡建设部 D. 人力资源和社会保障部

19. 在一个注册有效期内，房地产估价师需要接受继续教育（ ）个小时。
A. 30 B. 60
C. 120 D. 150

20. 房地产估价报告最少保存（ ）年。
A. 10 B. 15

C. 20　　　　　　　　　　　　D. 30

21. 土地使用权出让合同约定的使用年限届满，土地使用者需要继续使用土地的，应当至迟于届满前（　　）申请续期。
A. 1年　　　　　　　　　　　B. 2年
C. 3年　　　　　　　　　　　D. 4年

22. 城镇土地使用税采用的税率是（　　）。
A. 四级超额累进税率　　　　　B. 四级超额累退税率
C. 分类分级的幅度定额税率　　D. 比例税率

23. 出租房屋的房产税应在（　　）缴纳。
A. 房产所在地　　　　　　　　B. 出租人户籍所在地
C. 房屋租赁合同签订地　　　　D. 承租人户籍所在地

24. 因房屋交换缴纳契税的，契税的计税依据是（　　）。
A. 所交换房屋的价格差额　　　B. 较低值
C. 之和　　　　　　　　　　　D. 较高值

25. 物业共用部位、设施设备维修、更新改造费用应在（　　）列支。
A. 物业服务支出　　　　　　　B. 公众责任保险
C. 物业服务成本　　　　　　　D. 专项维修资金

26. 商品房现售，必须符合的条件不包括（　　）。
A. 供水、供电已确定施工进度和交付日期
B. 持有建设工程规划许可证和施工许可证
C. 已通过竣工验收
D. 拆迁安置已经落实

27. 集体经营性建设用地出让、出租等，应当经本集体经济组织成员的村民会议（　　）成员同意。
A. 二分之一以上　　　　　　　B. 三分之二以上
C. 四分之三以上　　　　　　　D. 全部

28. 设立居住权时，居住权经（　　）才能成立。
A. 签订合同　　　　　　　　　B. 居住权登记
C. 接受遗赠扶养协议　　　　　D. 根据遗嘱接受遗赠

29. （　　）是土地管理的基本任务，同时也是最终目标。
A. 维护土地权益　　　　　　　B. 保护土地资源
C. 合理利用土地　　　　　　　D. 规范土地利用行为

30. （　　）是地籍调查的核心。
A. 权属调查　　　　　　　　　B. 界址调查
C. 地籍测量　　　　　　　　　D. 变更地籍调查

31. 下列关于廉租住房的资金来源，表述错误的是（　　）。
A. 地方财政将廉租住房保障资金纳入年度预算安排
B. 廉租住房租金收入专项用于廉租住房的维护和管理
C. 土地出让净收益的5%用于廉租住房保障资金，各地区可因地制宜适当提高

D. 住房公积金增值收益在提取贷款风险准备金和管理费用之后全部用于廉租住房建设

32. 保障性租赁住房的建筑面积以不超过( )m² 为主。
   A. 50   B. 60
   C. 70   D. 90

33. 单位和个人住房公积金的缴存比例不低于( )。
   A. 5%   B. 8%
   C. 10%   D. 12%

34. 将各空间规划融合为( ),能实现"多规合一",形成有机整体。
   A. 城乡规划   B. 国土空间规划
   C. 土地利用规划   D. 主题功能区规划

35. ( )是对具体地块用途和开发建设强度等作出的实施性安排,强调实施性。
   A. 国土空间详细规划   B. 国土空间总体规划
   C. 国土空间实施规划   D. 国土空间相关专项规划

36. 全国国土空间规划是对全国国土空间作出的全局安排,是全国国土空间保护、开发、利用、修复的政策和总纲,侧重( )。
   A. 战略性   B. 实施性
   C. 协调性   D. 专门性

37. 省、自治区人民政府所在地的城市以及国务院确定的城市的总体规划,由( )审批。
   A. 省、自治区人民政府   B. 本级人民政府
   C. 国务院   D. 全国人大及常委会

38. 某核准制项目,以划拨方式提供国有土地使用权,建设单位应在( ),向城乡规划主管部门申请核发选址意见书。
   A. 审批前   B. 核准前
   C. 核准后   D. 备案前

39. 根据《土地管理法》,将永久基本农田以外的农用地转为建设用地的,由( )批准。
   A. 国务院
   B. 国务院授权的各部委
   C. 国务院授权的省、自治区、直辖市人民政府
   D. 国务院或者国务院授权的省、自治区、直辖市人民政府

40. 农用地转用方案经批准后,由( )组织实施。
   A. 市、县人民政府   B. 省、自治区、直辖市人民政府
   C. 国务院   D. 全国人大及常委会

41. 耕地保护的责任目标考核制度中,期中检查在每个规划期的( )开展1次。
   A. 第一年   B. 第三年
   C. 第五年   D. 次年

42. 耕地数量保护,就是守住( )亩耕地红线,确保耕地总量不减少。
   A. 18   B. 8亿

C. 10亿 D. 18亿

43. 根据《土地管理法实施条例》规定，建设周期较长的能源、交通、水利等基础设施建设使用的临时用地，期限不超过( )。

A. 1年 B. 2年
C. 4年 D. 5年

44. ( )出让方式的特点是有利于公平竞争，适用于需要优化土地布局、重大工程的较大地块的出让。

A. 招标 B. 拍卖
C. 挂牌 D. 协议

45. 以招标方式确定土地使用者的，若投标人少于( )人的，出让人应当终止招标活动。

A. 1 B. 3
C. 5 D. 10

46. 挂牌时间不少于( )，挂牌期间，自然资源主管部门可以根据竞买人竞价情况调整增价幅度。

A. 10个工作日 B. 10日
C. 15个工作日 D. 15日

47. 甲房地产开发公司取得一居住用地使用权后2年未动工开发，国家依法将其收回，并改为商业用地出让给乙房地产开发公司，乙房地产开发公司取得该土地使用权的最高年限为( )年。

A. 38 B. 40
C. 68 D. 70

48. 经调查核实，构成闲置土地的，市、县自然资源主管部门应当向国有建设用地使用权人下达( )。

A.《闲置土地构成书》 B.《闲置土地下达书》
C.《闲置土地认定书》 D.《闲置土地调查通知书》

49. 对依法收回的闲置土地，可以采取的利用方式不包括( )。

A. 确定新的国有建设用地使用权人开发利用
B. 纳入政府土地储备
C. 委托恢复耕种
D. 保持现状

50. ( )是土地市场管理的核心内容。

A. 地价管理 B. 土地登记
C. 动态监测 D. 地籍管理

51. 除首都以外的现有城市的规划人均城市建设用地面积指标，规划人均城市建设用地面积指标的低限是( )。

A. 65.0m²/人 B. 85.1m²/人
C. 105.1m²/人 D. 150.0m²/人

52. 居住区建筑的最大高度限定为( )m。

A. 60 B. 80
C. 90 D. 100

53. 建筑面积在( )m² 以下的建筑工程，可以不办理建筑工程施工许可证。
A. 300 B. 500
C. 800 D. 1000

54. 经济适用住房的资本金比率为( )。
A. 20% B. 30%
C. 35% D. 40%

55. 李某预购一套建筑面积为 100m² 的商品住房，单价 22000 元/m²，买卖双方面积误差处理未作约定。房屋交付后，经实测，建筑面积为 95m²。若李某不退房，则实付房款( )万元。
A. 204.60 B. 209.00
C. 213.35 D. 213.50

56. 承租人经出租人同意装饰装修，且已形成附合，因不可归责于双方的事由导致合同解除的，双方未约定处理条款时，正确的处理方式为( )。
A. 由双方按照公平原则分担
B. 承租人可获得租赁期内装饰装修价值补偿
C. 承租人可获得剩余租赁期内装饰装修残值损失
D. 出租人同意利用的，应在利用价值范围内予以适当补偿

57. 房地产抵押估价报告应用有效期从( )起计算，不得超过一年。
A. 价值时点 B. 估价委托日
C. 估价报告出具日 D. 估价开始作业日

58. 房地产估价师通过查询估价对象的不动产登记簿，不能确定的是( )。
A. 存在司法查封的情形 B. 存在设定最高额抵押权的情形
C. 存在拖欠建筑工程款的情形 D. 存在已设定一般抵押权的情形

59. 林某将其住宅出租，月租金收入为 2000 元，其当年应缴纳的房产税为( )元。
A. 80 B. 288
C. 960 D. 2880

60. 公益事业用海的海域使用权最高期限为( )年。
A. 15 B. 25
C. 30 D. 40

二、多项选择题（共 40 题，每题 1 分。每题的备选项中，有 2 个或 2 个以上符合题意，全部选对的，得 1 分；错选或多选的，不得分；少选且选择正确的，所选的每个选项得 0.5 分）

61. 土地按照用途分为( )。
A. 农用地 B. 建设用地
C. 未利用地 D. 耕地
E. 国有建设用地

62. 根据《城市房地产开发经营管理条例》规定，以下( )情况造成动工迟延的，

不征收土地闲置费。

A. 因不可抗力造成开工延期
B. 因政府或者政府有关部门的行为而不能如期开工的
C. 动工后地下发现文物的
D. 临时更换施工单位
E. 因地震导致无法按时动工的

63. 下列属于房地产方面的国家标准的是（　　）。

A.《房地产估价规范》GB/T 50291
B.《房地产估价基本术语标准》GB/T 50899
C.《资产评估法》
D.《土地管理法实施条例》
E.《房地产业基本术语标准》JGJ/T 30

64. 下列建设项目用地中，属于应采用招标、拍卖或者挂牌方式出让的有（　　）。

A. 科技博物馆　　　　　　B. 驾驶训练基地
C. 经营性加油站　　　　　D. 青少年文化宫
E. 城市污水处理厂

65. 对于因政府有关部门的行为造成动工开发延迟而导致土地闲置的，市、县自然资源管理部门可以（　　）。

A. 调整土地用途、规划条件　　B. 延长动工开发期限
C. 无偿收回国有建设用地使用权　D. 纳入政府土地储备
E. 协议有偿收回国有建设用地使用权

66. 根据《商品房销售管理办法》，商品住房销售可以按（　　）计价。

A. 套　　　　　　　　　　B. 使用面积
C. 建筑面积　　　　　　　D. 占地面积
E. 套内建筑面积

67. 根据《不动产登记暂行条例》，属于不动产登记权利范围的有（　　）。

A. 海域使用权　　　　　　B. 不动产租赁权
C. 海域所有权　　　　　　D. 构筑物所有权
E. 土地承包经营权

68. 下列房地产估价业务中，二级资质房地产估价机构可以从事的业务有（　　）。

A. 司法鉴定　　　　　　　B. 公司上市
C. 房屋征收补偿　　　　　D. 企业清算
E. 在建工程抵押

69. 下列房地产中，不得转让的有（　　）。

A. 10人共有的房地产，未经其他共有人书面同意
B. 未解决权属争议的房地产
C. 设定了抵押权的房地产
D. 已被依法查封的房地产
E. 依法收回土地使用权的房地产

70. 房地产中介服务业包括( )。
   A. 房地产开发　　　　　　　　B. 房地产咨询
   C. 房地产估价　　　　　　　　D. 房地产经纪
   E. 物业管理

71. 房屋所有权包含的权能有( )。
   A. 占有权　　　　　　　　　　B. 使用权
   C. 收益权　　　　　　　　　　D. 处分权
   E. 相对权

72. 居住权的内容主要是指居住权人的权利和义务。居住权人的权利主要包括( )。
   A. 居住权人享有对房屋的使用权,不限于居住目的
   B. 居住权人享有附属于房屋使用权的各项权利,如相邻权
   C. 居住权人有权为居住的目的而对房屋进行修缮和维护
   D. 如当事人未约定可以出租的,则居住权人不得出租
   E. 居住权人享有对房屋设定抵押的权利

73. 我国不动产物权生效时间主要包括( )。
   A. 法定生效　　　　　　　　　B. 登记生效
   C. 事实行为成就生效　　　　　D. 合同成立生效
   E. 主观意识生效

74. 下列属于非法占地的是( )。
   A. 临时使用土地期满,拒不归还土地的
   B. 不按照批准的用地位置和范围占用土地的
   C. 以土地出资入股等形式,非法转让土地使用权的
   D. 不按照国土空间规划确定的用途批准用地的
   E. 建设项目施工和地质勘查临时占用耕地的土地使用者,自临时用地期满之日起1年以上未恢复种植条件的

75. 我国的保障性住房包括( )。
   A. 公共租赁住房　　　　　　　B. 共有产权住房
   C. 保障性租赁住房　　　　　　D. 棚户区改造住房
   E. 老旧小区改造改善住房

76. 公共租赁住房的供应对象包括( )。
   A. 农村中低收入家庭
   B. 城镇中新就业的职工
   C. 在城镇有稳定职业的外来务工人员
   D. 城镇中等偏下收入住房困难家庭
   E. 在农村居住有稳定职业的外来务工人员

77. 《中共中央 国务院关于建立国土空间规划体系并监督实施的若干意见》要求建立"五级三类"国土空间规划体系,下列属于"五级"划分的为( )。
   A. 总体级　　　　　　　　　　B. 省级

C. 市级 D. 县级
E. 详细级

78. 农用地是指直接用于农业生产的土地，包括(　　)等。
A. 耕地 B. 林地
C. 草地 D. 农田水利用地
E. 集体教育用地

79. 对于永久基本农田划定方案，应从(　　)等方面，进行可行性论证。
A. 组织 B. 经济
C. 技术 D. 公众接受度
E. 社会

80. 根据《产业用地政策实施工作指引（2019年版）》，下列可优先纳入年度供应计划的产业用地为(　　)。
A. 国务院及其职能部门发布的产业发展规划中明确的重点产业
B. 国务院及其职能部门发布的产业发展规划中明确的基础产业
C. 国务院及其职能部门发布的产业促进政策中明确的重点产业
D. 国务院及其职能部门发布的产业促进政策中明确的基础产业
E. 乡镇级以上地方人民政府依据产业改革指导中明确的本地区重点产业

81. 下列建设项目用地中，可以采取划拨方式取得建设用地使用权的有(　　)。
A. 普通商品住宅 B. 城市基础设施用地
C. 公立学校办公楼 D. 大型商场
E. 军用铁路专线

82. 土地市场供需调控的原则，是对(　　)进行把握。
A. 土地市场供需调控的方向 B. 土地市场供需调控的时间
C. 土地市场供需调控的力度 D. 土地市场供需调控的级别
E. 土地市场供需调控的权限

83. 土地市场的金融调控中，间接调控包括(　　)。
A. 贷款利率调整 B. 贷款期限调整
C. 贷款成数控制 D. 税收附加、加成或减免
E. 央行直接限制商业银行土地开发信贷的最高额

84. 基准地价包括(　　)。
A. 城镇土地基准地价 B. 特殊用地基准地价
C. 公共服务项目用地基准地价 D. 区域交通设施用地基准地价
E. 农用地和集体建设用地基准地价

85. 下列匹配十五分钟生活圈所能提供的服务设施为(　　)。
A. 中学 B. 街道办事处
C. 文化活动站 D. 文化活动中心
E. 物业管理与服务

86. 中标人按照合同约定或者经招标人同意，可以将中标项目的部分(　　)分包给他人完成。

A. 非主体工作　　　　　　　　　B. 主体工作
C. 关键工作　　　　　　　　　　D. 紧急工作
E. 非关键工作

87. 根据《建设工程监理合同（示范文本）》，委托监理合同由（　　）组成。
A. 协议书　　　　　　　　　　　B. 通用条件
C. 专用条件　　　　　　　　　　D. 附录
E. 招标文件

88. 监理工程师应当按照工程监理规范的要求，采取（　　）等形式，对建设工程实施监理。
A. 旁站　　　　　　　　　　　　B. 巡视
C. 平行检验　　　　　　　　　　D. 随机抽查
E. 协同验收

89. （　　）应当建立建设工程质量责任制度，加强对建设工程抗震设防措施施工质量的管理。
A. 工程总承包单位　　　　　　　B. 工程施工单位
C. 工程监理单位　　　　　　　　D. 工程设计单位
E. 工程建设单位

90. 根据《建设工程质量管理条例》，在正常使用条件下，房屋建筑工程的最低保修期限为（　　）。
A. 地基基础为永久保修　　　　　B. 屋面防水工程为5年
C. 装修工程为2年　　　　　　　D. 卫生间防水为3年
E. 供热系统为1个供暖期

91. 房地产开发企业按照企业条件分为（　　）资质等级。
A. 一级　　　　　　　　　　　　B. 二级
C. 三级　　　　　　　　　　　　D. 四级
E. 暂定四级

92. 根据固定资产投资项目资本金制度相关规定，除用货币出资外，投资者还可以用（　　）作价出资。
A. 实物　　　　　　　　　　　　B. 工业产权
C. 专利技术　　　　　　　　　　D. 非专利技术
E. 无形资产

93. 下列关于房地产广告的表述中，符合有关规定要求的有（　　）。
A. 仅介绍项目名称的房地产广告，可不载明商品房预售许可证书号
B. 在集体土地上建设的房地产发布销售广告，应载明集体经济组织名称
C. 预售商品房广告不得涉及装修装饰内容
D. 在房地产广告中表示项目位置，可以用乘坐公共交通工具所需时间表示距离
E. 房地产广告不得含有承诺为入住者办理"农转非"的内容

94. 以参加表决的业主为基数，要求一般常规性事项需半数以上多数同意通过，包括（　　）事项。

A. 制定和修改业主大会议事规则
B. 制定和修改管理规约
C. 选举业主委员会成员
D. 使用建筑物及其附属设施的维修资金
E. 筹集建筑物及其附属设施的维修资金

95. 下列属于有偿转让房地产的方式为（　　）。
A. 房地产买卖　　　　　　　　B. 房地产互换
C. 房地产赠与　　　　　　　　D. 房地产继承
E. 房地产作价入股

96. 下列房地产中，不得转让的有（　　）。
A. 存在租赁关系的房地产
B. 被司法机关查封的房地产
C. 处在装饰装修期间的房地产
D. 已经全部缴纳土地使用权出让金，但未经登记
E. 某共同共有房地产的产权人A单方处分的房产

97. 商品房预售方案包括（　　）。
A. 建设进度安排　　　　　　　B. 预售房屋套数
C. 面积预测及分摊情况　　　　D. 住房质量责任承担主体和承担方式
E. 工程质量问题处理方式和处理情况

98. 根据《民法典》，下列房地产不得抵押的有（　　）。
A. 幼儿园的教学楼　　　　　　B. 某大学的校办工厂
C. 依法查封的房屋　　　　　　D. 正在建造的商品房
E. 已出租的商品房

99. 房地产估价机构破产、解散时，其房地产估价报告及相关资料应当移交当地（　　）。
A. 规划行政主管部门　　　　　B. 房地产估价行业组织
C. 建设（房地产）行政主管部门　D. 房地产估价行业组织指定的机构
E. 建设（房地产）行政主管部门指定的机构

100. 下列房产中，属于免征房产税的有（　　）。
A. 企业兴办幼儿园用房　　　　B. 公园内经营用房
C. 公立学校图书馆　　　　　　D. 个人居住用房
E. 校办企业用房

三、综合分析题（共4大题，20小题，每小题1.5分）

（一）

甲房地产估价机构（以下称"甲机构"）接受乙企业的委托为其评估A市××街道××号的商业用房，甲机构收到委托后，指派无房地产估价师职业资格证书的客户经理李某进行实地查勘，乙企业代表随同查勘，李某在实地查勘中发现房屋无门牌号，且乙企业无房屋所有权证书，仅有一份房屋租赁合同复印件，查勘结束后，甲机构房地产估价师孙某

和丁某根据李某实地查勘资料和乙企业后来出具的房屋所有权证书（无平面图）、房屋租赁合同复印件进行评估，并出具了估价报告。丙银行根据甲机构提供的估价报告，给乙企业发放了贷款，后乙企业违约未按时偿还贷款，丙银行在实地查勘中发现抵押的房产与报告中的房产情况有多处严重不符。

    1. 孙某、丁某的估价行为违反了（　　）规定。
    A.《中华人民共和国担保法》　　B.《土地管理法》
    C.《房地产估价规范》　　D.《房地产抵押估价指导意见》
    2. 在该项估价业务中，甲机构的问题为（　　）。
    A. 接受乙企业委托　　B. 孙某、丁某未到现场查勘
    C. 指派李某负责接待客户　　D. 仅指派李某负责实地查勘
    3. 依法对该估价报告承担责任的为（　　）。
    A. 孙某　　B. 李某
    C. 甲机构　　D. 丁某
    4. 根据《资产评估法》对丙银行的贷款损失，最先承担赔偿责任的为（　　）。
    A. 甲机构　　B. 孙某
    C. 丁某　　D. 李某
    5. 关于该估价活动的说法，正确的为（　　）。
    A. 丙银行应协助实地查勘
    B. 甲机构必须为一级房地产机构
    C. 甲机构应对估价报告进行内审
    D. 乙企业应对提供资料真实性负责

（二）

    2019年3月，M县为建高铁需要征收县城关镇的部分居民住宅。甲房地产估价机构（以下称"甲机构"）等级为二级，被选中为征收补偿的估价机构。甲机构安排有经验的注册房地产估价师带队进驻现场提供服务，经现场调查和查勘发现，被征收住宅所在区域的房地产供不应求，价格看涨，大多数被征收住宅已出租，其所在土地使用权类型为划拨，少量被征收住宅出于债务原因被查封。注册房地产估价师完成现场调查和勘察后，依据程序出具估价报告，并妥善处理了个别居民对评估结果的异议。

    6. 甲机构合法获得该项征收补偿估价业务，可以通过（　　）。
    A. 摇号方式选定　　B. 投票方式确定
    C. 被征收人协商确定　　D. 政府部门制定
    7. 对于城关镇部分居民住宅征收补偿价值评估，估价师需要考虑的影响因素为（　　）。
    A. 查封　　B. 供求关系
    C. 租赁　　D. 土地使用权类型
    8. 关于甲机构的说法，正确的为（　　）。
    A. 甲机构可以设立分支机构
    B. 甲机构的组织形式必须是有限责任制

C. 采取公司形式的评估机构，有8名以上专职注册房地产估价师
D. 甲机构出具的房屋征收报告至少应由2名承办该项业务的注册房地产估价师签名

9. 被征收人对评估结果有异议的，可以（　　）。
   A. 直接要求重新估价　　　　　　B. 申请复核评估
   C. 要求更换估价机构　　　　　　D. 要求更换估价师

10. 评估专家委员会应当自收到鉴定申请之日起（　　）日内，对申请鉴定评估报告进行审核。
    A. 5　　　　　　　　　　　　　B. 10
    C. 15　　　　　　　　　　　　 D. 30

（三）

2017年8月，甲房地产开发公司（以下称"甲公司"）获得M地块建设用地使用权，开发普通商品住宅，总投资为1亿元。因资金紧张，甲公司无力支付工程款，用在建建筑物抵押向丙银行申请贷款。乙房地产估价机构（以下称"乙机构"）接受委托对该在建建筑物进行抵押评估。

11. 甲公司获得M地块建设用地使用权的方式可能为（　　）。
    A. 挂牌出让　　　　　　　　　　B. 拍卖出让
    C. 协议出让　　　　　　　　　　D. 行政划拨

12. 该项目的项目资本金应不低于（　　）万元。
    A. 1000　　　　　　　　　　　　B. 2000
    C. 3000　　　　　　　　　　　　D. 3500

13. 甲公司抵押该项目，应办理（　　）登记。
    A. 在建建筑物抵押　　　　　　　B. 房屋所有权首次
    C. 房屋抵押权　　　　　　　　　D. 查封

14. 乙机构在该项目估价报告中应披露（　　）。
    A. 该在建工程的区位条件　　　　B. 甲公司拖欠工程款的事实
    C. 邻近城市普通商品住宅市场状况　D. 同城工业厂房供需状况

15. 甲公司取得的在建建筑物抵押贷款可用于（　　）。
    A. 购买储备土地　　　　　　　　B. 该工程后续建造
    C. 其他项目工程建设　　　　　　D. 偿还公司其他债务

（四）

2015年5月1日，秦某与甲房地产开发公司签订合同，以抵押贷款方式购买了建筑面积为88m²、售价15000元/m²的首套普通商品房住房，合同中未约定面积误差的处理方式。当地契税征收标准为3‰。2016年7月1日，房屋竣工后，经房产测绘机构测量，该房屋建筑面积为94.6m²。房屋交付后，秦某在装修时发现卫生间渗水。

16. 若秦某接受住房并办理不动产权证，则秦某应缴纳的契税为（　　）元。
    A. 13200　　　　　　　　　　　　B. 20394
    C. 21285　　　　　　　　　　　　D. 42570

17. 在签订购房合同时,秦某可以申请的不动产登记为( )。
A. 所有权预告登记　　　　　　　　B. 预购商品房预售登记
C. 转移登记　　　　　　　　　　　D. 抵押登记

18. 关于卫生间渗水事项处理的说法,正确的为( )。
A. 秦某依法可以要求退房
B. 能否退房,要看合同有无约定
C. 合同如无约定,应由房地产开发主管部门裁决
D. 秦某可以申请动用住宅专项维修资金解决渗水问题

19. 关于房屋面积误差,秦某可选择的处理方式为( )。
A. 依法要求退房　　　　　　　　　B. 不退房,应补缴购房款3.96万元
C. 要求甲公司双倍返还定金　　　　D. 不退房,应补缴购房款9.30万元

20. 秦某在入住后,认为房屋主体结构质量不合格,可以( )。
A. 向工程质量监督单位申请重新核验
B. 要求退房
C. 要求物业服务企业维修
D. 要求施工单位维修

《房地产制度法规政策》考前小灶卷（二）参考答案及解析

一、单项选择题

1. C	2. A	3. A	4. D	5. B
6. D	7. A	8. B	9. B	10. D
11. C	12. A	13. A	14. D	15. C
16. D	17. C	18. C	19. C	20. B
21. A	22. C	23. A	24. C	25. D
26. A	27. B	28. B	29. C	30. A
31. C	32. C	33. C	34. B	35. A
36. A	37. C	38. B	39. D	40. A
41. B	42. D	43. C	44. A	45. B
46. A	47. B	48. C	49. D	50. A
51. A	52. A	53. C	54. A	55. A
56. A	57. C	58. C	59. C	60. D

【解析】

1. C。被征收人或者房屋征收部门对评估结果有异议的，应当自收到评估报告之日起10日内，向原房地产估价机构书面申请复核评估。

2. A。被征收房屋价值的补偿。对被征收房屋价值的补偿，不得低于房屋征收决定公告之日被征收房屋类似房地产的市场价格。

3. A。对格式条款的理解发生争议的，应当按照通常理解予以解释。对格式条款有两种以上解释的，应当作出不利于提供格式条款一方的解释。格式条款和非格式条款不一致的，应当采用非格式条款。

4. D。房地产开发企业应当自领取营业执照之日起30日内，向登记机关所在地的房地产开发主管部门备案。

5. B。非保障性住房物业服务的收费实行市场调节价。保障性住房、房改房、老旧住宅小区和前期物业管理服务收费，由各省级价格主管部门会同住房和城乡建设主管部门根据实际情况决定实行政府指导价。高档住宅属于非保障性住房，故选项B正确。

6. D。经济适用住房购房人拥有有限产权，购房满5年可转让，但应按照规定交纳土地收益等地价款。

7. A。住宅期限届满自动续期；非住宅应当至迟于届满前一年申请续期；除根据社会公共利益需要收回土地的，应予以批准。

8. B。建设用地使用权划拨的范围：①国家机关用地；②军事用地；③城市基础设施用地；④公益事业用地；⑤国家重点扶持的能源、交通、水利等基础设施用地；⑥法律规定的其他用地。加油加气站具有经营性质，不能通过划拨方式取得土地。

9. B。省、自治区住房和城乡建设主管部门及设区城市的房地产管理部门应当成立房地产价格评估专家委员会。评估专家委员会由房地产估价师以及价格、房地产、土地、城市规划、法律等方面的专家组成。评估专家委员会对复核结果进行鉴定，选派成员组成专家组时，专家组成员应为3人以上单数，其中房地产估价师不得少于1/2。

10. D。工程建设监理的工作任务中"三控"指进度控制、质量控制、投资控制。

11. C。建设单位收到建设工程竣工报告后，应当组织设计、施工、工程监理等有关单位进行竣工验收。

12. A。对于以划拨方式取得土地使用权的房地产项目，要转让的前提是必须经有批准权的人民政府审批。

13. A。商品房竣工验收后，房地产开发企业应及时申请商品房房屋所有权首次登记，并按规定与商品房买受人共同申请办理国有建设用地使用权和房屋所有权转移登记。

14. D。被征收房屋价值补偿不得低于房屋征收决定公告之日被征收房屋类似房地产的市场价格。

15. C。本题考查的是建设工程的竣工验收管理制度。建设单位应当自工程竣工验收合格之日起15日内，依照本办法规定，向工程所在地的县级以上地方人民政府建设行政主管部门（以下简称备案机关）备案。

16. D。基于事实行为发生的：只要事实行为发生，不经登记，物权变动也发生效力。事实行为包括：①因人民法院、仲裁委员会的法律文书或人民政府的征收决定等，自法律文书或政府的征收决定等生效时发生效力。②因继承或受遗赠取得物权的，自继承或受遗赠开始时发生效力。③因合法建造、拆除房屋等事实行为设立或消灭物权的，自事实行为成就时发生效力。

17. C。《资产评估法》第十五条规定，采取公司形式的评估机构，应当有8名以上评估师和2名以上股东，其中2/3以上股东应当是具有3年以上从业经历且最近3年内未受停止从业处罚的评估师。评估机构的合伙人或者股东为2名的，2名合伙人或者股东都应当是具有3年以上从业经历且最近3年内未受停止从业处罚的评估师。

18. C。依据《资产评估法》，国务院有关评估行政管理部门按照各自职责分工，对评估行业进行监督管理。设区的市级以上地方人民政府有关评估行政管理部门按照各自职责分工，对本行政区域内的评估行业进行监督管理。根据国务院职责分工，住房和城乡建设部负责房地产估价行业管理工作。

19. C。注册房地产估价师在每一注册有效期内，即3年内，接受继续教育的时间为120学时，其中，必修课和选修课每一注册有效期各为60学时。

20. B。估价档案的保存期限不得少于15年，属于法定评估业务的，保存期限不得少于30年。

21. A。根据《城市房地产管理法》第二十二条的规定，土地使用权出让合同约定的使用年限届满，土地使用者需要继续使用土地的，应当至迟于届满前1年申请续期，除根据社会公共利益需要收回该幅土地的，应当予以批准。经批准准予续期的，应当重新签订土地使用权出让合同，依照规定支付土地使用权出让金。

22. C。城镇土地使用税是采用分类分级的幅度定额税率。

23. A。房产税在房产所在地缴纳。房产不在同一地方的纳税人，应按房产的坐落地点，分别向房产所在地的税务机关纳税。

24. A。土地使用权交换、房屋互换的计税依据是交换价格差额。

25. D。专项维修资金属业主所有，专项用于物业保修期满后物业共用部位、共用设施设备的维修和更新、改造，不得挪作他用。

26. A。商品房现售，必须符合以下条件：出售商品房的房地产开发企业应当具有企业法人营业执照和房地产开发企业资质证书；取得土地使用权证书或使用土地的批准文件；持有建设工程规划许可证和施工许可证；已通过竣工验收；拆迁安置已经落实；供水、供电、供热、燃气、通信等配套设施具备交付使用条件，其他配套基础设施和公共设备具备交付使用条件或已确定施工进度和交付日期；物业管理方案已经落实。

27. B。集体经营性建设用地出让、出租等，应当经本集体经济组织成员的村民会议三分之二以上成员或者三分之二以上村民代表的同意。

28. B。设立居住权，应当向房屋所在地不动产登记机构办理居住权登记，经登记后居住权才成立。居住权不得转让、继承。

29. C。合理利用土地资源，满足国民经济各部门对土地需求的同时，防止滥占耕地及其他浪费土地现象，不断提高土地的经济、社会和生态效益，促进经济社会稳定健康发展是土地管理的最终目标，也是土地管理的基本任务。

30. A。界址调查是权属调查的关键，权属调查是地籍调查的核心。

31. C。土地出让净收益用于廉租住房保障资金的比例不得低于10%，各地还可根据实际情况进一步适当提高比例，故选项C错误。

32. C。保障性租赁住房建筑面积以不超过70m²的小户型为主，租金低于同地段同品质市场租赁住房租金。

33. A。职工个人缴存的住房公积金和职工所在单位为职工缴存的住房公积金，属于职工个人所有。住房公积金实行住房公积金管理委员会决策、住房公积金管理中心运作、银行专户存储、财政监督。住房公积金制度规定单位和个人的缴存比例不低于5%，原则上不高于12%。

34. B。将主体功能区规划、土地利用规划、城乡规划等空间规划融合为统一的国土空间规划，实现"多规合一"。

35. A。国土空间详细规划是对具体地块用途和开发建设强度等作出的实施性安排，是开展国土空间开发保护活动、实施国土空间用途管制、核发城乡建设项目规划许可、进行各项建设等的法定依据，强调实施性。

36. A。全国国土空间规划是对全国国土空间作出的全局安排，是全国国土空间保护、开发、利用、修复的政策和总纲，侧重战略性。

37. C。省、自治区人民政府所在地的城市及国务院确定的城市的总体规划，由省、自治区人民政府审查同意后，报国务院审批。

38. B。《中华人民共和国城乡规划法》（以下简称《城乡规划法》）规定，按照国家规定需要有关部门批准或者核准的建设项目，以划拨方式提供国有土地使用权的，建设单位在报送有关部门批准或者核准前,应当向城乡规划主管部门申请核发选址意见书。

39. D。将永久基本农田以外的农用地转为建设用地的,由国务院或者国务院授权的省、自治区、直辖市人民政府批准。

40. A。农用地转用方案经批准后,由市、县人民政府组织实施。

41. B。从 2016 年起,每五年为一个规划期,期中检查在每个规划期的第三年开展 1 次,由考核部门组织开展。

42. D。耕地数量保护,就是守住 18 亿亩耕地红线,确保耕地总量不减少。

43. C。建设周期较长的能源、交通、水利等基础设施建设使用的临时用地,期限不超过 4 年。

44. A。招标出让方式的特点是有利于公平竞争,适用于需要优化土地布局、重大工程的较大地块的出让。

45. B。投标人少于 3 人的,出让人应当终止招标活动。

46. A。挂牌时间不少于 10 个工作日,挂牌期间,自然资源主管部门可以根据竞买人竞价情况调整增价幅度。

47. B。由于土地被依法回收,并重新出让,故年限按照商业最高年限出让。商业、旅游、娱乐用地 40 年。

48. C。经调查核实,构成闲置土地的,市、县自然资源主管部门应当向国有建设用地使用权人下达《闲置土地认定书》。

49. D。对依法收回的闲置土地,市、县自然资源主管部门可以采取下列方式利用:①确定新的国有建设用地使用权人开发利用;②纳入政府土地储备;③对耕作条件未被破坏且近期无法安排建设项目的,委托有关农村集体经济组织、单位或者个人组织恢复耕种。

50. A。地价管理是土地市场管理的核心内容。

51. A。除首都以外的现有城市的规划人均城市建设用地面积指标,低限是 65.0m²/人。

52. B。居住区建筑的最大高度限定为 80m。

53. A。工程投资额在 30 万元以下或者建筑面积在 300m² 以下的建筑工程,可以不申请办理施工许可证。

54. A。2009 年 5 月 25 日,国务院常务会议决定调整固定资产投资项目资本金比例,调整后,保障性住房和普通商品住房项目的最低资本金比例为 20%,其他房地产开发项目的最低资本金比例为 30%。2015 年 9 月 9 日,《国务院关于调整和完善固定资产投资项目资本金制度的通知》将保障性住房和普通商品住房项目资本金比例维持 20% 不变,其他项目由 30% 调整为 25%。

55. A。实测面积 95m²,预测面积 100m²,面积误差比 =(95-100)/100 = -5%。实测面积小于预测约定面积时,面积误差比绝对值在 3%(含 3%)以内部分的房价款由房地产开发企业返还买受人;绝对值超过 3% 的房价款由房地产开发企业双倍返还买受人。100×22000-3×22000-2×22000×2 = 204.6(万元)。

56. A。因不可归责于双方的事由导致合同解除的,剩余租赁期内的装饰装修残值损失,由双方按照公平原则分担。法律另有规定的,适用其规定。

57. C。房地产抵押估价报告应用有效期从估价报告出具之日起计算，不得超过一年。

58. C。因估价需要，房地产估价机构和注册房地产估价师可以向房地产行政主管部门查询房地产交易、登记信息。

59. C。对个人出租住房，不区分用途，按4%的税率征收房产税，免征城镇土地使用税。2000×12×4%＝960（元）。

60. D。按照不同用途，海域使用权最高期限分别为：养殖用海15年；拆船用海30年；旅游、娱乐用海25年；盐业、矿业用海30年；公益事业用海40年；港口、修造船厂等建设工程用海50年。

二、多项选择题

61. ABC	62. ABCE	63. AB	64. BC	65. ABE
66. ACE	67. ADE	68. ACE	69. ABDE	70. BCD
71. ABCD	72. BCD	73. ABCD	74. AB	75. ABC
76. BD	77. BCD	78. ABCD	79. ABCD	80. AC
81. BCE	82. ABC	83. ABC	84. ACE	85. ABD
86. AE	87. ABCD	88. ABC	89. ABC	90. BC
91. AB	92. ABD	93. AE	94. ABCD	95. ABE
96. BDE	97. ABCD	98. AC	99. CE	100. ACD

【解析】

61. ABC。土地按照用途分为农用地、建设用地和未利用地。

62. ABCE。《城市房地产开发经营管理条例》规定以下三种情况造成动工迟延的，不征收土地闲置费。①因不可抗力造成开工延期。不可抗力是指依靠人的能力不能抗拒的因素，如地震、洪涝等自然灾害。②因政府或者政府有关部门的行为而不能如期开工的或中断建设1年以上的。③因动工开发必需的前期工作出现不可预见的情况而延期动工开发的，如发现地下文物、拆迁中发现不是开发商努力能解决的问题等。

63. AB。房地产方面的国家标准主要有《房地产估价规范》GB/T 50291、《房地产估价基本术语标准》GB/T 50899、《房产测量规范》GB/T 17986。选项C是法律，选项D是行政法规，选项E是房地产方面的行业标准。

64. BC。《民法典》第三百四十七条规定："设立建设用地使用权，可以采取出让或者划拨等方式。工业、商业、旅游、娱乐和商品住宅等经营性用地以及同一土地有两个以上意向用地者的，应当采取招标、拍卖等公开竞价的方式出让。严格限制以划拨方式设立建设用地使用权。"根据《土地管理法实施条例》，建设用地使用权出让，除依法可以采取协议方式外，应当采取招标、拍卖、挂牌等竞争性方式确定土地使用者。选项ADE属于划拨用地范围。

65. ABE。因为政府及政府有关部门和因自然灾害等不可抗力导致土地闲置的，可以采用以下方式处置：①延长动工开发期限；②调整土地用途、规划条件；③由政府安排临时使用；④协议有偿收回；⑤置换土地。

66. ACE。商品房销售有按套（单元）计价、按套内建筑面积计价、按建筑面积计价3种计价方式。按套（单元）计价、套内建筑面积计价，并不影响以建筑面积进行产权登记。

67. ADE。不动产登记的概念和范围：①集体土地所有权；②房屋等建筑物、构筑物所有权；③森林、林木所有权；④建设用地使用权；⑤宅基地使用权；⑥海域使用权；⑦耕地、林地、草地等土地承包经营权；⑧地役权；⑨抵押权。

68. ACE。《房地产估价机构管理办法》规定，一级房地产估价机构可以从事各类房地产估价业务。二级房地产估价机构可以从事除公司上市、企业清算以外的房地产估价业务。三级房地产估价机构可以从事除公司上市、企业清算、司法鉴定以外的房地产估价业务。暂定期内的三级房地产估价机构可以从事除公司上市、企业清算、司法鉴定、房屋征收、在建工程抵押以外的房地产估价业务。

69. ABDE。《城市房地产管理法》及《城市房地产转让管理规定》都明确规定了房地产转让应当符合的条件，并规定了下列房地产不得转让：(1)以出让方式取得土地使用权的，转让房地产时，应当符合下列条件：①按照出让合同约定已经支付全部土地使用权出让金，并取得土地使用权证书；②按照出让合同约定进行投资开发，属于房屋建设工程的，完成开发投资总额的25%以上，属于成片开发土地的，形成工业用地或者其他建设用地条件；③转让房地产时房屋已经建成的，还应当持有房屋所有权证书。(2)司法机关和行政机关依法裁定、决定查封或以其他形式限制房地产权利的。(3)依法收回土地使用权的房地产。(4)未经其他共有人书面同意的共有房地产。(5)权属有争议的房地产。(6)未依法进行登记领取权属证书的房地产。(7)法律和行政法规规定禁止转让的其他情形。

70. BCD。房地产中介服务又分为房地产咨询、房地产估价和房地产经纪。

71. ABCD。房屋所有人在法律规定的范围内，可以排除他人的干涉，对其所有的房屋行使占有、使用、收益、处分等权能。

72. BCD。居住权人享有对房屋的使用权，但此种使用权须限于居住的目的；居住权人在居住期间负有保管房屋的义务、不得就其居住权设定抵押或其他任何权利负担。

73. ABCD。根据《民法典》物权编，不动产物权生效主要有法定生效、登记生效、事实行为成就生效和合同成立生效4种情形。

74. AB。选项C属于非法转让土地；选项D属于非法批地；选项E属于破坏耕地。

75. ABC。本题考查的是住房保障制度。我国的保障性住房包括公共租赁住房、保障性租赁住房及共有产权住房等。

76. BD。公共租赁住房的供应对象主要是城镇中等偏下收入住房困难家庭。有条件的地区，可以将新就业职工和有稳定职业并在城市居住一定年限的外来务工人员纳入供应范围。

77. BCD。"五级"是指国土空间规划的层级对应我国的行政管理体系，分为国家级、省级、市级、县级和乡镇级5个层级。

78. ABCD。农用地是指直接用于农业生产的土地，包括耕地、林地、草地、农田水利用地、养殖水面等。

79. ABCD。对于永久基本农田划定方案，应从组织、经济、技术、公众接受度等方面进行可行性论证，征求村民意见，取得相关权益人同意，做好与相关方面的协调。

80. AC。下列产业用地可优先纳入年度供应计划：①国务院及其职能部门发布的产业发展规划中明确的重点产业；②国务院及其职能部门发布的产业促进政策中明确的重点产业；③县级以上地方人民政府依据前述规划、政策明确的本地区重点产业。

81. BCE。军事用地、城市基础设施用地、公益事业用地等的土地使用权可以采用划拨，选项AD均属于出让范畴。

82. ABC。要始终把握从城市土地市场的供需调控的方向、时间和力度上，对城市土地市场的供需进行调控的原则。

83. ABC。间接调控是指国家通过利率、贷款成数等金融杠杆调节货币供应量和需求量，进而调控土地市场供需。

84. ACE。基准地价包括城镇土地基准地价、农用地和集体建设用地基准地价、公共服务项目用地基准地价等。

85. ABD。选项C属于十分钟生活圈的服务设施；选项E属于五分钟生活圈的服务设施。

86. AE。中标人按照合同约定或者经招标人同意，可以将中标项目的部分非主体、非关键性工作分包给他人完成。接受分包的人应当具备相应的资格条件，并不得再次分包。

87. ABCD。建设工程委托监理合同是一种专业性很强的合同，住房和城乡建设部、国家工商行政管理总局（现国家市场监督管理总局）联合制定颁布的《建设工程监理合同（示范文本）》，由协议书、通用条件、专用条件、附录组成。

88. ABC。监理工程师应当按照工程监理规范的要求，采取旁站、巡视和平行检验等形式，对建设工程实施监理。

89. ABC。工程总承包单位、施工单位及监理单位应当建立建设工程质量责任制度，加强对建设工程抗震设防措施施工质量的管理。

90. BC。地基基础和主体结构工程，为设计文件规定的该工程的合理使用年限；屋面防水工程、有防水要求的卫生间、房间和外墙面的防渗漏，为5年；供热与供冷系统，为2个供暖期、供冷期。

91. AB。房地产开发企业按照企业条件分为一、二两个资质等级。

92. ABD。项目资本金可以用货币出资，也可以用实物、工业产权、非专利技术、土地使用权作价出资。

93. AE。选项B错误，在未经国家征收的集体所有的土地上开发建设的，不得发布房地产广告；选项C错误，房地产广告涉及内部结构、装修装饰的，应当真实、准确；选项D错误，不得以项目到达某一具体参照物的所需时间表示项目位置。

94. ABCD。以参加表决的业主为基数，要求一般常规性事项须半数以上多数同意通过，重大特殊事项需3/4以上多数同意通过。①应当经参与表决专有部分面积过半数的业主且参与表决人数过半数的业主同意方可决定的事项包括：制定和修改业主大会议事规则；制定和修改管理规约；选举业主委员会或者更换业主委员会成员；选聘和解聘物业服务企业或者其他管理人；使用建筑物及其附属设施的维修资金；有关共有和共同管理权利的其他重大事项。②应当经参与表决专有部分面积3/4以上的业主且参与表决人数3/4以上的业主同意方可决定的事项包括：筹集建筑物及其附属设施的维修资金；改建、重建建筑物及其附属设施；改变共有部分的用途或者利用共有部分从事经营活动。选项 E 属于重大特殊事项，须 3/4 以上多数同意通过。

95. ABE。房地产转让可分为有偿和无偿两种方式，有偿转让主要包括房地产买卖、房地产作价入股、以房抵债、房屋互换等行为，无偿转让主要包括房地产赠与、继承等行为。选项 CD 属于无偿转让行为。

96. BDE。下列房地产，不得转让：①未达到房地产项目转让条件的；②司法机关和行政机关依法裁定、决定查封或者以其他形式限制房地产权利的；③依法收回土地使用权的；④共有房地产，未经其他共有人书面同意的；⑤权属有争议的；⑥未依法登记领取权属证书的；⑦法律、行政法规规定禁止转让的其他情形。

97. ABCD。预售方案应当包括项目基本情况、建设进度安排、预售房屋套数、面积预测及分摊情况、公共部位和公共设施的具体范围、预售价格及变动幅度、预售资金监管落实情况、住房质量责任承担主体和承担方式、住房能源消耗指标和节能措施等。

98. AC。幼儿园属于公益为目的的单位，其教学楼不得设定抵押；依法被查封的房地产，不得设定抵押。

99. CE。房地产估价机构破产、解散时，其房地产估价报告及相关资料应当移交当地建设（房地产）行政主管部门或其指定的机构。

100. ACD。宗教寺庙、公园、名胜古迹自用的房产免征房产税，经营性房产不可免征房产税；校办企业用房，属于经营性，不免房产税。

三、综合分析题

1. CD	2. BD	3. ACD	4. A	5. CD
6. ABC	7. BD	8. CD	9. B	10. B
11. AB	12. B	13. A	14. B	15. B
16. C	17. B	18. B	19. AB	20. A

【解析】

1. CD。《房地产估价规范》规定：除应采用批量估价的项目外，每个估价项目应至少有一名注册房地产估价师全程参与受理估价委托、实地查勘估价对象、撰写估价报告等估价工作。《房地产抵押估价指导意见》第十四条：房地产估价师应当对估价对象进行实地查勘，将估价对象现状与相关权属证明材料上记载的内容逐一进行对照，全面、细致地了解估价对象，做好实地查勘记录，拍摄能够反映估价对象外观、内部状况和周围环境、景观的照片。

2. BD。商业银行发放房地产抵押贷款前，可以与抵押人协商确定房地产的抵押价值，也可以委托房地产估价机构评估价值，如委托评估，一般由商业银行委托，也可以约定由约定方委托，故选项 A 的做法正确。李某没有房地产估价师证书，可以接待客户，故选项 C 的做法正确。现场查勘应由房地产估价师完成，故应选择选项 B 和 D。

3. ACD。报告由估价机构出具，加盖机构公章。由至少 2 名专职注册房地产估价师签字。

4. A。估价师给委托人或其他相关当事人造成损失的，由其所在的评估机构依法承担赔偿责任。房地产估价机构履行赔偿责任后，可以向有故意或重大过失行为的房地产估价师追偿。

5. CD。暂定期内的三级房地产估价机构，可以从事除公司上市、企业清算、司法鉴定、城镇房屋拆迁、在建工程抵押以外的估价业务。委托人及相关当事人协助房估机构进行实地查勘，应该提供必须资料，并负责真实性。估价机构和人员负保密义务。在该题中委托人是乙企业。

6. ABC。首先由被征收人在规定时间内协商选定；在规定时间内没有协商或者经协商达不成一致意见的，由房屋征收部门组织被征收人按照少数服从多数的原则投票决定，或者采取随机选定等方式确定，如进行摇号、抽签等。

7. BD。被征收房屋的价值包含被征收房屋及其占用范围内土地使用权的价值。其价值内涵具体是指被征收房屋及其占用范围内的土地使用权在不被征收的情况下，由熟悉情况的交易双方以公平交易方式在评估时点自愿交易的金额，但不考虑被征收房屋租赁、抵押、查封等因素的影响。《国有土地上房屋征收评估办法》第十四条：被征收房屋价值评估应当考虑被征收房屋的区位、用途、建筑结构、新旧程度、建筑面积以及占地面积、土地使用权等影响被征收房屋价值的因素。

8. CD。选项A，一级估价机构可以设立分支机构，二、三级不得设立分支机构。选项B，评估机构的组织形式有合伙制和公司制。选项C，《资产评估法》规定采取公司形式的评估机构，应当有8名以上评估师。选项D，考核估价机构向征收部门提供委托范围内被征收房屋的整体评估报告和分户评估报告（由负责该项目的2名以上注册房地产估价师签字，并加盖估价机构公章）。

9. B。对评估确定的被征收房屋价值有异议的可以向房地产价格评估机构申请复核评估。对复核结果有异议的，可以向房地产价格评估专家委员会申请鉴定。

10. B。评估专家委员会应当自收到鉴定申请之日起10日内，对申请鉴定评估报告的评估程序、评估依据、评估假设、评估技术路线、评估方法选用、参数选取、评估结果确定方式等评估技术问题进行审核，出具书面鉴定意见。

11. AB。普通商品住宅是居住用途，具有经营性质，应通过竞价方式取得。

12. B。保障性住房和普通商品住房项目的最低资本金比例为20%。1亿×20%＝2000万元。

13. A。根据题干描述，抵押物是在建建筑，应进行在建建筑物抵押登记。

14. B。根据题意，估价报告中应披露甲公司拖欠工程款的事实。

15. B。根据《民法典》的规定，在建工程抵押贷款的用途为在建工程继续建造所需资金。

16. C。自2016年2月22日起，对个人购买家庭唯一住房，面积为90m²以下的，减按1%的税率征收契税；面积为90m²以上的，减按1.5%的税率征收契税。94.6m²×15000元/m²×1.5%＝21285元。按最终测绘面积和房屋单价计算。

17. B。购买预售的商品房，可以申请预购商品房预售登记。

18. B。一般性的质量问题主要通过质量保修解决，而不是退房。住宅专项维修资金应当专项用于住宅共用部位、共用设施设备保修期满后的维修和更新、改造，不得挪作他用。本题最符合题意的选项为B。

19. AB。按建筑面积计价的,建筑面积或套内建筑面积任何一个的误差比绝对值超过3%的,买受人就有权解除合同。面积误差比=(94.6－88)/88＝7.5%,大于3%,可以选择退房。不退房的,实测面积大于预测面积的,面积误差比在3%以内的房价款由买受人补足;超出3%部分的房价款由房地产企业承担,产权归买受人。买房人选择不退房时,应补缴购房款88×15000×3%＝3.96万元。

20. A。商品房交付使用后,购买人认为主体结构质量不合格的,可以向工程质量监督单位申请重新核验。经核验,确属主体结构质量不合格的,购买人有权退房,给购买人造成损失的,房地产开发企业应当依法承担赔偿责任。这样规定主要是为了保护购买商品房的消费者的合法权益。

《房地产制度法规政策》考前小灶卷（三）

一、单项选择题（共60题，每题0.5分。每题的备选答案中只有1个最符合题意，请在答题卡上涂黑其相应的编号）

1. 保障性住房不包括（   ）。
   A. 单位集资建房　　　　　　　B. 公共租赁住房
   C. 保障性租赁住房　　　　　　D. 共有产权住房

2. 我国法律规定，城市的土地属于（   ）所有。
   A. 国家　　　　　　　　　　　B. 集体
   C. 政府　　　　　　　　　　　D. 个人

3. 下列各项中，不属于支持保障性住房政策的是（   ）。
   A. 财政政策　　　　　　　　　B. 金融政策
   C. 住房政策　　　　　　　　　D. 土地政策

4. 房地产业主要包括房地产开发经营、（   ）、房地产租赁经营和其他房地产业。
   A. 房地产中介服务、房地产咨询服务
   B. 房地产经纪服务、物业管理
   C. 房地产估价服务、物业管理
   D. 房地产中介服务、物业管理

5. 关于房地产业与建筑业关系的说法中，正确的是（   ）。
   A. 房地产业与建筑业同属于第二产业
   B. 房地产业与建筑物同属于第三产业
   C. 房地产业属于第二产业，建筑业属于第三产业
   D. 房地产业属于第三产业，建筑业属于第二产业

6. 根据耕地保护的责任目标考核制度，第一责任人是（   ）。
   A. 省人民政府　　　　　　　　B. 省长
   C. 省人大常委会　　　　　　　D. 省人民代表大会

7. 永久基本农田的说法正确的是（   ）。
   A. 和基本农田同时提出　　　　B. 属于优质基本农田
   C. 永远不能占用　　　　　　　D. 和基本农田没有本质区别

8. 按照国家规定需要有关部门批准或者核准的建设项目，以划拨方式提供国有土地使用权的，建设单位在报送有关部门批准或者核准前，应当向城乡规划主管部门申请核发（   ）。
   A. 土地使用许可证　　　　　　B. 用地申请
   C. 用地规划许可证　　　　　　D. 选址意见书

9. 根据《土地管理法实施条例》，对在国土空间规划确定的城市和村庄、集镇建设用

地范围内,为实施该规划而将农用地转为建设用地的,由( )组织自然资源等部门拟订农用地转用方案。

  A. 市、县人民政府   B. 省、自治区、直辖市人民政府
  C. 国务院   D. 全国人大及常委会

10. 耕地保护的责任目标考核制度中,期中检查在每个规划期的( )开展1次。

  A. 第一年   B. 第三年
  C. 第五年   D. 次年

11. ( )是确定土地风险点,提出风险防范措施和处置预案的综合研判。

  A. 社会稳定风险评估   B. 发布征收土地预公告
  C. 编制征地补偿安置方案   D. 签订征地补偿安置协议

12. 征地补偿安置方案由( )组织拟订。

  A. 村、村民小组   B. 乡(镇)人民政府
  C. 县人民政府   D. 县级以上人民政府有关部门

13. 在( )后,不得在房屋征收范围内实施新建、扩建、改建房屋和改变房屋用途等不当增加补偿费用的行为。

  A. 房屋征收范围确定   B. 征收补偿方案论证
  C. 作出房屋征收决定   D. 编制征收评估报告

14. 对国有土地上被征收房屋价值的补偿,不得低于房屋征收决定公告之日被征收房屋类似房地产的( )。

  A. 重置价格   B. 租赁价格
  C. 评估价格   D. 市场价格

15. 评估国有土地上被征收房屋价值的房地产估价机构,首先由( )选定。

  A. 被征收人协商   B. 房屋征收部门
  C. 市、县级人民政府   D. 房屋征收实施单位

16. 下列关于国有土地上房屋征收的补偿,表述正确的是( )。

  A. 补偿内容不包括停产停业损失
  B. 房屋征收部门与被征收人订立补偿协议
  C. 房屋征收补偿的方式由市县级人民政府选择
  D. 被征收人对补偿决定不服的,向专家委员会申请鉴定

17. 国有土地上房屋征收评估费一般由( )支付。

  A. 被征收人   B. 房屋征收部门
  C. 建设单位   D. 房屋征收实施单位

18. 房地产估价机构应当自收到被征收人书面复核估价申请之日起( )日内给予答复。

  A. 3   B. 5
  C. 7   D. 10

19. A房地产开发公司于2017年1月1日,通过出让方式获得B市C县规划区内一地块,从事住宅楼开发建设。并于次日签订了建设用地使用权出让合同,交纳土地出让金6000万元,合同约定2017年3月1日开始动工建设。后出于种种原因,该项目直到2018

年5月1日才开始动工建设。同时A房地产开发公司为提高整体投资效益，准备将临街的地块建成商业门市。按照规定，A房地产开发公司应在签订了出让合同后（　　）日内，支付全部地价款。

A. 30 B. 60
C. 90 D. 120

20. 国家实行房地产（　　）申报制度。

A. 出租价格 B. 评估价格
C. 成交价格 D. 抵押价格

21. 下列以出让方式取得土地使用权进行房地产开发的情况中，政府可以无偿收回土地使用权的是（　　）。

A. 出让合同约定2002年6月30日动工开发，中间曾受到"非典"的影响，规划部门审批工作在一段时间内暂停，导致前期工作延误，到2004年6月30日仍未动工开发
B. 城市总体规划变更，使得项目规划设计变更，导致超过出让合同约定的动工开发期限满两年未动工开发
C. 开发商要求提高项目容积率，规划部门不批准，导致超过出让合同约定的动工开发期限满两年未动工开发
D. 因发生自然灾害，地块的地质条件发生重大变化，导致超过出让合同约定的动工开发日期满两年未动工开发

22. 下列建设项目中，可通过划拨方式取得土地使用权的是（　　）。

A. 连锁健身房 B. 公安机关办公楼
C. 游泳馆 D. 度假村

23. 根据《民法典》，住宅建设用地使用权期限届满的，（　　）。

A. 无偿收回 B. 给予补偿收回
C. 自动续期 D. 届满前一年申请续期

24. 工业用地的最高出让年限是（　　）年。

A. 30 B. 40
C. 50 D. 70

25. 根据《城市居住区规划设计标准》GB 50180，十分钟生活圈居住区人口规模上限为（　　）。

A. 15000 B. 20000
C. 25000 D. 30000

26. 建设工程发生质量事故，有关单位应当在（　　）小时内上报。

A. 1 B. 12
C. 24 D. 48

27. 建设单位应当自工程竣工验收合格之日起（　　）内，依照本办法规定，向工程所在地的县级以上地方人民政府建设行政主管部门备案。

A. 30日 B. 30个工作日
C. 15日 D. 15个工作日

28. 住宅工程还应当提交《住宅质量保证书》和《住宅使用说明书》。建设单位在工程竣工验收合格之日起15日内未办理工程竣工验收备案的,备案机关责令限期改正,处( )罚款。

   A. 10万元以上20万元以下
   B. 10万元以上40万元以下
   C. 20万元以上40万元以下
   D. 20万元以上50万元以下

29. 施工单位对房屋建筑工程的保修期自( )之日起计算。

   A. 房屋完工
   B. 房屋竣工验收合格
   C. 房屋交付计算使用
   D. 办理房屋登记

30. 从公益与营利的角度,规定了公共管理与公共服务设施用地占城市建设用地的比例为( )。

   A. 5%~8%
   B. 5%~10%
   C. 8%~10%
   D. 10%以上

31. 居住区建筑的最大高度限定为( )m。

   A. 60
   B. 80
   C. 90
   D. 100

32. 城市体检从国家战略落实到城市高质量发展的具体实践,探索建立( )的城市体检工作制度。

   A. "一年一体检、五年一评估"
   B. "五年一体检、一年一评估"
   C. "一年五体检、五年一评估"
   D. "一年一体检、一年一评估"

33. 下列房地产开发项目土地使用权的取得,不可采取行政划拨方式的有( )。

   A. 国家机关用地、军事用地
   B. 国家重点扶持的能源、交通、水利等项目用地
   C. 娱乐设施建设用地
   D. 经济适用住房建设用地

34. 商品房建筑面积由( )和分摊的共有建筑面积组成。

   A. 套内建筑面积
   B. 套内有效面积
   C. 套内净面积
   D. 套内使用面积

35. 某开发公司经城市规划行政主管部门批准变更规划设计方案,导致商品房户型发生变化,并在10日内书面通知了买受人,买受人接通知后未作表示,2个月后买受人提出退房,按规定买受人( )。

   A. 有权退房
   B. 有权要求开发公司承担违约责任
   C. 有权要求开发公司赔偿损失
   D. 无权退房

36. 房地产开发企业不得采取( )的方式销售商品房。

   A. 分期付款
   B. 收取预售款
   C. 收取定金
   D. 返本销售

37. 房屋租赁合同约定的租赁期限依法不得超过( )年。

   A. 5
   B. 10
   C. 15
   D. 20

38. 从事住房租赁活动的房地产经纪机构、住房租赁企业和网络信息平台,以及转租

住房( )套（间）以上的单位或个人，应当依法办理市场主体登记。
   A. 3   B. 5
   C. 10   D. 20

39. 某房地产存在共有产权，按份共有权人包括甲、乙、丙三人，关于该房地产的转让，表述正确的为( )。
   A. 丙欲将房屋出租给他人，无须其他共有人同意
   B. 甲处分自己份额以内的产权，须经全部共有人同意
   C. 乙转让自己份额以内的产权，同等条件下，甲、丙具有优先购买权
   D. 甲份额以内的产权，因继承发生权利主体变化时，乙、丙具有优先购买权

40. 李某与甲房地产公司签订了商品房预售合同，下列关于李某签订的商品房预售合同表述错误的是( )。
   A. 商品房预售合同未经备案，转让行为无效
   B. 在商品房预售合同中，可以约定面积误差处理方式
   C. 待预售的商品房竣工后，甲公司可以将其再转让
   D. 商品房预售后，甲公司应当在签约之日起30日内办理商品房预售合同登记备案

41. 采用公司形式的评估机构，应当有( )名以上评估师和( )名以上股东。
   A. 2，2   B. 3，2
   C. 8，2   D. 5，2

42. 房地产估价有限责任公司中专职注册房地产估价师的股份合计应不低于( )。
   A. 50%   B. 60%
   C. 70%   D. 80%

43. 取得三级房地产估价机构后从事房地产估价活动连续( )以上的属于二级房地产估价机构。
   A. 2年   B. 4年
   C. 5年   D. 8年

44. 未经原批准机关同意，连续( )未使用的，国家无偿收回划拨土地使用权。
   A. 2年   B. 4年
   C. 5年   D. 8年

45. 对于二级房地产估价机构，要求其有专职注册房地产估价师人数为( )人以上。
   A. 3   B. 5
   C. 8   D. 15

46. 房地产估价师注册年龄上限不超过( )周岁。
   A. 60   B. 65
   C. 70   D. 75

47. 王某取得房地产估价师执业资格超过3年申请初始注册，需要接受继续教育( )学时。
   A. 30   B. 60
   C. 120   D. 150

48. 下列税收中,按年计算、分期缴纳的是( )。
 A. 契税
 B. 土地增值税
 C. 城镇土地使用税
 D. 个人所得税

49. 城镇土地使用税的计税依据是( )。
 A. 纳税人实际占用的土地面积
 B. 纳税人实际建设的房屋使用面积
 C. 纳税人实际建设的房屋建筑面积
 D. 纳税人自己测定的土地面积

50. 下列占用耕地建设的项目中,可以减半征收耕地占用税的是( )。
 A. 军事设施
 B. 养老院
 C. 飞机场跑道
 D. 农村居民在规定用地标准以内占用耕地新建自用住宅

51. 房地产开发费用不包括( )。
 A. 运营费用
 B. 财务费用
 C. 管理费用
 D. 销售费用

52. 某企业自用的地下商业用房,应税房屋原值为200万元,则应纳房产税的最低税额为( )万元。
 A. 1.44
 B. 1.68
 C. 1.92
 D. 2.16

53. 房产税的纳税地点为( )。
 A. 房产所在地
 B. 产权人所在地
 C. 房屋开发商所在地
 D. 房产所在地和产权人所在地均可

54. 林某将其住宅出租,有关房产税的征缴表述正确的为( )。
 A. 纳税地点为林某所在地
 B. 按租金收入的12%计税
 C. 按住宅余值作为计税依据
 D. 房产税按年计征,分期缴纳

55. 下列房产中,不应免征房产税的是( )。
 A. 个人所有非营业用的房产
 B. 企业创办的各类学校用于教学的房产
 C. 产权不确定的有纠纷的房产
 D. 经有关部门鉴定的危险房屋

56. 宗地(宗海)代码的第一层次为( )。
 A. 市级行政区
 B. 县级行政区
 C. 地籍区
 D. 地籍子区

57. 房地产估价师报考学历要达到( )以上。
 A. 高中
 B. 专科
 C. 本科
 D. 硕士

58. 下列宗地代码中,代码为2位的是( )。
 A. 第一层县级行政区划代码
 B. 第二层地籍区代码
 C. 第三层地籍子区代码
 D. 第四层宗地特征码

59. 甲房地产开发公司(以下简称"甲公司")投资建设商业地产,建设过程中,将在建的 5000m² 商业用房向乙银行申请抵押贷款。房屋竣工后，甲公司将全部商业用房公开招商。下列关于甲公司办理登记事宜，表述正确的是( )。

A. 抵押后办理土地使用权首次登记
B. 竣工后办理房屋抵押权登记转移登记
C. 将在建工程抵押权登记转为房屋抵押权登记
D. 与商业银行共同办理房地产转移登记

60. ( )是对不动产物权的设立、变更、转让以及消灭等法律事实进行的登记，具有终局、确定的效力。

A. 本登记　　　　　　　　　B. 预登记
C. 所有权登记　　　　　　　D. 使用权登记

二、**多项选择题**（共40题，每题1分。每题的备选项中，有2个或2个以上符合题意，全部选对的，得1分；错选或多选的，不得分；少选且选择正确的，所选的每个选项得0.5分）

61. 下列属于取得建设用地使用权的途径有( )。

A. 通过行政划拨方式取得
B. 通过国家出让方式取得
C. 通过房地产转让方式取得
D. 通过土地或房地产租赁方式取得
E. 通过收购农村集体土地方式取得

62. 下列属于非法占地的有( )。

A. 未经批准或者采取欺骗手段骗取批准，非法占用土地的
B. 依法收回非法批准、使用的土地，有关当事人拒不归还的
C. 不按照批准的用途使用土地的
D. 不按照批准的用地位置和范围占用土地的
E. 超越批准权限非法批准占用土地的

63. 房屋所有权包含的权能有( )。

A. 占有权　　　　　　　　　B. 使用权
C. 收益权　　　　　　　　　D. 处分权
E. 相对权

64. 按照《基本农田划定技术规程》TD/T 1032—2011，永久基本农田划定的程序包括( )四个阶段。

A. 工作准备　　　　　　　　B. 方案编制与论证
C. 组织实施　　　　　　　　D. 成果验收与报备
E. 成果检测与评估

65. 土地利用规划按照行政层级划分包括( )。

A. 国家级土地利用规划　　　B. 土地利用总体规划
C. 土地利用详细规划　　　　D. 土地利用专项规划
E. 乡（镇）级土地利用规划

66. 在房屋征收范围确定后，以下( )行为不予补偿。

A. 新建房屋　　　　　　　　　　B. 改建房屋
C. 扩建房屋　　　　　　　　　　D. 租赁房屋
E. 改变房屋用途

67. 房屋征收的限制条件有（　　）。
A. 为了公共利益的需要
B. 为取得利益最大化的效果
C. 必须严格依照法律规定的权限和程序
D. 以房屋征收决定公告之日被征收房屋类似房地产的市场价格对被征收人的损失予以公平补偿
E. 以房地产估价机构评估价值对被征收人的损失予以公平补偿

68. 区片综合地价是征收农民集体农用地的（　　）。
A. 土地补偿费　　　　　　　　　B. 安置补助费标准
C. 社会保险缴费补贴　　　　　　D. 农民社会保障费用
E. 征收农用地涉及的地上附着物和青苗等的补偿费用

69. 在集体土地征收中，下列应由县级以上地方人民政府负责完成的工作有（　　）。
A. 发布征收土地预公告
B. 编制征地补偿安置方案
C. 与拟征收土地的使用权人签订征地补偿安置协议
D. 及时落实土地补偿费、安置补助费等费用
E. 发布征收土地公告

70. 下列可以认定是闲置土地的有（　　）。
A. 超过规定动工开发日期满一年未动工开发的国有建设用地
B. 中止开发建设满一年的建设用地
C. 超过规定动工开发日期满半年未动工开发的国有建设用地
D. 已动工开发但已投资额占总投资额不足百分之二十五
E. 已开发但是开发的建设用地面积占应动工开发建设用地面积不足1/3

71. 按土地使用的主要性质分类，城乡用地包括（　　）。
A. 非建设用地　　　　　　　　　B. 新增建设用地
C. 临时建设用地　　　　　　　　D. 建设用地
E. 集体所有建设用地

72. 依据国家有关规定，对于不同类别的项目，有不同的供地政策。以下关于供地政策的说法，正确的是（　　）。
A. 国家鼓励类项目，可以供地，甚至要积极供地
B. 国家鼓励类项目，限制供地
C. 国家限制类项目，限制供地
D. 国家限制类项目，积极供地
E. 国家禁止类项目，禁止供地

73. 我国建设用地使用权市场按市场交易主体和市场运行过程划分，分为（　　）。
A. 土地一级市场　　　　　　　　B. 土地二级市场

C. 土地特级市场　　　　　　　　D. 土地三级市场
E. 土地四级市场

74. 地价管理的目的有（　　）。
A. 稳定土地价格水平　　　　　　B. 促进土地价格合理化
C. 规范土地市场交易行为　　　　D. 降低土地资源利用效率
E. 满足多目标土地价格需求

75. 《国土空间规划城市体检评估规程》TD/T 1063—2021从（　　）等6个维度统一了全国城市体检评估指标及内涵、算法。
A. 安全　　　　　　　　　　　　B. 创新
C. 开放　　　　　　　　　　　　D. 健康
E. 共享

76. 下列房地产项目中，可以转让的有（　　）。
A. 已完成开发投资总额35%，除土地使用权出让金外的高档公寓项目
B. 已支付全部土地出让金并取得建设用地使用权证书的但未开发工业用地
C. 开发单位除土地使用权出让金外，实际投入房屋建设工程的资金额占全部开发投资总额的25%以上
D. 成片开发土地的，形成工业或其他建设的用地条件
E. 少数共有人已书面表示不同意转让的共有房产

77. 物业管理的社会化有两个基本含义，即（　　）。
A. 房地产施工企业要到社会上去选聘物业服务企业
B. 物业服务企业要到社会上去寻找房地产施工企业
C. 物业服务人要到社会上去寻找可以代管的物业
D. 物业的权利人要到社会上去选聘物业服务人
E. 政府职能部门要到社会上去选聘物业服务企业

78. 下列选项中，（　　）可以从住宅专项维修资金中使用。
A. 人为损坏住宅共用部位所需的修复费用
B. 保修期满后共用设施设备的维修费用
C. 有线电视管线的养护费用
D. 住宅保修期满后共用部位的改造费用
E. 由建设单位承担的住宅共用部分的更新费用

79. 下列不得从住宅专项维修资金中列支的费用有（　　）。
A. 依法应当由建设单位或者施工单位承担的住宅共用部位、共用设施设备维修、更新和改造费用
B. 依法应当由相关单位承担的供水、供电、供气、供热、通信、有线电视等管线和设施设备的维修、养护费用
C. 应当由当事人承担的因人为损坏住宅共用部位、共用设施设备所需的修复费用
D. 根据物业服务合同约定，应当由物业服务企业承担的住宅共用部位、共用设施设备的维修和养护费用
E. 住宅共用部位、共用设施设备的维修和更新、改造费用

80. 物业管理服务收费的计费方式主要包括( )。
    A. 包干制
    B. 酬金制
    C. 社会服务费
    D. 社区服务费
    E. 一般服务费

81. 共用房屋是指两个或两个以上的单位、个人对同一房屋享有所有权。"共有"分为( )。
    A. 按份共有
    B. 共同共有
    C. 临时共有
    D. 永久共有
    E. 有限共有

82. 下列关于预售许可的表述,正确的有( )。
    A. 申请预售许可的商品住房项目,房地产开发企业对所提交材料实质内容的真实性负责
    B. 房地产管理部门应当在受理之日起10日内,依法作出准予预售的行政许可书面决定
    C. 房地产管理部门应当自作出决定之日起10日内,向开发企业颁发、送达商品房预售许可证
    D. 取得预售许可的商品住房项目,房地产开发企业要在5日内公开准售房源及每套房屋价格
    E. 取得预售许可的商品住房项目,房地产开发企业要在10日内分批公开准售房源及每套房屋价格

83. 商品房预售资金监管账户被人民法院冻结后,经项目所在地住房和城乡建设主管部门审核同意,预售资金监管账户资金仍可用于支付( )。
    A. 支付工程建设进度款
    B. 支付工程建设材料款
    C. 支付工程建设设备款
    D. 支付工程项目贷款本息
    E. 因购房合同解除申请退还购房款

84. 成套住宅中,不能出租供人员居住的部分有( )。
    A. 客厅
    B. 卧室
    C. 厨房
    D. 卫生间
    E. 封闭阳台

85. 出租人可以单方解除合同的情形有( )。
    A. 承租人提前退租的
    B. 承租人未经出租人同意转租的
    C. 承租人未经出租人同意扩建房屋的
    D. 承租人无正当理由未支付或者迟延支付租金的
    E. 承租人未根据租赁房屋的性质使用租赁房屋,致使租赁房屋受到损失的

86. 下列关于房地产抵押权的实现,表述正确的有( )。
    A. 抵押权已登记的,优先于未登记的进行清偿
    B. 抵押权登记顺序相同的,按照数额大的优先清偿
    C. 抵押权登记顺序相同的,按照债权比例同时清偿

D. 抵押权均已登记的，按照登记的先后顺序清偿
E. 抵押权均未登记的，按照合同签订的先后顺序清偿

87. 在房地产抵押估价中，注册房地产估价师应尽的职责有（　　）。
A. 对委托人提供的资料进行审查，确保资料真实性
B. 对估价对象进行实地查看
C. 了解抵押房地产的优先受偿权利情况
D. 将估价对象现状和有关权属证明材料进行对照
E. 拍摄能够反映估价对象外观、内部情况和周边环境、景观的照片

88. 房地产估价机构等级分为（　　）。
A. 一级　　　　　　　　　　B. 二级
C. 三级　　　　　　　　　　D. 四级
E. 暂定级

89. 下列估价活动中，属于注册房地产估价师权利的有（　　）。
A. 依法查阅相关文件和证明材料
B. 签署房地产估价报告
C. 收取委托单位的评估费
D. 以个人名义承揽房地产估价业务
E. 保证估价结果的客观公正

90. 下列房地产估价业务中，二级房地产估价机构可以从事的业务有（　　）。
A. 司法鉴定　　　　　　　　B. 公司上市
C. 房屋征收　　　　　　　　D. 企业清算
E. 在建工程抵押

91. 房地产估价机构设立分支机构的条件包括（　　）等。
A. 房地产估价机构具有一、二级等级
B. 分支机构负责人应当是注册后从事房地产估价工作3年以上的专职注册房地产估价师
C. 在分支机构所在地有3名以上专职注册房地产估价师
D. 有固定的经营服务场所
E. 估价质量管理、估价档案管理、财务管理等各项内部管理制度健全

92. 根据《国有土地上房屋征收与补偿条例》，房屋征收范围确定后，不得在房屋征收范围内实施的行为有（　　）。
A. 改建房屋　　　　　　　　B. 新建房屋
C. 扩建房屋　　　　　　　　D. 租赁房屋
E. 变卖房屋

93. 计税依据按照计量单位划分，包括（　　）。
A. 从价计征　　　　　　　　B. 从量计征
C. 从租计征　　　　　　　　D. 从售计征
E. 从数计征

94. 下列税种中，采用定额税率的有（　　）。

A. 土地增值税 B. 企业所得税
C. 耕地占用税 D. 城镇土地使用税
E. 城镇维护建设税

95. 下列关于房地产税收的税率，表述正确的有（　　）。
A. 个人出租住房，不区分用途，免征城镇土地使用税
B. 城镇土地使用税实行比例税率
C. 土地增值税实行超率累进税率
D. 契税税率为3％～5％
E. 个人出租住房所得，减半征收个人所得税

96. 纳税人的违法违章行为通常包括（　　）等不同情况。
A. 偷税 B. 抗税
C. 漏税 D. 欠税
E. 纳税

97. 根据《不动产登记暂行条例》，下列情形中，可以由当事人单方申请的有（　　）。
A. 申请更正登记的
B. 申请转移登记的
C. 对利害关系人提出的权利异议做出的登记
D. 商品房开发商对新建商品房的首次登记
E. 权利人姓名发生变化，申请的变更登记

98. 不动产登记机构应当实地查看的登记情形有（　　）。
A. 居住权登记 B. 地役权登记
C. 房屋所有权首次登记 D. 在建建筑物抵押权登记
E. 因房屋灭失导致的注销登记

99. 不动产登记机构完成登记，应当依法向申请人核发登记证明的登记类型为（　　）。
A. 房屋抵押权登记 B. 地役权登记
C. 期房买卖预告登记 D. 土地使用权异议登记
E. 房屋查封登记

100. 不动产权属证书包括（　　）。
A. 不动产权记录 B. 不动产权证书
C. 不动产登记证明 D. 不动产登记报告
E. 住宅使用说明书

三、综合分析题（共4大题，20小题，每小题1.5分）

（一）

2018年6月20日，A市人民政府根据城市规划实施旧城改造，决定征收城区内某处国有土地上的房屋。李某在征收范围内拥有一套住宅，其产权证书记载建筑面积为100m²的，其中，10m²自行改为商业用房。另还自行搭建了5m²违法建筑。住宅抵押给银行尚有500000元贷款未还，同时，该套住宅已出租，租期3年，年租金为30000元。经测算，

该区域类似住宅的市场价格为10000元/m²。李某收到房屋征收估价报告后，对估价结果有异议。

1. A市人民政府在作出房屋征收决定前，应完成的工作为（   ）。
   A. 进行社会稳定风险评估
   B. 足额到位征收补偿费
   C. 评估被征收房屋的价值
   D. 组织有关部门对征收补偿方案进行论证

2. 征收补偿李某房屋的建筑面积为（   ）。
   A. 90m²   B. 100m²
   C. 110m²   D. 115m²

3. 李某出租房屋，每年应缴纳的房产税为（   ）元。
   A. 1200   B. 3240
   C. 3600   D. 8400

4. 征收李某房屋的补偿额应不低于（   ）万元。
   A. 50   B. 59
   C. 100   D. 109

5. 李某收到估价报告后，可以选择处理的方式为（   ）。
   A. 向出具报告的房地产估价机构咨询
   B. 另行委托其他房地产估价机构重新估价
   C. 在规定期限内向原房地产估价机构书面申请复核估价
   D. 直接向被征收房屋所在地房地产价格评估专家委员会申请鉴定

（二）

在职职工李某以抵押贷款的方式在甲房地产开发公司（以下简称"甲公司"）开发的S住宅小区预购一套商品住房。2017年8月，李某与甲公司签订了购买该套商品住房的预售合同，预售合同中对房屋建筑面积仅约定"房屋建筑面积100m²，1m²建筑面积的价格为3000元"。2018年2月，S住宅小区综合验收合格并交付使用。经房屋权属登记机关确认，李某所购商品住房的套内建筑面积为95m²，该套住房所在楼共有20套住房，套内建筑面积总计3000m²，需分摊的共有建筑面积为450m²。2018年3月，李某将房屋出租给王某。2018年8月，王某将房屋转租给张某。

6. 李某实际应支付的房价为（   ）万元。
   A. 28.50   B. 30.00
   C. 30.90   D. 32.76

7. 关于该商品房销售时符合的条件错误的是（   ）。
   A. 已交付全部使用权出让金，取得土地使用权证书
   B. 持有建设工程规划许可证和施工许可证
   C. 商品房实行许可制度
   D. 按提供预售的商品房计算，投入开发建设的资金达到工程建设总投资的20%以上

8. 该房地产开发企业申请办理《商品房预售许可证》时，提交的资料不包括（   ）。

A. 商品房预售申请表
B. 开发企业的营业执照和资质证书
C. 土地使用证、建设工程规划许可证、施工许可证
D. 企业法人身份证

9. 商品房预售人应当在签约之日起（　　）日内持商品房预售合同到县级以上人民政府房产管理部门和土地管理部门办理登记备案手续。
   A. 30   B. 15
   C. 45   D. 60

10. 商品房预售应当符合（　　）条件。
    A. 已交付大部分土地使用权出让金，取得土地使用权证书
    B. 持有建设工程规划许可证和施工许可证
    C. 按提供预售的商品房计算，投入开发建设的资金达到工程建设总投资的20%以上，并已经确定施工进度和竣工交付日期
    D. 商品房预售实行许可制度

（三）

甲企业通过出让方式取得一块国有建设用地使用权，拟建造一幢综合楼，建设过程中，以该在建工程抵押，向乙银行贷款，委托丙房地产估价机构进行价格评估。2020年4月30日，丙房地产估价机构出具抵押估价报告，评估该在建工程2020年3月30日的市场价格为2000万元，另披露该工程尚欠工程款400万元。2021年3月，甲企业未能履行还款义务，乙银行要求实现抵押权。

11. 乙银行确定抵押贷款额度，以（　　）万元作为参考依据。
    A. 1400   B. 1600
    C. 1800   D. 2000

12. 该在建工程抵押估价，原则上应由（　　）委托。
    A. 甲企业   B. 乙银行
    C. 甲企业和乙银行共同   D. 甲企业和乙银行协商

13. 上述评估报告使用期限一般不超过（　　）。
    A. 2020年9月29日   B. 2020年10月29日
    C. 2021年3月29日   D. 2021年4月29日

14. 乙银行实现抵押权的方式为（　　）。
    A. 与甲企业协商一致，对抵押物进行拍卖、变卖
    B. 约定抵押物归乙银行所有的
    C. 无法与甲企业协商一致，请求法院依法拍卖、变卖抵押物
    D. 直接委托拍卖机构对抵押物进行拍卖

15. 房地产估价机构出具抵押估价报告，应至少由（　　）名注册房地产估价师签名并加盖估价机构印章。
    A. 1   B. 2
    C. 3   D. 5

(四)

甲房地产开发公司拟开发某经济适用住房项目,项目总投资估算为3800万元。甲房地产开发公司通过招标方式确定了施工单位为乙公司。程某于2018年7月预购该项目的一套住房,并申请了住房公积金贷款。

2018年10月该项目竣工并交付使用,丙物业公司负责该住宅小区物业管理。程某在验房时,发现存在墙面渗水、管道堵塞等问题。在办理入住手续时,程某还通过由开发公司代缴的方式,缴纳了产权登记相关税费、住宅专项维修资金以及第一年物业服务费。

16. 该项目资本金不得低于( )万元。
   A. 380 B. 760
   C. 1140 D. 1330

17. 该项目开工前,向建设主管部门申请领取建筑施工许可证的为( )。
   A. 甲房地产公司 B. 乙建筑公司
   C. 甲房地产公司和乙建筑公司 D. 甲房地产公司或乙建筑公司

18. 程某发现的房屋质量问题,应由( )承担保修责任。
   A. 甲房地产公司 B. 乙建筑公司
   C. 丙物业公司 D. 工程质量监督部门

19. 如果丙物业公司物业服务收费实行酬金制,则其物业服务支出的构成不包括( )。
   A. 物业公司人员的工资、社会保险
   B. 物业公司管理人员的奖金
   C. 物业服务区域清洁卫生费用
   D. 物业共用部位、共用设施的维修和更新改造费用

20. 程某在办理住房公积金贷款时,工作人员作了如下解释,正确的为( )。
   A. 住房公积金贷款实行"零首付"政策
   B. 住房公积金缴存基数是不变的
   C. 公积金贷款是有额度限制的
   D. 申请住房公积金贷款额度不足可以再申请商业银行贷款

《房地产制度法规政策》考前小灶卷（三）参考答案及解析

一、单项选择题

1. A	2. A	3. C	4. D	5. D
6. B	7. D	8. D	9. A	10. B
11. A	12. C	13. A	14. D	15. A
16. B	17. B	18. D	19. B	20. C
21. C	22. A	23. C	24. C	25. C
26. C	27. C	28. D	29. B	30. A
31. B	32. A	33. C	34. A	35. D
36. D	37. D	38. C	39. C	40. C
41. C	42. B	43. B	44. A	45. C
46. B	47. C	48. C	49. A	50. C
51. A	52. B	53. A	54. D	55. C
56. B	57. B	58. D	59. C	60. A

【解析】

1. A。我国的保障性住房包括公共租赁住房、保障性租赁住房及共有产权住房等。其中：公共租赁住房、保障性租赁住房是通过租赁方式保障人民基本居住需求，而共有产权住房是通过买卖方式保障人民基本居住需求。除此之外，通过棚户区改造、老旧小区改造改善住房困难群体居住条件，符合住房保障的民生属性，也是我国住房保障体系的重要组成部分。

2. A。《民法典》第二百四十九条规定："城市的土地，属于国家所有。法律规定属于国家所有的农村和城市郊区的土地，属于国家所有。"

3. C。支持保障性住房政策措施：财政政策、税收政策、金融政策、土地政策。

4. D。根据《国民经济行业分类》GB/T 4754，房地产业包括房地产开发经营、物业管理、房地产中介服务、房地产租赁经营和其他房地产业。

5. D。根据国家统计局《三次产业划分规定（2018）》，房地产业属于第三产业，是为生产和生活服务的部门。房地产业与建筑业既有区别又有联系。它们之间的主要区别是：建筑业是物质生产部门，属于第二产业；房地产业兼有生产（开发）、经营、服务和管理等多种性质，属于第三产业。这两个产业又有着非常密切的关系，因为它们的业务对象都是房地产。在房地产开发活动中，房地产业与建筑业往往是甲方与乙方的合作关系，房地产业是房地产开发建设的甲方，建筑业是乙方；房地产业是策划者、组织者和发包单位，建筑业则是承包单位，按照承包合同的要求完成基础设施建设、场地平整等土地开发和房屋建设的生产任务。

6. B。根据耕地保护的责任目标考核制度,省长、自治区主席、直辖市市长为第一责任人。

7. D。2008年,我国首次提出"永久基本农田"的概念,之前一直称为"基本农田"。需要注意的是,永久基本农田既不是在原有基本农田中挑选的优质基本农田,也不是永远不能占用的基本农田。"永久"两字在此处的作用,主要是体现国家对基本农田高度重视、严格保护的态度。因此,从内涵来看,永久基本农田与基本农田并没有本质区别。

8. D。按照国家规定需要有关部门批准或者核准的建设项目,以划拨方式提供国有土地使用权的,建设单位在报送有关部门批准或者核准前,应当向城乡规划主管部门申请核发选址意见书。

9. A。对在国土空间规划确定的城市和村庄、集镇建设用地范围内,为实施该规划而将农用地转为建设用地的,由市、县人民政府组织自然资源等部门拟订农用地转用方案,分批次报有批准权的人民政府批准。

10. B。从2016年起,每五年为一个规划期,期中检查在每个规划期的第三年开展1次,由考核部门组织开展。

11. A。社会稳定风险评估应当对征收土地的社会稳定风险状况进行综合研判,确定风险点,提出风险防范措施和处置预案。

12. C。县级以上地方人民政府应当依据社会稳定风险评估结果,结合土地现状调查情况,组织自然资源、财政、农业农村、人力资源和社会保障等有关部门拟定征地补偿安置方案。

13. A。在房屋征收范围确定后,不得在房屋征收范围内实施新建、扩建、改建房屋和改变房屋用途等不当增加补偿费用的行为;违反规定实施上述行为的,不予补偿。

14. D。被征收房屋价值的补偿。对被征收房屋价值的补偿,不得低于房屋征收决定公告之日被征收房屋类似房地产的市场价格。

15. A。房地产价格评估机构由被征收人协商选定。协商不成,通过多数决定、随机选定等方式确定。

16. B。补偿内容包括停产停业损失;房屋征收补偿的方式由被征收人选择;被征收人对补偿决定不服的,可以依法申请行政复议,也可以依法提起行政诉讼。

17. B。接受委托进行房屋征收评估、鉴定,应当按照标准收取评估费用。房屋征收评估、鉴定费用由委托人承担,即房屋征收评估的费用由房屋征收部门承担,鉴定费用由进行委托的房屋征收当事人承担。但鉴定改变原评估结果的,鉴定费用由原房地产估价机构承担。

18. D。房屋征收当事人对评估结果有异议的,应当自收到评估报告之日起10日内,向原房地产估价机构书面申请复核评估。该估价机构应当自收到书面复核申请之日起10日内进行复核。

19. B。土地使用者在签约时应缴地价款的一定比例作为定金,60日内应支付全部地价款,逾期未全部支付地价款的,出让方依照法律和合同约定,收回土地使用权。

20. C。《城市房地产管理法》第三十五条规定:"国家实行房地产成交价格申报制度。房地产权利人转让房地产，应当向县级以上人民政府规定的部门如实申报成交价，不得瞒报或作不实的申报。"该制度使政府及时了解、掌握土地交易情况，监测地价水平的变化，有利于政府对地价实施调控和管理，也有利于加强对土地税费征收工作的管理和监督，克服瞒报、隐报地价带来的不良影响，避免国家税费的流失。

21. C。以出让方式取得土地使用权进行房地产开发的，必须按照建设用地使用权出让合同约定的动工开发期限、土地用途、固定资产投资规模和强度开发土地。

（1）超过出让合同约定的动工开发日期满1年未动工开发的，可以征收相当于土地使用权出让金20%以下的土地闲置费；满2年未动工开发的，可以无偿收回土地使用权；但是，因不可抗力或者政府、政府有关部门的行为，或者动工开发必需的前期工作造成动工开发迟延的除外。

（2）用地单位改变土地利用条件及用途，应当变更或重新签订出让合同并相应调整地价款。

（3）项目固定资产总投资、投资强度和开发投资总额应达到合同约定标准。未达到约定的标准，出让人可以按照实际差额部分占约定投资总额和投资强度指标的比例，要求用地单位支付相当于同比例国有建设用地使用权出让价款的违约金，并可要求用地单位继续履约。

选项A，"非典"属于不可抗力，超过两年但由于不可抗力的除外；选项B，拖延是由于政府部门的行为导致；选项D，自然灾害属于不可抗力。

22. B。根据《划拨用地目录》，下列建设用地可由县级以上人民政府依法批准，划拨土地使用权：

（1）国家机关用地和军事用地。包括党政机关和人民团体用地、军事用地。

（2）城市基础设施用地和公益事业用地。包括城市基础设施用地、非营利性邮政设施用地、非营利性教育设施用地、公益性科研机构用地、非营利性体育设施用地、非营利性公共文化设施用地、非营利性医疗卫生设施用地和非营利性社会福利设施用地。

（3）国家重点扶持的能源、交通、水利等基础设施用地。包括石油天然气设施用地、煤炭设施用地、电力设施用地、水利设施用地、铁路交通设施用地、公路交通设施用地、水路交通设施用地、民用机场设施用地等。

（4）法律、行政法规规定的其他用地。包括特殊用地，如监狱、劳教所、戒毒所、看守所、治安拘留所、收容教育所等用地。

23. C。根据《民法典》，住宅建设用地使用权期限届满的，自动续期。续期费用的缴纳或者减免，依照法律、行政法规的规定办理。非住宅建设用地使用权期限届满后的续期，依照法律规定办理。该土地上的房屋及其他不动产的归属，有约定的，按照约定；没有约定或者约定不明确的，依照法律、行政法规的规定办理。

24. C。《城镇国有土地使用权出让和转让暂行条例》规定的出让最高年限分别为居住用地70年，工业用地50年，教育、科技、文化卫生、体育用地50年，商业、旅游、娱乐用地40年，综合或其他用地50年。

25. C。十分钟生活圈居住区一般由城市干路、支路或用地边界线所围合，居住人口规模为15000～25000人。

26. C。建设工程发生质量事故，有关单位应当在24小时内向当地建设行政主管部门和其他有关部门报告。

27. C。建设单位应当自工程竣工验收合格之日起 15 日内，向工程所在地的县级以上地方人民政府建设行政主管部门（以下简称备案机关）备案。

28. D。住宅工程还应当提交《住宅质量保证书》和《住宅使用说明书》。建设单位在工程竣工验收合格之日起 15 日内未办理工程竣工验收备案的，备案机关责令限期改正，处 20 万元以上 50 万元以下罚款。

29. B。《房屋建筑工程质量保修办法》规定房屋建筑工程保修期从工程竣工验收合格之日起计算。

30. A。从公益与营利的角度，规定了公共管理与公共服务设施用地占城市建设用地的比例为 5%～8%。

31. B。居住区建筑的最大高度限定为 80m。

32. A。城市体检从国家战略落实到城市高质量发展的具体实践，探索建立"一年一体检、五年一评估"的城市体检工作制度。

33. C。采用划拨方式取得建设用地使用权有以下两种情形：《城市房地产管理法》规定，国家机关用地和军事用地，城市基础设施用地和公益事业用地，国家重点扶持的能源、交通、水利等项目用地，法律、行政法规规定的其他用地确属必需的，可以由县级以上人民政府依法批准划拨；经济适用住房建设应符合土地利用总体规划和城市总体规划，坚持合理利用土地、节约用地的原则。经济适用住房建设用地应在建设用地年度计划中统筹安排，并采取行政划拨方式供应。

34. A。商品房建筑面积由套内建筑面积和分摊的共有建筑面积组成。

35. D。经规划部门批准的规划变更、设计单位同意的设计变更导致商品房的结构形式、户型、空间尺寸、朝向变化，以及出现合同当事人约定的其他影响商品房质量或使用功能情形的，房地产开发企业应当在变更确立之日起 10 日内，书面通知买受人。买受人有权在通知到达之日起 15 日内作出是否退房的书面答复。买受人在通知到达之日起 15 日内未作出书面答复的，视同接受规划、设计变更以及由此引起的房价款的变更。房地产开发企业未在规定时限内通知买受人的，买受人有权解除合同。

36. D。《商品房销售管理办法》规定，房地产开发企业的禁止性行为包括：①在未解除商品房买卖合同前，将作为合同标的物的商品房再行销售给他人；②采取返本销售或变相返本销售的方式销售商品房；③不符合商品房销售条件的，房地产开发企业销售商品房，向买受人收取任何预订款性质费用；④分割拆零销售商品住宅；⑤采取售后包租或者变相售后包租方式销售未竣工商品房。

37. D。《民法典》合同编规定，租赁期限不得超过 20 年，超过 20 年的，超过部分无效。

38. C。从事住房租赁活动的房地产经纪机构、住房租赁企业和网络信息平台，以及转租住房 10 套（间）以上的单位或个人，应当依法办理市场主体登记。

39. C。按份共有人处分共有房屋，须经占份额 2/3 以上的按份共有人同意；按份共有房屋的份额转让较为灵活，也无须其他按份共有人一致同意；共有份额的权利主体因继承、遗赠等原因发生变化时，其他按份共有人主张优先购买的，不予支持，但按份共有人之间另有约定的除外。

40. C。已经预售的商品房，不得再转让。

41. C。采用公司形式的评估机构，应当有8名以上评估师和2名以上股东。

42. B。有限责任公司的股份或者合伙企业的出资额中专职注册房地产估价师的股份或者出资额合计不低于60%。

43. B。取得三级房地产估价机构后从事房地产估价活动连续4年以上。

44. A。国家无偿收回划拨土地使用权主要有以下7种：①土地使用者因迁移、解散、撤销、破产或其他原因而停止使用土地的；②国家为了公共利益需要和城市规划的要求收回土地使用权；③各级司法部门没收其所有财产而收回土地使用权；④土地使用者自动放弃土地使用权；⑤未经原批准机关同意，连续2年未使用；⑥不按批准用途使用土地；⑦铁路、公路、机场、矿场等核准报废的土地。上述①和②两种情况下，国家无偿收回划拨土地使用权时，对其地上建筑物、其他附着物，应当依法给予补偿。

45. C。二级房地产估价机构标准中，包括有8名以上专职注册房地产估价师。

46. B。《注册房地产估价师管理办法》第十四条规定不予注册的情形包括：年龄超过65周岁的。

47. C。注册房地产估价师在每一注册有效期内即3年内，接受继续教育的时间为120学时，其中，必修课和选修课每一注册有效期各为60学时。

48. C。城镇土地使用税按年计算，分期缴纳。

49. A。城镇土地使用税的计税依据是纳税人实际占用的土地面积。

50. D。农村居民在规定用地标准以内占用耕地新建自用住宅，按照当地适用税额减半征收耕地占用税。

51. A。房地产开发费用是指与房地产开发项目有关的销售费用、管理费用和财务费用。

52. B。自用的地下建筑，按以下方式计税：

（1）工业用途房产，以房屋原价的50%～60%作为应税房产原值。应纳房产税的税额＝应税房产原值×[1－(10%～30%)]×1.2%。

（2）商业和其他用途房产，以房屋原价的70%～80%作为应税房产原值。应纳房产税的税额＝应税房产原值×[1－(10%～30%)]×1.2%。房屋原价折算为应税房产原值的具体比例，由各省、自治区、直辖市和计划单列市财政和地方税务部门在上述幅度内自行确定。

（3）对于与地上房屋相连的地下建筑，如房屋的地下室、地下停车场、商场的地下部分等，应将地下部分与地上房屋视为一个整体，按照地上房屋建筑的有关规定计算征收房产税。

则应纳房产税的最低税额＝200×(1－30%)×1.2%＝1.68(万元)。

53. A。房产税在房产所在地缴纳。房产不在同一地方的纳税人，应分别向房产所在地的税务机关纳税。

54. D。房产税在房产所在地缴纳，故选项A错误。对个人出租住房，不区分用途，按4%的税率征收房产税，故选项B错误。对于出租的房产，以房产租金收入为计税依据，故选项C错误。

55. C。产权不确定的有纠纷的房产不应免征房产税。

56. B。第一层次为县级行政区划，代码为6位，采用《中华人民共和国行政区划代码》GB/T 2260规定的行政区划代码。

57. B。根据《房地产估价师职业资格制度》规定，具有高等院校专科以上学历的公民，可以申请参加房地产估价师执业资格考试。

58. D。宗地（宗海）代码为五层19位层次码，第一层为县级行政区划，代码为6位；第二层为地籍区，代码为3位；第三层为地籍子区，代码为3位；第四层为宗地（宗海）特征码，代码为2位。

59. C。在建工程竣工并经房屋所有权首次登记后，当事人应当申请将在建工程抵押权登记转为房屋抵押权登记。

60. A。本登记是对不动产物权的设立、变更、转让及消灭等法律事实进行的登记，具有终局、确定的效力。

二、多项选择题

61. ABCD	62. ABCD	63. ABCD	64. ABCD	65. AE
66. ABCE	67. ACD	68. AB	69. ADE	70. ADE
71. AD	72. ACE	73. AB	74. ABCE	75. ABCE
76. ACD	77. CD	78. BD	79. ABCD	80. AB
81. AB	82. ABC	83. ABCE	84. CDE	85. BE
86. ACD	87. BCDE	88. ABC	89. AB	90. ACE
91. BCDE	92. ABC	93. AB	94. CD	95. ACDE
96. ABCD	97. ACDE	98. CDE	99. ABCD	100. BC

【解析】

61. ABCD。在现阶段，按照国家有关规定，取得建设用地使用权的途径主要有：①通过划拨方式取得；②通过出让方式取得；③通过房地产转让方式取得（如买卖、赠与或者其他合法方式）；④通过土地或房地产租赁方式取得。

62. ABCD。选项E属于非法批地类。

63. ABCD。房屋所有人在法律规定的范围内，可以排除他人的干涉，对其所有的房屋行使占有、使用、收益、处分等权能。

64. ABCD。按照《基本农田划定技术规程》TD/T 1032—2011，永久基本农田划定的程序包括工作准备、方案编制与论证、组织实施、成果验收与报备四个阶段。

65. AE。土地利用规划按照行政层级，分为国家、省、市、县和乡（镇）五级，按照性质分为土地利用总体规划、土地利用详细规划和土地利用专项规划三类。

66. ABCE。在房屋征收范围确定后，不得在房屋征收范围内实施新建、扩建、改建房屋和改变房屋用途等不当增加补偿费用的行为；违反规定实施上述行为的，不予补偿。

67. ACD。房屋征收作为一种以取得国有土地上单位、个人的房屋为目的的强制性行为，有严格法定的限制条件：①房屋征收只能是为了公共利益的需要；②房屋征收必须严格依照法律规定的权限和程序；③以房屋征收决定公告之日被征收房屋类似房地产的市场价格对被征收人的损失予以公平补偿。

68. AB。区片综合地价是征收农民集体农用地的土地补偿费和安置补助费标准，不包括法律规定用于社会保险缴费补贴的被征地农民社会保障费用、征收农用地涉及的地上附着物和青苗等的补偿费用。区片综合地价采用农用地产值修正法、征地案例比较法等方法综合测算。

69. ADE。县级以上地方人民政府应当依据社会稳定风险评估结果，结合土地现状调查情况，组织自然资源、财政、农业农村、人力资源和社会保障等有关部门拟定征地补偿安置方案。县级以上地方人民政府根据法律、法规规定和听证会等情况确定征地补偿安置方案后，应当组织有关部门与拟征收土地的所有权人、使用权人签订征地补偿安置协议。

70. ADE。闲置土地是指国有建设用地使用权人超过国有建设用地使用权有偿使用合同或者划拨决定书约定、规定的动工开发日期满1年未动工开发的国有建设用地（选项A）。已动工开发但开发建设用地面积占应动工开发建设用地总面积不足1/3（选项E）或者已投资额占总投资额不足25%（选项D），中止开发建设满1年的国有建设用地，也可以认定为闲置土地。

71. AD。城乡用地是指市域范围内所有土地，包括建设用地和非建设用地。

72. ACE。依据国家有关规定，对于不同类别的项目，有不同的供地政策。一般分为以下三类。对于国家鼓励类项目，可以供地，甚至要积极供地。对于国家限制类项目限制供地，一般须先取得相关部门许可，再履行批准手续。对于国家禁止类项目禁止供地，在禁止期限内，自然资源主管部门不得受理其建设项目的用地报件，各级人民政府不得批准提供建设用地。

73. AB。我国建设用地使用权市场按市场交易主体和市场运行过程划分，分为土地一级市场和土地二级市场。

74. ABCE。地价管理的目的有稳定土地价格水平、促进土地价格合理化、规范土地市场交易行为、提高土地资源利用效率、满足多目标土地价格需求、防止国有土地收益流失、合理分配社会财富。

75. ABCE。《国土空间规划城市体检评估规程》TD/T 1063—2021从安全、创新、协调、绿色、开放、共享6个维度统一了全国城市体检评估指标及内涵、算法。

76. ACD。《城市房地产管理法》第三十九条规定了以出让方式取得的土地使用权，转让房地产开发项目时的条件。①要按照出让合同约定已经支付全部土地使用权出让金，并取得土地使用权证书，这是出让合同成立的必要条件，也只有出让合同成立，才允许转让；②要按照出让合同约定进行投资开发，完成一定开发规模后才允许转让。这里又分为两种情形：一是属于房屋建设的，开发单位除土地使用权出让金外，实际投入房屋建设工程的资金额应占全部开发投资总额的25%以上；二是属于成片开发土地的，应形成工业或其他建设的用地条件，方可转让。

77. CD。物业管理的社会化有两层基本含义：一是物业的权利人要到社会上去选聘物业服务人；二是物业服务人要到社会上去寻找可以代管的物业。

78. BD。住宅专项维修资金应当专项用于住宅共用部位、共用设施设备保修期满后的维修和更新、改造，不得挪作他用。

79. ABCD。下列费用不得从住宅专项维修资金中列支：①依法应当由建设单位或者施工单位承担的住宅共用部位、共用设施设备维修、更新和改造费用；②依法应当由相关单位承担的供水、供电、供气、供热、通信、有线电视等管线和设施设备的维修、养护费用；③应当由当事人承担的因人为损坏住宅共用部位、共用设施设备所需的修复费用；④根据物业服务合同约定，应当由物业服务企业承担的住宅共用部位、共用设施设备的维修和养护费用。

80. AB。物业服务收费的计费方式主要包括包干制和酬金制两种方式。

81. AB。共用房屋是指两个或两个以上的单位、个人对同一房屋享有所有权。"共有"分为"按份共有"和"共同共有"。

82. ABC。经审查，开发企业的申请符合法定条件的，房地产管理部门应当在受理之日起10日内，依法作出准予预售的行政许可书面决定，发送开发企业，并自作出决定之日起10日内向开发企业颁发、送达商品房预售许可证。取得预售许可的商品住房项目，房地产开发企业要在10日内一次性公开全部准售房源及每套房屋价格，并严格按照申报价格，明码标价对外销售。

83. ABCE。商品房预售资金监管账户被人民法院冻结后，房地产开发企业、商品房建设工程款债权人、材料款债权人、租赁设备款债权人等请求以预售资金监管账户资金支付工程建设进度款、材料款、设备款等项目建设所需资金，或者买受人因购房合同解除申请退还购房款，经项目所在地住房和城乡建设主管部门审核同意的，商业银行应当及时支付，并将付款情况及时向人民法院报告。

84. CDE。出租商品住房的，应当以原设计的房间为最小出租单位，人均租住建筑面积不得低于当地人民政府规定的最低标准。厨房、卫生间、阳台和地下储藏室不得出租供人员居住。

85. BE。承租人无正当理由未支付或者迟延支付租金的，出租人可以请求承租人在合理期限内支付；承租人逾期不支付的，出租人可以解除合同。承租人擅自变动房屋建筑主体和承重结构或者扩建，在出租人要求的合理期限内仍不予恢复原状，出租人可以请求解除合同并要求赔偿损失。

86. ACD。同一房地产向两个以上债权人抵押的，拍卖、变卖抵押房地产所得的价款依照以下规定清偿：抵押权已登记的，按照登记的先后顺序清偿；顺序相同的，按照债权比例清偿；抵押权已登记的先于未登记的受偿；抵押权未登记的，按照债权比例清偿。

87. BCDE。选项A不严谨，必要时对委托人提供的有关情况和资料进行核查。

88. ABC。房地产估价机构等级分为一、二、三级。新设立房地产估价机构等级核定为三级，设1年的暂定期。

89. AB。注册房地产估价师享有的权利：使用注册房地产估价师名称；在规定范围内执行房地产估价及相关业务；签署房地产估价报告；发起设立房地产估价机构；保管和使用本人的注册证书；对本人执业活动进行解释和辩护；参加继续教育；获得相应的劳动报酬；对侵犯本人权利的行为进行申诉。

90. ACE。二级房地产估价机构可以从事除公司上市、企业清算以外的房地产估价业务。

91. BCDE。选项A错误，一级房地产估价机构可以设立分支机构。二、三级房地产估价机构不得设立分支机构。

92. ABC。在房屋征收范围确定后,不得在房屋征收范围内实施新建、扩建、改建房屋和改变房屋用途等不当增加补偿费用的行为;违反规定实施上述行为的,不予补偿。

93. AB。计税依据按照计量单位划分,有两种情况:一是从价计征,二是从量计征。

94. CD。选项 A 属于累进税率;选项 BE 属于比例税率。

95. ACDE。城镇土地使用税实行定额税率。

96. ABCD。纳税人的违法违章行为通常包括偷税、抗税、漏税、欠税等不同情况。

97. ACDE。根据《不动产登记暂行条例》属于下列情形之一的,可以由当事人单方申请:①尚未登记的不动产首次申请登记的;②继承、接受遗赠取得不动产权利的;③人民法院、仲裁机构生效的法律文书或者人民政府生效的决定等设立、变更、转让、消灭不动产权利的;④权利人姓名、名称或者自然状况发生变化,申请变更登记的;⑤不动产灭失或者权利人放弃不动产权利,申请注销登记的;⑥申请更正登记或者异议登记的;⑦法律、行政法规规定可以由当事人单方申请的其他情形。

98. CDE。对房屋等建筑物、构筑物所有权首次登记,在建建筑物抵押权登记,因不动产灭失导致的注销登记,以及不动产登记机构认为需要实地查看的情形,不动产登记机构应当实地查看。

99. ABCD。不动产登记证明用于证明不动产抵押权、地役权或者预告登记、异议登记等事项。

100. BC。不动产权证书和不动产登记证明均属于不动产权属证书。

三、综合分析题

1. ABD	2. B	3. A	4. C	5. AC
6. C	7. D	8. D	9. A	10. BD
11. B	12. B	13. D	14. AC	15. B
16. B	17. A	18. A	19. D	20. CD

【解析】

1. ABD。收到房屋征收部门上报的征收补偿方案后,市、县级人民政府应当组织发展改革、城乡规划、自然资源、环境资源保护、文物保护、财政、建设等有关部门对征收补偿方案进行论证。市、县级人民政府作出房屋征收决定前,应当按照有关规定进行社会稳定风险评估。作出房屋征收决定前,征收补偿费用应当足额到位、专户存储、专款专用。

2. B。对于已经登记的房屋,其性质、用途和建筑面积,一般以房屋权属证书和房屋登记簿的记载为准;对于未经登记的建筑,应当按照市、县级人民政府的认定、处理结果进行评估。对认定为合法建筑和未超过批准期限的临时建筑的,应当给予补偿,对认定为违法建筑和超过批准期限的临时建筑的,不予补偿。

3. A。个人出租住宅,按照4%计算房产税。该套住宅出租年租金为30000元,每年应缴纳的房产税=30000×4%=1200(元)。

4. C。对被征收房屋价值的补偿,不得低于房屋征收决定公告之日被征收房屋类似房地产的市场价格。被征收房屋类似房地产的市场价格=100×10000=100(万元)。

5. AC。房屋征收当事人对评估结果有异议的,应当自收到评估报告之日起10日内,向原房地产估价机构书面申请复核评估。被征收人或者房屋征收部门对房地产估价机构的复核结果有异议的,应当自收到复核结果之日起10日内,向被征收房屋所在地房地产价格评估专家委员会申请鉴定。

6. C。已知合同约定面积100m²,产权登记面积＝95＋(450/3000)×95＝109.25m²。根据面积误差比公式,面积误差比＝[(实测面积－预测面积)/预测面积]×100%＝[(109.25－100)/100]×100%＝9.25%。再根据"面积误差比绝对值超过3%时,买受人有权退房。买受人不退房的,产权登记面积大于合同约定面积时,面积误差比在3%以内(含3%)的房价款由买受人补足;超出3%部分的房价款由房地产企业承担,产权归买受人"。李某实际应支付的房价＝3000元×100×103%＝30.90万元。

7. D。商品房预售应当符合以下条件:已交付全部使用权出让金,取得土地使用权证书;持有建设工程规划许可证和施工许可证;按提供预售的商品房计算,投入开发建设的资金达到工程建设总投资的25%以上,并已经确定施工进度和竣工交付日期;商品房预售实行许可制度。

8. D。房地产开发企业申请办理《商品房预售许可证》时,提交的资料包括:商品房预售许可申请表;开发企业的营业执照和资质证书;土地使用权证、建设工程规划许可证、施工许可证;投入开发建设的资金占工程建设总投资25%以上的证明;工程施工合同及关于施工进度的说明;商品房预售方案。

9. A。商品房预售,房地产开发企业应当与承购人签订书面商品房预售合同。开发企业应当自签约之日起30日内,向房地产管理部门和市、县土地管理部门办理商品房预售合同登记备案手续。

10. BD。商品房预售应当符合以下条件:①已交付全部土地使用权出让金,取得土地使用权证书;②持有建设工程规划许可证和施工许可证;③按提供预售的商品房计算,投入开发建设的资金达到工程建设总投资的25%以上,并已经确定施工进度和竣工交付日期;④商品房预售实行许可制度。房地产开发企业进行商品房预售,应当向房地产管理部门申请预售许可,取得商品房预售许可证。

11. B。房地产抵押价值为抵押房地产在估价时点假定未设立法定优先受偿权利下的市场价值减去房地产估价师知悉的法定优先受偿款。扣除的法定优先受偿款一般是指在抵押的房地产上债权人依法拥有的优先受偿款,即假定在估价时点实现抵押权时,法律规定优先于本次抵押贷款受偿的款额,包括发包人拖欠承包人的建筑工程价款,已抵押担保的债权数额,以及其他法定优先受偿款。2000－400＝1600万元。

12. B。通过委托估价方式确定房地产抵押价值的,原则上由商业银行委托房地产估价机构进行评估。

13. D。房地产抵押估价报告应用有效期从估价报告出具之日起计,不得超过1年。

14. AC。债务人不履行到期债务或者发生当事人约定的实现抵押权的情形,抵押权人可以与抵押人协议以抵押房地产折价或者以拍卖、变卖该抵押房地产所得的价款优先受偿。抵押权人与抵押人未就抵押权实现方式达成协议的,抵押权人可以请求人民法院拍卖、变卖抵押房地产。

15. B。房地产估价机构出具抵押估价报告,应至少由2名注册房地产估价师签名并加盖估价机构印章。

16. B。保障性住房和普通商品住房项目的最低资本金比例为20%，其他房地产开发项目的最低资本金比例为25%。

17. A。申请办理施工许可证的程序中，建设单位向发证机关领取《建筑工程施工许可证申请表》。

18. A。房屋建筑工程在保修期限内出现质量缺陷，建设单位或者房屋建筑所有人应当向施工单位发出保修通知。施工单位接到保修通知后，应当到现场核查情况，在保修书约定的时间内予以保修。发生涉及结构安全或者严重影响使用功能的紧急抢修事故，施工单位接到保修通知后，应当立即到达现场抢修。

19. D。物业共用部位、共用设施设备的维修和更新、改造费用，应当通过专项维修资金予以列支，不得计入物业服务支出或者物业服务成本。

20. CD。住房公积金贷款和商业银行贷款均不可"零首付"，故选项A错误。缴存基数每年调整一次，故选项B错误。

《房地产估价原理与方法》考前小灶卷(一)

一、单项选择题（共60题，每题0.5分。每题的备选答案中只有1个最符合题意，请在答题卡上涂黑其相应的编号）

1. 下列有关房地产估价的概念，表述错误的是（　　）。
   A. 接受估价委托的房地产估价机构是估价当事人
   B. 估价目的、估价对象、价值时点等被称为估价基本事项
   C. 房地产估价的"分析"是"判断"和"测算"的基础
   D. 房地产估价的"判断"是"测算"的基础

2. 因征收房地产，房地产估价师受委托进行的停产停业损失估价，属于（　　）业务。
   A. 房地产价值提升评估业务
   B. 房地产减损评估业务
   C. 相关额外费用和直接经济损失评估业务
   D. 房地产政策咨询业务

3. 用于销售的共有产权住房等保障性住房以及享受国家优惠政策的居民住宅，通常实行（　　）确定价格。
   A. 市场价格　　　　　　　　B. 政府指导价
   C. 类似住房成交价格　　　　D. 理论价格

4. 以下地价中，属于公示地价的是（　　）。
   A. 挂牌底价　　　　　　　　B. 标定地价
   C. 招标定价　　　　　　　　D. 成交价格

5. 下列房地产权利中，属于担保物权的是（　　）。
   A. 抵押权
   B. 自物权
   C. 地役权
   D. 土地承包经营权

6. 政府因救灾需要而征用某房屋，半年后返还，下列项目中，不应作为补偿项目的是（　　）。
   A. 征用期间导致房屋毁损的价值损失
   B. 征用造成的家具、物资等动产搬迁费用
   C. 征用期间租赁经营损失
   D. 征用期间市场上类似房地产的增值差价

7. 下列选项中，不属于房地产损害赔偿类型的是（　　）。
   A. 因工程施工不慎使邻近建筑物受损，造成邻近房地产价值减损
   B. 因新建建筑物妨碍了相邻建筑物的通风、采光、日照等，造成邻近房地产价值减损
   C. 人为灾害使他人房地产受到损害

D. 因房地产转让税收政策变化，导致所有权人推迟转让方案的损失

8. 土地利用时会受到土地用途、容积率、建筑高度等限制，这些限制条件在该宗土地的权益中属于（ ）。
   A. 拥有的房地产权利
   B. 受其他房地产权利的限制情况
   C. 受房地产权利以外因素的限制
   D. 额外的利益或好处

9. 房地产评估不包括（ ）。
   A. 房屋工程质量评估
   B. 房屋使用功能评估
   C. 房地产贷款风险评估
   D. 车库内停放的小汽车价格

10. 下列房地产权利中，属于用益物权的是（ ）。
    A. 租赁权
    B. 地役权
    C. 抵押权
    D. 所有权

11. 下列估价对象区位状况的描述中，不属于位置状况描述的是（ ）。
    A. 估价对象距离机场 35km
    B. 估价对象东面临街，所临街道为城市主干道
    C. 估价对象建筑物坐北朝南
    D. 估价对象附近有 3 条公交线路经过

12. 下列经分类后的房地产中，不属于按实物形态分类的是（ ）。
    A. 建筑物
    B. 已灭失的房地产
    C. 部分产权的房地产
    D. 以房地产为主的整体资产

13. 房地产市场通常是地区性市场，主要是由于其具有（ ）。
    A. 不可移动性
    B. 各不相同性
    C. 用途多样性
    D. 相互影响性

14. 下列引起某商业房地产价格上涨的因素中，不属于该商业房地产价格自然增值的是（ ）。
    A. 该商业房地产所在地区经济发展、人口增加
    B. 该商业房地产附近修建地铁、交通条件改善
    C. 该商业房地产所在区域规划为城市中央商务区
    D. 该商业房地产拥有者聘用了优秀的物业服务企业

15. 下列对估价对象的描述中，不属于估价对象实物状况的是（ ）。
    A. 估价对象竣工日期为 2018 年 1 月 20 日
    B. 估价对象周边无专用停车场
    C. 估价对象地势较平坦，坡度小于 3%
    D. 估价对象所在楼宇内设有两部电梯

16. 下列关于按房地产租约影响划分的价值的表述中，错误的是（ ）。
    A. 可分为完全产权价值、无租约限制价值、出租人权益价值和承租人权益价值
    B. 这种划分实际上是按房地产权利基本类型划分的延展
    C. 完全产权价值，是指房地产所有权在未设立用益物权、担保物权及未出租、未被他人占有、未被查封等情况下的价值
    D. 无租约限制价值是房地产在完全考虑租赁因素影响即假定已出租情况下的价值

17. (　　)是卖方在交易合同生效后立即或在较短时间内将房地产交付给买方。
    A. 现货房地产交易　　　　　　　　B. 期货房地产交易
    C. 现货房地产价格　　　　　　　　D. 期货房地产价格

18. 一套建筑面积为100m²，单价为13000元/m²的住房，在买卖中约定付款方式为从成交日期分三期支付，第一期于成交日期支付65万元，第二期于第一年年中一次性支付50万元，余款于第二年中结清，则此房地产的实际单价为(　　)万元/m²。（年折现率为8%）
    A. 1.2416　　　　　　　　　　　　B. 1.2641
    C. 1.2648　　　　　　　　　　　　D. 1.3000

19. 在估价中选择4个可比实例，甲成交价格12000元/m²，建筑面积100m²，首次付清60万元，其余半年后支付40万元，一年后支付20万元；乙成交价格11000元/m²，建筑面积120m²，首付88万元，半年后付清余款44万元；丙成交价格11500元/m²，建筑面积90m²，成交时候一次性付清；丁成交价格13600元/m²，建筑面积110m²，成交时支付100万元，一年后付清余款49.6万元。已知折现率10%，这4个可比实例单价由高到低的排列顺序是(　　)。
    A. 甲＞乙＞丙＞丁　　　　　　　　B. 乙＞丁＞甲＞丙
    C. 丁＞甲＞丙＞乙　　　　　　　　D. 丙＞乙＞丁＞甲

20. 下列不属于按交易税费负担方式划分价格的是(　　)。
    A. 正常负担价　　　　　　　　　　B. 卖方净得价
    C. 买方实付价　　　　　　　　　　D. 卖方负担价

21. 某抵押房地产假定未设立法定优先受偿权下的价值为120万元，已抵押贷款余额为48万元，无其他法定优先受偿款。若社会一般抵押率为60%，实现抵押权的费用及税金为15万元，该房地产再次抵押的抵押价值为(　　)万元。
    A. 12　　　　　　　　　　　　　　B. 25
    C. 27　　　　　　　　　　　　　　D. 40

22. 下列影响房地产供求变化的因素中，不会引起房地产需求量增加的是(　　)。
    A. 消费者的收入水平增加　　　　　B. 该种房地产的价格水平下降
    C. 该种房地产的开发成本上升　　　D. 消费者预期该种房地产价格上涨

23. 房地产的需求量是由许多因素决定的，除了随机因素，经常起作用的因素不包括(　　)。
    A. 消费者的收入水平　　　　　　　B. 消费者对未来的预期
    C. 该种房地产的开发技术水平　　　D. 相关物品的价格水平

24. 诸多区位因素影响商业房地产的优劣，下列(　　)不属于商业房地产区位优劣判断的标准。
    A. 商务氛围　　　　　　　　　　　B. 临街状况
    C. 交通条件　　　　　　　　　　　D. 繁华程度

25. 下列影响一套住房价格的因素中，不属于实物因素的是(　　)。
    A. 朝向　　　　　　　　　　　　　B. 保温
    C. 隔声　　　　　　　　　　　　　D. 户型

26. 某宗危旧房屋的建筑面积为2500m²，土地面积为3600m²，该建筑物的残值和清理费用分别为每平方米建筑面积60元和300元。该房地产相对于空地的减价额为（　　）元。
   A. 150000
   B. 300000
   C. 600000
   D. 750000

27. 有甲、乙两宗区位、面积、权益、规划条件等相似的土地，甲土地为空地，乙土地上有建筑物，但相同限制条件下的估价结果显示，乙土地连同地上建筑物的价值低于甲土地的价值，这是由于（　　）。
   A. 乙土地上建筑物价值低于拆除费用
   B. 甲土地的容积率大于乙土地的容积率
   C. 甲土地的价值高于乙土地的价值
   D. 甲土地的使用期限比乙土地的使用期限长

28. 下列有关房地产状况的信息中，不属于房地产权益状况信息的是（　　）。
   A. 地块形状不规则导致利用受限制
   B. 为相邻房地产提供通道情况
   C. 项目土地的规划容积率
   D. 抵押权、居住权设立情况

29. 房地产权利人不应在其房地产内随意弃置固体废物等有害物质，这主要来源于（　　）的限制。
   A. 房地产地役权
   B. 房地产权利及其行使租赁权
   C. 房地产使用管制
   D. 相邻关系

30. 土地的地基承载力，属于土地实物因素中的（　　）。
   A. 地质
   B. 土壤
   C. 土地形状
   D. 土壤状况

31. 下列关于合法原则在房地产抵押估价和征收评估中具体应用的表述中，正确的是（　　）。
   A. 非营利法人的幼儿园可以抵押
   B. 对空置3年以上的商品房，商业银行不得接受其作为贷款的抵押物
   C. 房屋权属证书和房屋登记簿的记载不一致的，以房屋权属证书为准
   D. 如果被征收房屋被认定为违法建筑，也可以予以评估

32. 下列房地产估价活动中，价值时点为过去，估价对象状况为过去状况的估价是（　　）。
   A. 因抵押贷款需要，对拟抵押房地产价值进行评估
   B. 因保险赔偿需要，对房地产因火灾造成的价值损失进行评估
   C. 因定罪量刑需要，对受贿案中受贿时的房地产价值进行评估
   D. 因司法拍卖需要，对拟拍卖房地产价值进行评估

33. 某房地产的建筑面积为2500m²，现状价值为2000万元，若现在将该房地产拆除重建，拆除费用为100万元，残值为45万元，后续必要支出及应得利润为4000元/m²，重建后的房地产市场价格为15000元/m²。该房地产的市场价值为（　　）万元。
   A. 1945
   B. 2000
   C. 2695
   D. 2750

34. 采用假设开发法评估某待开发房地产的价值,适用的估价前提是"被迫转让前提"。该估价是因( )的需要。
   A. 房地产作价入股
   B. 法院强制拍卖
   C. 房地产税收
   D. 房地产转让

35. 下列选项中,不适宜成为比较法估价对象的是( )。
   A. 标准厂房
   B. 别墅
   C. 在建工程
   D. 商铺

36. 为评估某房地产2010年10月1日的市场价格,选取的可比实例资料是:交易日期为2010年4月1日,合同约定成交价格为3500元/m²,买卖中涉及的税费全部由买方支付,该地区房地产交易中规定卖方和买方需缴纳的税费分别为正常交易价格的6%和3%。自2010年2月1日起到2010年10月1日期间,该类房地产价格平均每月比上月上涨0.5%,则该可比实例修正、调整后的价格为( )元/m²。
   A. 3673.20
   B. 3673.68
   C. 3790.43
   D. 3836.51

37. 某套住宅的套内建筑面积为145m²,套内使用面积为132m²,应分摊的公共部分建筑面积为9m²,按建筑面积计算的价格为3295元/m²,该套住宅按套内建筑面积计算的价格为( )元/m²。
   A. 3000
   B. 3277
   C. 3500
   D. 3599

38. 甲、乙两宗相邻地块,甲宗地价值为50万元,乙宗地价值为40万元。合并后的房地产价值为130万元。若甲宗地土地权利人购买乙地块,下列最合理要价( )万元。
   A. 40
   B. 50
   C. 60
   D. 80

39. 对选取可比实例的底线要求是( )。
   A. 可比实例与估价对象的区位相近
   B. 可比实例与估价对象的权利性质相同
   C. 可比实例应是现在或过去真实存在的
   D. 可比实例与估价对象的规模相当

40. 在比较法中,对资产状况进行间接比较调整,其中可比实例的资产状况优于标准资产状况,得102分;估价对象的资产状况劣于标准资产状况,得97分,则资产状况调整系数为( )。
   A. 0.95
   B. 0.99
   C. 1.01
   D. 1.05

41. 某房地产在2017年7月的价格为20000元/m²,现要调整为2017年11月的价格。已知该类房地产2017年5月至12月的价格指数分别为99.4、94.8、96.6、101.1、109.3、104.7、103.3和102.1(均以上个月为基数100),则该房地产2017年11月的价格为( )元/m²。
   A. 20000.00
   B. 23902.77
   C. 24701.84
   D. 28170.23

42. 比较法估价中对可比实例成交价格进行房地产状况调整时,可比实例房地产状况应为( )。

A. 价值时点的状况　　　　　　　B. 成交价格所反映的状况
C. 成交日期的状况　　　　　　　D. 估价作业期的状况

43. 甲、乙两宗相邻土地，市场价格分别为50万元和70万元，若将该两宗土地合并为一宗土地，合并后的土地市场价格为150万元，如果乙宗地的拥有者购买甲宗地，则甲宗地的拥有者可能的要价范围是( )万元。

A. 0~50　　　　　　　　　　　　B. 50~65
C. 50~80　　　　　　　　　　　 D. 62.5~150

44. 比较法估价中，可比实例成交日期之后发生的下列事件中，不需要进行市场状况调整的是( )。

A. 市场形势有所变化　　　　　　B. 国家调整了房地产的税费政策
C. 国际与国内均出现了通货膨胀　D. 对可比实例进行了装修改造

45. 采用间接比较、百分比进行资产状况调整。若可比实例比标准房地产优3%，估价对象比标准房地产劣5%，则有关资产状况调整的说法，正确的是( )。

A. 标准化修正的分子应为100
B. 标准化修正的分母应为97
C. 房地产状况调整的分子应为100
D. 房地产状况调整的分母应为95

46. 某宗房地产的收益期限为38年，通过预测得到其未来5年的净收益分别为20万元、22万元、25万元、28万元、30万元，从未来第6年到第38年每年的净收益将稳定在35万元左右，该类房地产的报酬率为10%。则该宗房地产的收益价格为( )万元。

A. 267.35　　　　　　　　　　　B. 287.86
C. 298.84　　　　　　　　　　　D. 300.86

47. 某房地产每年净收益为20万元，加装空调系统后不考虑空调系统重置提拨款下的每年净收益为25万元，空调系统需在10年后以15万元更换，更换空调系统后立即转售的价格为260万元。偿债基金储蓄的年利率为4%，贷款年利率为7%，报酬率为10%，在考虑重置提拨款下，该房地产价值为( )万元。

A. 223.13　　　　　　　　　　　B. 246.18
C. 230.81　　　　　　　　　　　D. 253.86

48. 某房地产的给水排水设备要在10年之后以30万元的价格重置，假设偿债基金储蓄的利率为6%，则每年需要留出的重置提拨款为( )元。

A. 7548　　　　　　　　　　　　B. 13248
C. 22760　　　　　　　　　　　 D. 23851

49. 已知一年期国债年利率为3.31%，贷款年利率为5.43%，投资风险补偿率为2.23%，管理负担补偿率为1.32%，缺乏流动性补偿率为1.42%，投资带来的优惠率为0.50%，利用累加法计算的报酬率为( )。

A. 7.78%　　　　　　　　　　　 B. 8.28%
C. 13.21%　　　　　　　　　　　D. 14.21%

50. 某收益性房地产共5年收益期，报酬率为10%，未来5年的净收益预测分别为

5000、5250、5600、5850、6500，收益现值为57447.17元。则其资本化率为（   ）。
   A. 8.3%
   B. 8.5%
   C. 8.7%
   D. 8.9%

51. 某房地产重新开发建设的直接成本、管理费用、投资利息分别为4000万元、180万元和350万元，销售费用、销售税费分别为销售价格的3.5%、6%，投资利润率为20%。该房地产的重置价值为（   ）万元。
    A. 5890
    B. 5976
    C. 6053
    D. 6135

52. 待开发的一幢建筑面积为10000m²的写字楼，开发完成后的销售均价为3000元/m²，已知土地取得时楼面地价为1000元/m²，建设成本和管理费用为1200元/m²，销售费用和销售税费分别为房地产价格的2%和5.5%，开发期为1.5年，贷款年利率为10%。假设建设成本和管理费用在开发期内均匀投入，开发完成时即完成销售，销售费用在开发完成时一次性投入，则该写字楼的销售利润率为（   ）。
    A. 7.90%
    B. 11.08%
    C. 11.83%
    D. 13.73%

53. 某住宅建筑面积为160m²，土地剩余使用期限为60年，以建筑面积计算的土地重新构建成本和建筑重新构建成本分别为5000元/m²和3500元/m²。目前该房屋门窗、墙面地面等破损引起的折旧为5万元，户型设计落后引起的折旧为8万元，位于城市衰落地区引起的折旧为6万元，若土地报酬率为6%，则该住宅的成本价格为（   ）万元。
    A. 115.91
    B. 117.00
    C. 134.91
    D. 136.00

54. 在原划拨土地上建造的某办公楼，建成于2001年8月31日，经济寿命为60年，后于2011年8月31日补办了建设用地使用权出让手续，土地使用期限为40年（自2011年8月31日起计算），建设用地使用权期间届满后对建筑物按残余价值给予补偿。2012年8月31日对该办公楼进行评估，经测算，该办公楼的土地重新取得价格为3000万元，土地报酬率为6%，建筑物重置成本为4500万元，残值率为0。该办公楼在2012年8月31日的评估价值为（   ）万元。
    A. 6490
    B. 6510
    C. 6655
    D. 6675

55. 下列对假设开发法的估价前提说法中，正确的是（   ）。
    A. 运用假设开发法估价时，根据价值类型和估价对象所处的实际情况选择估价前提
    B. 房地产抵押估价和房地产司法拍卖估价，一般应采用"自愿转让开发前提"
    C. 自己开发前提下评估出的房地产开发完成后的价值大于自愿转让前提下评估出的房地产开发完成后的价值
    D. 同一估价对象在不同估价前提下运用假设开发法估价时，评估出的价值往往不同

56. 关于路线价法及其运用的说法，正确的是（   ）。
    A. 应将通达性相当、地价水平有差异、位置相邻的临街土地划为同一个路线价区段
    B. 同一条街道两侧只能有一个路线价，但可以延长至数个路口
    C. 利用路线价求取临街土地价格时不进行交易情况修正

D. 以各宗临街土地深度的平均数作为标准临街深度可简化各宗地价格的计算

57. 某标准宗地前后两面临街，总深度 60m，宽度 40m，已知其前街路线价 3000 元/m²，后街路线价 2000 元/m²，采用重叠价值估价法计算该宗土地的价格为（　　）万元。
   A. 480　　　　　　　　　　B. 600
   C. 624　　　　　　　　　　D. 720

58. 某宗土地总面积为 2000m²，原为工业用途，容积率为 1.0，土地单价为 400 元/m²，若将该地块改为居住用地，容积率为 3.0，居住用地楼面地价为 1000 元/m²，则土地价值增值额为（　　）万元。
   A. 120　　　　　　　　　　B. 480
   C. 520　　　　　　　　　　D. 600

59. 评估某加油站的抵押价值，估价对象的财产范围包括（　　）。
   A. 加油站的特色装修　　　　B. 加油站的特许经营权
   C. 加油站内的车辆　　　　　D. 加油站的建筑物

60. 估价机构于 2016 年 7 月 1 日出具了某办公楼的抵押估价报告，估价委托人于 2016 年 10 月 1 日获得期限为 20 年的抵押贷款。该估价报告应保存至（　　）。
   A. 2026 年 6 月 30 日　　　　B. 2026 年 9 月 30 日
   C. 2036 年 6 月 30 日　　　　D. 2036 年 9 月 30 日

二、**多项选择题**（共 40 题，每题 1 分。每题的备选项中，有 2 个或 2 个以上符合题意，全部选对的，得 1 分；错选或多选的，不得分；少选且选择正确的，所选的每个选项得 0.5 分）。

61. 下列选项中，属于构成房地产估价活动必要因素的有（　　）。
   A. 估价当事人　　　　　　　B. 估价对象
   C. 估价日期　　　　　　　　D. 估价原则
   E. 估价程序

62. 下列关于估价目的的表述中，正确的有（　　）。
   A. 估价目的是估价委托人对估价报告的预期用途
   B. 估价目的不同，价值时点、估价对象、价值类型以及估价原则、估价依据等都有可能不同
   C. 为房屋征收目的而估价，应考虑租赁因素的影响
   D. 针对某种特定估价目的估价报告和估价结果不能用于其他用途
   E. 拍卖财产上原有的租赁权及其他用益物权，不因拍卖而消灭

63. 下列选项中，对于房地产估价的要素说法正确的有（　　）。
   A. 国家标准《房地产估价规范》GB/T 50291 是效力最高而要求最低
   B. 鉴证性估价中，估价机构可以在出具估价报告之前就征求估价利害关系人对估价结果的意见
   C. 估价前提是对所评估的估价对象价值进行分析、测算和判断的先决条件
   D. 估价师应对委托人提供的作为估价依据的资料进行核查验证
   E. 估价对象由委托人和价值类型双重决定

64. 有关房地产按照权益状况划分的说法，正确的有（　　）。

A. 共有的房地产可分为按份共有的房地产和共同共有的房地产
B. 共有人按照约定管理共有的房地产
C. 房屋征收范围确定后，可以改变房屋用途
D. 已依法公告列入征收范围的房地产，不得设定抵押
E. 抵押人将已抵押的房地产转让给他人的，不影响抵押权

65. 与非专业估价相比，专业估价的特点包括（　　）。
A. 提供的是专业意见　　　　　B. 估计价格或价值
C. 实行有偿服务　　　　　　　D. 承担相关责任
E. 估价作业日期长

66. 下列选项中，属于其他相关定着物的有（　　）。
A. 摆放在房屋内的家具
B. 摆放在房屋内的电器，挂在墙上的画
C. 在地上临时搭建的帐篷、戏台
D. 埋设在地下的管线、设施
E. 建造在地上的围墙、假山、水池

67. 房地产所有权划分中，所有权的种类包括（　　）。
A. 区分共有　　　　　　　　　B. 区分所有
C. 公有　　　　　　　　　　　D. 独有
E. 共有

68. 下列选项中，关于房地产权益的含义说法正确的有（　　）。
A. 既有物权又有债权的，优先保护债权　B. 租赁权属于物权
C. 抵押权属于担保物权　　　　　　　　D. 物权分为自物权和他物权
E. 居住权属于自物权

69. 下列关于房地产变现能力强弱的说法中，正确的有（　　）。
A. 标准厂房通常比特殊厂房的变现能力弱
B. 熟地通常比生地或毛地的变现能力弱
C. 小型商铺通常比大型商场的变现能力弱
D. 厂区内住宅通常比商品住宅小区内的住宅变现能力弱
E. 郊区的房地产通常比市区的房地产变现能力弱

70. 下列属于房地产的企业经济行为的是（　　）。
A. 企业产权转让　　　　　　　B. 企业发行债券
C. 企业合资　　　　　　　　　D. 企业资产变卖
E. 企业清算

71. 成本法估价中采用市场提取法求取成本利润率时，选取的类似房地产项目应与估价对象的（　　）。
A. 土地取得方式相同　　　　　B. 土地规划用途相同
C. 项目规模大小相当　　　　　D. 项目建设期长短相近
E. 项目经营期长短相近

72. 关于资产状况调整的说法，错误的有（　　）。

A. 如果可比实例状况与估价对象状况有许多相同之处，则需要进行资产状况调整的内容较多
B. 在此前选取可比实例时，应尽量选取与估价对象状况相同之处较少的房地产
C. 权益状况调整的内容主要包括权利性质和用途
D. 区位状况是对房地产价格有影响的房地产区位因素的状况
E. 当为某幢房屋中的某层、某套或某间时，区位状况调整的内容还包括所处楼幢、楼层

73. 运用比较法评估一幢多层商场的价值，区位状况调整的内容包括（　　）。
A. 位置状况　　　　　　　　B. 周围繁华程度
C. 空间市场　　　　　　　　D. 交通便利程度
E. 总楼层

74. 求取出租的写字楼净收益，从有效毛收入中应扣除的项目包括（　　）。
A. 房产税　　　　　　　　　B. 承租人支付的物业管理费
C. 空调设备重置提拨款　　　D. 所得税
E. 房屋保险费

75. 运用成本法对整体房地产进行估价时，关于选择具体估价路径的说法，正确的有（　　）。
A. 应根据估价对象状况和土地市场状况进行选择
B. 房地合估路径主要适用于估价对象是独立开发建设或可假设独立开发建设的整体房地产
C. 应优先选择房地分估路径
D. 当建筑物和土地合在一起，并需要单独或分别求取其中土地或建筑物的价值时，也适用于房地分估路径
E. 房地整估路径主要适用于估价对象有较多与其相似的有交易历史的新的房地产

76. 下列关于挂牌价格和成交价格的表述中，正确的有（　　）。
A. 挂牌价格通常高于成交价格
B. 挂牌价格可以作为估价依据
C. 在一笔成功的房地产交易中，买卖双方成交价不小于卖方最低要价，不大于买方最高出价
D. 成交价格是个别价格，通常随着交易者对交易对象和市场行情了解程度的不同而不同
E. 通常情况下，招标方式出让的地价高于挂牌方式出让的地价

77. 关于成交价格、市场价格、理论价格和评估价格的说法，正确的有（　　）。
A. 在一笔成功的房地产交易中，买方最高出价≥买卖双方成交价≥卖方最低要价
B. 在买方市场下，成交价格会偏向卖方最低要价
C. 市场价格和理论价格相比，市场价格是长期均衡价格，理论价格是短期均衡价格
D. 在正常市场或正常经济发展下，市场价格基本上与理论价格相吻合，围绕着理论价格而上下波动，不会偏离太远
E. 当交易情况正常时，成交价格接近市场价格

78. 按照房地产基本存在形态划分，房地产价值包括（　　）。
   A. 土地价值　　　　　　　　　　　B. 单位价格
   C. 楼面地价　　　　　　　　　　　D. 建筑物价值
   E. 房地价值

79. 一套总价150万元的住房，下列可供选择的付款方式中，名义价格和实际价格相同的有（　　）。
   A. 要求在成交日期一次性付清
   B. 如果在成交日期一次性付清，给予6%的优惠折扣
   C. 首付款30万元，余款以抵押贷款方式支付，年贷款利率为6%，期限15年，按月等额偿还
   D. 自成交日期起一年后一次性付清
   E. 首期支付40万元，余款在一年内分两期支付，每隔半年支付55万元

80. 下列影响房地产供给的因素中，能增加房地产供给量的有（　　）。
   A. 当前该类房地产价格水平较高　　B. 该类房地产的开发成本上升
   C. 该类房地产的开发技术水平提高　D. 预期该类房地产价格会上涨
   E. 消费者的偏好程度增强

81. 受租赁合同租金水平影响的房地产价值包括（　　）。
   A. 无租约限制价值　　　　　　　　B. 出租人权益价值
   C. 承租人权益价值　　　　　　　　D. 租赁权价值
   E. 抵押权价值

82. 某套期房住宅的套内建筑面积为120m²，套内墙体面积为20m²，分摊的共有建筑面积为30m²，套内建筑面积的购买单价为15000元/m²，购买人采用的付款方式为：首付60万元，余款向银行申请贷款。关于该房地产价格的说法，正确的有（　　）。
   A. 使用面积的购买单价为12500元/m²
   B. 建筑面积的购买单价为12000元/m²
   C. 名义价格为180万元
   D. 实际价格为180万元
   E. 现房价格低于180万元

83. 下列各项中，属于法定优先受偿款的有（　　）。
   A. 已抵押担保的债权数额　　　　　B. 为实现抵押权而发生的诉讼费
   C. 拖欠的建设工程价款　　　　　　D. 估价费用
   E. 拍卖费用

84. 下列影响房地产需求的因素中，能够增加郊区商品住宅当前需求的有（　　）。
   A. 当前该类房地产价格水平较高　　B. 消费者的收入水平增加
   C. 通往郊区的高速公路收费被取消　D. 人们预期该类房地产价格未来会上涨
   E. 城市居民出现向郊区迁移的趋势

85. 同一房屋征收范围内有多个被征收人的征收评估，应遵循的估价原则有（　　）。
   A. 替代原则　　　　　　　　　　　B. 价值时点原则
   C. 一致性原则　　　　　　　　　　D. 一贯性原则

E. 谨慎原则

86. 估价对象为一宗熟地,对选取的可比实例进行实物状况调整的内容有( )。
A. 土地形状
B. 地质
C. 土地使用年限
D. 土地开发程度
E. 容积率

87. 权益状况调整的内容一般不包括( )。
A. 权利性质
B. 用途
C. 土地使用期限
D. 产权关系复杂状况
E. 居住权

88. 下列房地产中,通常适用收益法估价的有( )。
A. 农地
B. 写字楼
C. 加油站
D. 二手商品住宅
E. 行政办公楼

89. 预计某房地产未来第一年的净收益为170万元,此后每年的净收益在上一年的基础上减少8万元,报酬率为8%,则下列说法中正确的有( )。
A. 该房地产未来第30年的年净收益小于零
B. 该房地产的合理经营期限大于22年
C. 该房地产的收益价值小于1276.47万元
D. 该房地产的收益价值大于875万元
E. 该房地产的资本化率为18%

90. 下列选项中关于旧的房地产重新构建成本的估价路径说法正确的有( )。
A. 如果评估一套住宅的价值,可以采用"房地合估"的成本法
B. 如果需要同时评估出该住宅区或该住宅楼各套住宅的价值,可采用"房地合估"的成本法
C. 在房地分估中,建筑物重新构建成本表示建筑安装工程费
D. "房地整估"是旧的房地重新构建成本为重新开发建设与旧的房地相似的全新状况的房地产的必要支出及应得利润
E. 房地整估的公式:旧的房地价值＝新的房地市场价格－旧的房地减价

91. 下列估价项目中,价值时点和房地产状况通常分别为现在和将来的有( )。
A. 在建工程抵押估价
B. 期房预售价格评估
C. 预购商品房抵押估价
D. 用于产权调换的期房价格评估
E. 建筑物火灾毁损价值评估

92. 关于最高最佳利用原则的说法,正确的是( )。
A. 遵循最高最佳利用原则,并不一定要遵循合法原则
B. 最高最佳利用包括最佳的用途、规模和档次
C. 根据最高最佳利用原则,估价中只存在一种估价前提
D. 收入现值小于支出现值的利用方式不是最高最佳利用
E. 经济学上的适合原理可以帮助确定估价对象的最佳用途

93. 运用比较法估价通常需要消除可比实例与估价对象之间的以下( )差异所造成

的可比实例成交价格与估价对象价值价格的差异。

A. 成交价格与比较价值的内涵和形式不同

B. 特殊交易情况与正常交易情况不同

C. 成交日期与价值时点不同

D. 可比实例与估价对象的房地产状况不同

E. 理性和非理性购买人因素差异

94. 在评估租赁价格时，下列哪项属于权益状况调整的内容（ ）。

A. 土地使用期限

B. 租赁期限长短

C. 维修费用由出租人承担

D. 承租人可否对租赁物进行改善

E. 在租赁期限内因占有、使用租赁物获得的收益是否归承租人所有

95. 建立比较基础，主要包括（ ）。

A. 统一付款方式   B. 统一计价单位

C. 统一财产范围   D. 统一产权性质

E. 统一税费负担

96. 下列有关报酬率的求取方法，描述正确的是（ ）。

A. 在 $V=A/Y$ 的情况下，报酬率通过 $Y=A/V$ 来求取，此为市场提取法

B. 在 $V=A/Y$ 的情况下，为了避免偶然性，市场提取法中应尽量搜集较多的可比实例，求其净收益与价格之比的平均数

C. 累加法中，报酬率的求取要加上投资带来的优惠率

D. 安全利率是没有风险或极小风险的投资报酬率

E. 市场提取法中，对求出的报酬率应进行适当的调整

97. 某套住宅当前的市场价格为 300 万元，年有效毛收入为 6 万元，年运营费用为 1.2 万元，预计 5 年后该套住宅价格上涨 51.28%。关于该套住宅的报酬率和资本化率的说法，正确的有（ ）。

A. 报酬率大于资本化率   B. 报酬率等于资本化率

C. 报酬率小于资本化率   D. 资本化率为 1.6%

E. 报酬率为 10%

98. 关于重新构建价格的说法，正确的有（ ）。

A. 重新构建价格是在价值时点的价格

B. 重新构建价格是客观的价格

C. 建筑物的重新构建价格是建筑物在全新状况下的价格

D. 土地的重新构建价格是土地在法定最高出让年限下的价格

E. 建筑物的重新购建价格即是其重建价格

99. 下列关于假设开发法的表述中，正确的有（ ）。

A. 假设开发法用于房地产开发项目分析时，是站在特定投资者的立场上

B. 运用假设开发法可测算待开发房地产项目的最高价格、预期利润和最高费用

C. 有规划条件但规划条件尚不明确的待开发房地产，难以采用假设开发法估价

D. 假设开发法中,预期完成的价值可以用成本法测算

E. 假设开发法也称为剩余法

100. 关于房地产估价要素的说法,正确的有( )。

A. 在一个估价项目中,价值类型由估价目的确定

B. 估价当事人包括房地产估价机构、估价对象权利人和估价报告使用人

C. 估价依据根据估价对象和估价目的的不同而有所差别

D. 合理且有依据的估价假设,可以保护估价师及估价报告使用人

E. 价值时点只能由估价委托人确定

三、综合分析题(共4大题,20小题,每小题1.5分)

(一)

某框架结构宾馆,总建筑面积10000m²,土地使用年限为40年,2003年初通过出让方式取得。出让合同约定不可续期,且当建设用地使用权到期后对收回的建筑物不予补偿。3年后,该宾馆建成并投入运营,一层建筑面积2000m²,其中500m²为宾馆大堂,1500m²用于出租餐厅和咖啡厅,其余各层为宾馆客房、会议室和非该宾馆使用办公室。该宾馆共有客房190间(建筑面积7600m²),会议室2间(建筑面积200m²),非该宾馆使用办公室3间(建筑面积200m²)。当地同档次宾馆每间客房每天的房价为200元,年平均空置和收租损失率为30%。会议室的租金平均每间每次500元,平均每间每月出租20次。假定上述房价、租金、空置和收租损失率在未来收益年限内均保持不变。附近同类型同档次宾馆正常经营的商业利润为客房总收益的15%,附近同档次一层商业用途房地产的正常市场价格为每平方米建筑面积15000元,同档次办公楼的正常市场价格为每平方米建筑面积8000元。该宾馆正常经营平均每月总费用占客房每月总收入的40%。当地宾馆这种类型的房地产的报酬率为12%。

请根据上述材料回答问题。

1. 求取该宾馆非自营部分房地产价格,应根据( )。
   A. 供求原理
   B. 替代原理
   C. 变化原理
   D. 适合原理

2. 该宾馆非自营部分餐厅和咖啡厅的价格是( )万元。
   A. 2250
   B. 1500
   C. 15000
   D. 2410

3. 非该宾馆使用办公室的价格是( )万元。
   A. 1500
   B. 160
   C. 200
   D. 8000

4. 下列关于该宾馆自营部分房地产价格的计算,正确的是( )。
   A. 宾馆客房年总收益是970.9万元
   B. 宾馆会议室年总收益是24万元
   C. 宾馆年总费用是388.36万元
   D. 宾馆正常经营的商业利润是970.9万元

5. 该宾馆自营部分收益价值是( )万元。

A. 460.91 B. 3782.88
C. 2410 D. 3526.32

（二）

某商品住宅开发项目，征收土地面积5000m²，其中建设用地面积4500m²，代征地面积500m²，规划建筑面积为15000m²。甲房地产开发公司（以下简称"甲公司"）于2008年10月18日以出让方式取得该项目用地，支付了地价款和3%的契税，取得了国有土地使用证。至2009年10月18日，该项目已投入70%的建设资金，完成了主体结构，预计1年后可全部竣工。甲公司拟以该在建工程申请抵押贷款，委托乙房地产估价机构评估其于2009年10月18日的抵押价值。经调查，目前该区域同类商品住宅的平均售价为6650元/m²，且按每月1%递增；平均投资利润率为8%，贷款年利率为7.47%，折现率为10%。

6. 下列关于在建工程抵押的表述中，正确的是（　　）。
A. 在建工程只有当已投入的建设资金超过总投资的35%时才可以设定抵押
B. 在建工程只有当主体结构封顶时才可以设定抵押
C. 在建工程抵押权实现时，设定抵押权后新增建设的部分不能处置
D. 在建工程抵押权实现时，优先顺序为购房款、建筑工程款、银行债权

7. 若采用成本法和假设开发法中的传统方法对该在建工程进行估价，下列关于投资利润率选取的表述中，正确的是（　　）。
A. 成本法和假设开发法采用的投资利润率相同
B. 成本法采用的投资利润率高于假设开发法的投资利润率
C. 成本法采用的投资利润率低于假设开发法的投资利润率
D. 成本法和假设开发法采用的投资利润率不可比较

8. 采用成本法估价时，土地部分以基准地价修正法计算的单价为2300元/m²，则土地总价为（　　）。
A. 1035.0 B. 1066.1
C. 1150.0 D. 1184.5

9. 采用假设开发法中的动态分析法估价时，开发完成后的房地产价值在估价时点为（　　）万元。
A. 9734.2 B. 10218.3
C. 10407.5 D. 10458.8

10. 假设开发法分为动态分析法和静态分析法，其优缺点说法正确的有（　　）。
A. 动态分析法测算较为精准，过程复杂
B. 静态分析法适用于未来市场状况不会发生较大变化的情况下
C. 动态分析法精确度取决于现金流量预测的精确程度
D. 静态分析法测算结果也较精细，但是过程较为简单

（三）

估价对象为一宗商业用途的在建工程，土地面积为3000m²，城市规划规定的限制指

标为：容积率 5，建筑密度 30%。因债权债务纠纷，现已经被法院查封，拟启动司法拍卖，法院委托某估价机构评估拍卖保留价。主体结构封顶后至价值时点已停工 3 年。实地查勘期间，被执行人张某未出现在现场，也拒绝允许该机构估价师赵某进入在建工程内部进行查勘。赵某在未进入在建工程内部的情况下，采取了航拍查勘。

11. 在单位建筑面积所获得的利润相同的条件下，下列建设方案中最可行的是( )。
    A. 建筑物地面一层建筑面积为 1200m²，总建筑面积为 18000m²
    B. 建筑物地面一层建筑面积为 1500m²，总建筑面积为 21000m²
    C. 建筑物地面一层建筑面积为 900m²，总建筑面积为 15000m²
    D. 建筑物地面一层建筑面积为 900m²，总建筑面积为 7500m²

12. 在被执行人缺席的情况下，现场查勘时，应该在勘验笔录上签字的主体包括( )。
    A. 现场查勘人员　　　　　　B. 见证人
    C. 张某　　　　　　　　　　D. 赵某

13. 就未能进入估价对象内部实地查勘，该估价报告中应作( )。
    A. 不相一致假设　　　　　　B. 背离事实假设
    C. 依据不足假设　　　　　　D. 历史存在假设

14. 该在建工程评估时适用的估价方法有( )。
    A. 市场比较法　　　　　　　B. 收益还原法
    C. 成本法　　　　　　　　　D. 基准地价修正法

15. 运用假设开发法，该在建工程预期完成的价值求取的方法包括( )。
    A. 市场比较法　　　　　　　B. 收益还原法
    C. 成本法　　　　　　　　　D. 基准地价修正法

(四)

估价对象为一幢钢筋混凝土结构的商业用房，建筑面积 2000m²，建筑容积率为 4.0，土地使用权出让年限为 40 年，于 5 年前获得。该商业用房 3 年前建成，现用于出租，可出租面积为建筑面积的 70%，租金按可出租面积计取，每月 120 元/m²，年平均空置率为 10%，租赁的运营费用中租赁税费约为租金收入的 18%。其他的费用每月为 1 万元。根据市场调查和相关资料得知，当前同类房地产的土地单价为 10000 元/m²，土地报酬率为 6%，建筑物报酬率为 8%，假设房地产的收益和运营费用在收益期内保持不变，土地使用权到期后无偿收回土地及建筑物，请根据上述信息回答下列问题。

16. 运用收益法估价时，估价对象的未来收益期是( )。
    A. 40　　　　　　　　　　　B. 5
    C. 35　　　　　　　　　　　D. 45

17. 该房地产的净收益是( )。
    A. 102.29　　　　　　　　　B. 34.49
    C. 136.78　　　　　　　　　D. 149.68

18. 该估价对象的土地净收益和建筑物净收益分别是( )万元。

A. 34.49，26.95 B. 102.29，34.49
C. 79.68，69.54 D. 69.54，79.68

19. 该建筑物在其未来剩余收益年期的市场价值是（　　）万元。（以该估价对象未来收益年期确定）

A. 314.09 B. 1365.28
C. 2478.25 D. 2536.12

20. 该商业用房目前的市场价值是（　　）万元。

A. 814.09 B. 1269.58
C. 1478.25 D. 1369.89

《房地产估价原理与方法》考前小灶卷（一）参考答案及解析

一、单项选择题

1. D	2. C	3. B	4. B	5. A
6. D	7. D	8. C	9. D	10. B
11. D	12. C	13. A	14. D	15. B
16. D	17. A	18. C	19. C	20. D
21. D	22. C	23. C	24. A	25. A
26. C	27. A	28. A	29. D	30. A
31. B	32. C	33. C	34. B	35. C
36. D	37. C	38. C	39. C	40. A
41. B	42. B	43. C	44. D	45. A
46. D	47. B	48. C	49. A	50. C
51. B	52. B	53. B	54. D	55. D
56. C	57. C	58. C	59. D	60. D

【解析】

1. D。选项D错误，房地产估价的"测算"是"判断"的基础。

2. C。停产停业损失评估属于相关额外费用和直接经济损失评估。相关额外费用和直接经济损失评估包括因征收房地产、房地产损害、对被损害房地产进行修复造成的搬迁费用、临时安置费用、停产停业损失评估等。

3. B。用于销售的共有产权住房等保障性住房及享受国家优惠政策的居民住宅，其销售价格一般实行政府定价或政府指导价。

4. B。公示地价是指以维护经济和市场的平稳健康发展为目标，遵循公开市场价值标准评估，并经政府确认、公布实施的地价，包括基准地价和标定地价等。

5. A。建设用地使用权、土地承包经营权、宅基地使用权、居住权、地役权属于用益物权，抵押权属于担保物权。

6. D。如果房地产被征用或征用后毁损、灭失的，应根据实际损失给予补偿。在房地产征收和征用中，通常还需要评估相关构筑物和附属设施的价值、因征收或征用房地产造成的搬迁费用（如设备的搬迁费用包括设备的拆除费、搬运费、重新安装调试费等）、临时安置费用、停产停业损失、未到使用寿命但不可继续利用的动产残余价值等。

7. D。税收政策变化，会影响房地产价格，不是损害了房地产价值，不属于损害赔偿。

8. C。土地利用时会受到土地用途、容积率、建筑高度等限制，这些限制条件在该宗土地的权益中属于该房地产权利受房地产权利以外因素限制状况。此外还包括受相邻关系（即房地产的相邻权利人依照法律、法规规定或按照当地习惯，相互之间应提供必要的便利或接受必要的限制而产生的权利和义务关系）的约束，被司法机关或行政机关依法查封（简称"被查封"）等。

9. D。房地产评估不仅包含房地产价值价格评估，而且包含房屋工程质量评估、房屋完损程度评估、房屋使用功能评估、房地产周围环境评估、房地产贷款风险评估、投资风险评估、风险承受能力评估，甚至包含房地产政策评估等。

10. B。用益物权包括国有建设用地使用权、土地承包经营权、宅基地使用权、居住权、地役权。

11. D。房地产区位状况描述中的位置描述包括坐落、方位、与相关重要场所的距离、临街状况、朝向、楼层。选项D属于区位状况描述中对交通的描述。

12. C。按房地产实物形态分为8类：建筑物、土地、建筑物和土地综合体、未来房地产、已毁损或灭失的房地产、部分或局部房地产、整体资产中的房地产、以房地产为主的整体资产或含有其他资产的房地产。选项C，部分产权的房地产，属于按权益状况划分的种类。

13. A。房地产的不可移动特性，决定了它只能就地开发和利用，并要受制于其所在的空间环境（如当地的制度政策、经济社会发展状况、相邻关系等）。房地产市场通常不是全国市场，更不是全球市场，而是区域市场，房地产的供求状况、价格水平和价格走势等都是区域性的，在不同地区有所不同，甚至它们的变化是反方向的。

14. D。需求增加、外部经济、房地产利用限制改变导致的房地产价值增加，属于房地产自然增值；通货膨胀导致的房地产价格上涨，属于房地产保值；对房地产进行投资改良导致的房地产价值增加，属于房地产投资增值。选项D属于对房地产进行投资改良，不是房地产自然增值。

15. B。对房地产实物状况的描述，一般先分为建筑物实物状况和土地实物状况两部分，然后分别说明各部分的状况。选项B属于估价对象区位状况描述中交通的描述。

16. D。无租约限制价值是房地产在仅不考虑租赁因素影响，即假定未出租情况下的价值，故选项D错误。

17. A。现货房地产交易是指卖方在交易合同生效后立即或在较短时间内（可视为在交易合同生效的同时）将房地产交付给买方，实际上是以现实存在的房地产或现状房地产为标的物的交易。

18. C。实际总价=65+50/(1+8%)$^{0.5}$+15/(1+8%)$^{1.5}$=126.48(万元)，实际单价=126.48/100=1.2648(万元/m^2)。

19. C。甲的实际单价=[60+40/(1+10%)$^{0.5}$+20/(1+10%)]÷100=1.1632(万元/m^2)，乙的实际单价=[88+44/(1+10%)$^{0.5}$]÷120=1.0829(万元/m^2)，丙的实际单价=1.1500(万元/m^2)，丁的实际单价=[100+49.6/(1+10%)]÷110=1.319(万元/m^2)，因此，丁＞甲＞丙＞乙。

20. D。按交易税费负担方式可分为正常负担价、卖方净得价和买方实付价。

21. D。再次抵押价值=未设立法定优先受偿权下的价值－(已抵押贷款余额/社会一般抵押率)－拖欠的建设工程价款－其他法定优先受偿款=120－(48/60%)=40(万元)。

22. C。一般地说，某种房地产的开发成本上升，价格如果上涨，则其需求就会减少。

23. C。决定房地产需求量的因素包括：①该种房地产的价格水平；②消费者的收入水平；③消费者的偏好；④相关物品的价格水平；⑤消费者对未来的预期。

24. A。商业房地产的区位优劣，主要是看其繁华程度、人流量、临街状况、交通条件等。

25. A。朝向是区位因素，故选项A不属于实物因素。

26. C。该房地产相对于空地的减价额＝(300－60)×2500＝600000(元)。

27. A。土地上有一陈旧过时、需要拆除的建筑物，而建筑物余值低于拆除费用，导致乙土地价值低于甲土地。其他情形题干未涉及，不作推测。

28. A。房地产权益因素包括拥有的房地产权利、该房地产权利受自身其他房地产权利的限制情况、该房地产权利受房地产权利以外因素的限制情况、其他房地产权益因素。

29. D。相邻关系要求房地产权利人在自己的房地产内从事工业、农业、商业等活动及行使其他权利时，不得损害相邻房地产和相邻权利人，包括：①在自己的土地上建造建筑物，不得违反国家有关工程建设标准，妨碍相邻建筑物的通风、采光、日照；②不得违反国家规定弃置固体废物，排放大气污染物、水污染物、噪声、光、电磁波辐射等有害物质；③挖掘土地、建造建筑物、敷设管线及安装设备等，不得危及相邻房地产的安全。

30. A。地质：说明地基承载力和稳定性，地下水位和水质（包括地下水的成分和污染情况），相关地质灾害危险性评估结果或有无不良地质现象（如山体崩塌、滑坡、泥石流、地面塌陷、地裂缝、地面沉降、断裂带、岩溶、湿陷性黄土、红黏土、软土、冻土、膨胀土、盐碱土）等。

31. B。选项A错误，学校、幼儿园、医疗机构等为公益目的成立的非营利法人的教育设施、医疗卫生设施和其他公益设施不得抵押；选项C错误，房屋权属证书与房屋登记簿的记载不一致的，除有证据证明房屋登记簿确有错误外，以房屋登记簿为准；选项D错误，如果被征收房屋被认定为违法建筑或超过批准期限的临时建筑，就不应予以评估，或者评估价值应为零。

32. C。价值时点为过去、估价对象为过去状况的估价：也就是评估历史状况的房地产在过去的价值价格。此种情形大多出现在房地产纠纷、受贿、渎职估价中，特别是出现在对估价报告或估价结果有异议或争议所引起的复核估价、估价鉴定或专业技术评审中。

33. C。拆除重建前提下，房地产价值＝(15000－4000)×2500/10000－100＋45＝2695万元。2695万元＞2000万元，应该拆除重建。

34. B。采用假设开发法评估某待开发房地产的价值，适用的估价前提是"被迫转让前提"。该估价是因法院强制拍卖的需要。

35. C。比较法适用的估价对象是同类数量较多、有较多交易、相互间具有一定可比性的房地产，例如，住宅、写字楼、商铺、标准厂房、房地产开发用地。选项C，属于可比性很差的房地产，故不适宜作为比较法的估价对象。

36. D。正常负担下的价格＝卖方净得价/(1－卖方应缴纳的税费比率)＝3500/(1－6%)＝3723.404(元/m²)，市场状况调整后价格＝3723.404×(1＋0.5%)⁶＝3836.51(元/m²)。

37. C。住宅总价=(145+9)×3295=507430(元);按套内建筑面积计算的单价=507430/145=3499.517241≈3500(元/m²)。

38. C。合理要价=40+40/(50+40)×(130-50-40)=57.78(万元)。

39. C。对选取可比实例的底线要求是,可比实例应是现在或过去真实存在的,严禁虚构、编造可比实例。

40. A。资产状况调整系数=97/102=0.95。

41. B。可比实例在成交日期时价格×成交日期的下一时期的环比价格指数×再下一时期的环比价格指数×……×价值时点的环比价格指数=可比实例在价值时点的价格=20000×(101.1/100)×(109.3/100)×(104.7/100)×(103.3/100)=23902.77(元/m²)。

42. B。可比实例状况应是其成交价格所对应或反映的状况,而不是在价值时点或估价作业期间的状况。因为在价值时点或估价作业期间,可比实例状况可能发生了变化,而在此之前的成交价格通常是不反映这种变化的。

43. C。甲宗地单独的价格为50万,合并后增值=150-(50+70)=30(万元)。那么土地甲的拥有者可要价50万元至80万元(50+30=80万元)。

44. D。选项D,很明显要做的是房地产状况调整。由于可比实例的成交日期与价值时点不同,所以影响房地产价值价格的因素可能发生了变化,如市场形势有所变化、出台了新的政策措施、利率升降等,导致估价对象或可比实例这类房地产的市场状况发生了变化,即使同一房地产在这两个不同的时间,其价值价格也会有所不同。因此,需要对可比实例的成交价格进行市场状况调整,消除成交日期与价值时点之间的市场状况差异造成的价格差异,将可比实例在其成交日期的价格调整为在价值时点的价格。

45. A。

$$\text{可比实例在其自身状况下的价格} \times \frac{100}{(\quad)} \times \frac{(\quad)}{100} = \text{可比实例在估价对象状况下的价格}$$

（标准化修正）（资产状况调整）

上式位于分母和分子的括号内应填写的数字,分别是可比实例状况和估价对象状况相对于标准房地产状况的得分。选项B错误,标准化修正的分母应为103;选项C错误,房地产状况调整的分子应为95;选项D错误,房地产状况调整的分母应为100。

46. D。$V=20/(1+10\%)+22/(1+10\%)^2+25/(1+10\%)^3+28/(1+10\%)^4+30/(1+10\%)^5+35/10\%\times[1-1/(1+10\%)^{33}]\times[1/(1+10\%)^5]=300.86$(万元)。

47. B。每年需留出的重置提拨款=$150000\times 4\%/[(1+4\%)^{10}-1]=12493.64$(元);考虑重置提拨款的年净收益=250000-12493.64=237506.36(元);考虑重置提拨款下房地产价值$V=237506.36/10\%\times[1-1/(1+10\%)^{10}]+2600000/(1+10\%)^{10}=2461786.32$(元)=246.18(万元)。

48. C。$30\text{万元}\times 6\%/[(1+6\%)^{10}-1]=22760$(元)。

49. A。报酬率=无风险报酬率+投资风险补偿率+管理负担补偿率+缺乏流动性补偿率-投资带来的优惠率=3.31%+2.23%+1.32%+1.42%-0.50%=7.78%。

50. C。本资本化率是第一年的净收益与其价值的比率=5000/57447.17=8.7%。

51. B。设房地产重置价值为V,投资利润率=开发利润/(土地成本+建设成本+管理费用+销售费用），则开发利润=20%×(4000+180+0.035V)=836+0.007V，V=4000+180+350+0.035V+0.06V+836+0.007V，V=5976 万元。

52. B。土地成本=1000 元/m²，建设成本和管理费用=1200 元/m²，投资利息=1000×[(1+10%)^{1.5}−1]+1200×[(1+10%)^{0.75}−1]=242.61(元/m²)，销售费用和销售税费=3000×(2%+5.5%)=225(元/m²)，开发利润=3000−1000−1200−242.61−225=332.39(元/m²)，销售利润率=开发利润/开发完成后的房地产价值=332.39/3000=11.08%。

53. B。房地产价值=土地重新构建成本+建筑物重新构建成本−折旧=5000×160+3500×160−50000−80000−60000=1170000（元）。

54. D。建筑物建成于 2001 年 8 月 31 日，价值时点为 2012 年 8 月 31 日，则建筑物使用年限为 11 年。土地使用权早于建筑物经济寿命到期。但是因为建设用地使用权期间届满后对建筑物按残余价值给予补偿，计算折旧期限时，按照建筑物经济寿命算。旧的房地价格=土地重新购建成本+建筑物重新购建成本−建筑物折旧=3000+4500×(1−11/60)=6675(万元)。

55. D。应该是根据估价目的和估价对象所处的开发建设状态等情况来确定，故选项 A 错误；房地产抵押估价和房地产司法拍卖估价，一般应选用"被迫转让前提"，故选项 B 错误；同一估价对象在业主自行开发、自愿转让开发、被迫转让开发三种估价前提下的估价测算结果，依次是从大到小的，故选项 C 错误。

56. C。在划分路线价区段时，应将"通达性相当、位置相邻、地价水平相近"的临街土地划为同一个路线价区段，故选项 A 错误；同一条街道如果其两侧的繁华程度、地价水平有明显差异的，应以街道中心为分界线，将该街道两侧视为不同的路线价区段，分别附设不同的路线价，故选项 B 错误；以各宗临街土地的临街深度的众数为标准临街深度，可简化以后各宗临街土地价值价格的计算，故选项 D 错误。

57. C。前街影响深度=60×3000/(3000+2000)=36(m)，后街影响深度=60×2000/(3000+2000)=24(m)。V=3000×36×40×1+2000×24×40×1=6240000(元)=624(万元)。

58. C。容积率=土地单价÷楼面地价，土地价值增值额=(1000×3.0−400)×2000=520(万元)。

59. D。房地产抵押估价对象的范围不包括特色装饰装修、动产、特许经营权。

60. D。估价资料的保存期限自估价报告出具之日起计算，根据《资产评估法》和《房地产估价规范》的有关规定，保存期限不少于 15 年，属于法定评估业务的，保存期限不少于 30 年。在实践中，对于无法确定是否属于法定评估业务的，为稳妥起见，保存期限不少于 30 年。估价资料保存已超过 15 年或 30 年且相应估价服务的行为尚未结束的，应保存到估价服务的行为结束。

二、多项选择题

61. ABDE	62. ABDE	63. ACD	64. ABDE	65. ACD
66. DE	67. BDE	68. CD	69. DE	70. ABCE
71. ABC	72. ABC	73. ABD	74. ACE	75. ABDE

76. ACD	77. ABDE	78. ADE	79. AC	80. ACE
81. BCD	82. BCD	83. AC	84. CDE	85. CDE
86. ABD	87. AB	88. ABCD	89. ABCD	90. BE
91. BCD	92. BDE	93. ABCD	94. BCDE	95. ABCE
96. ABDE	97. ADE	98. ABC	99. ABCE	100. ACD

【解析】

61. ABDE。构成房地产估价活动的必要因素，简称估价要素，包括估价当事人、估价目的、估价原则、估价程序、估价依据、估价假设、估价方法、估价对象、价值时点、价值类型、估价结果。

62. ABDE。如果是为房屋征收目的而估价，则不考虑房屋租赁因素的影响，应作为无租约限制的房屋来估价，因为房屋租赁合同会因房屋征收而终止，故选项C错误。

63. ACD。在鉴证性估价中，一般不能在正式出具估价报告之前与估价委托人和估价利害关系人讨论交流评估价值，不能征求或听取他们对评估价值的意见，故选项B错误；估价对象是由委托人和估价目的共同决定的，故选项E错误。

64. ABDE。房屋征收范围确定后，不得在房屋征收范围内实施新建、扩建、改建房屋和改变房屋用途等不当增加补偿费用的行为，违反规定实施的，不予补偿，故选项C错误。

65. ACD。专业估价与非专业估价有本质不同，主要表现在下列5个方面：①由独立第三方的估价专业机构及其估价专业人员从事；②提供的是专业意见；③估价结果具有公信力；④要依法承担相关责任；⑤实行有偿服务。

66. DE。建造在地上的围墙、道路、建筑小品、水池、假山，种植在地里的树木、花草，埋设在地下的管线、设施，安装在房屋内的水暖设备、洁具、厨房设备、吊灯，镶嵌在墙里的橱柜、书画或绘在墙上、顶棚上的书画等，一般属于其他相关定着物。

67. BDE。房地产所有权可分为单独所有、共有和建筑物区分所有权。

68. CD。选项A，既有物权又有债权的，优先保护物权；同时有两个以上物权的，优先保护先设立的物权；选项B，租赁权属于债权；选项E，居住权属于用益物权。

69. DE。选项A，通用性越差的房地产，如用途越专业化的房地产，使用者的范围越小，越不容易找到买者，变现能力越弱。例如，厂房中，特殊厂房一般比标准厂房的变现能力弱。选项B，熟地通常比生地或毛地的变现能力强。选项C，大型商场通常比小型商铺的变现能力弱。

70. ABCE。涉及房地产的企业经济行为多种多样，诸如下列几种。①企业资产置换；②企业资产重组；③企业产权转让；④企业股权转让；⑤企业发行债券；⑥企业改制；⑦企业合并；⑧企业分立；⑨企业合资；⑩企业合作；⑪企业租赁；⑫破产重整；⑬企业清算。

71. ABC。可比实例房地产应是估价对象的类似房地产，具体应满足以下要求：①与估价对象的区位相近；②与估价对象的用途相同；③与估价对象的权利性质相同；④与估价对象的档次相当；⑤与估价对象的规模相当；⑥与估价对象的建筑结构相同。看似考的成本法，实际考的是比较法。比较法的原理在成本法中的应用。

72. ABC。选项 A 错误，如果可比实例状况与估价对象状况有许多相同之处，则需要进行资产状况调整的内容较少；选项 B 错误，在此前选取可比实例时，应尽量选取与估价对象状况相同之处较多的房地产；选项 C 错误，由于在选取可比实例时就要求其权益状况中的权利性质、用途与估价对象的权利性质、用途相同，所以权益状况调整的内容一般不包括权利性质和用途。

73. ABD。区位状况调整的内容主要有位置（包括所处的方位、与相关重要场所的距离、临街或临路状况、朝向等）、交通（包括进出、停车的便利程度等）、外部配套设施（包括基础设施和公共服务设施）、周围环境（包括自然环境、人文环境以及景观）等影响房地产价格的区位因素。当为某幢房屋中的某层、某套或某间时，区位状况调整的内容还包括所处楼幢、楼层。

74. ACE。净收益＝有效毛收入－运营费用。运营费用是维持估价对象正常使用或营业的必要支出，包括房地产税、房屋保险费、房屋维修费、房屋管理费等，具体应根据合同租金的内涵决定取舍，其中由承租人负担的部分不应计入。运营费用是从估价的角度出发，与会计上的成本费用有所不同，通常不含房地产抵押贷款还本付息额、房地产折旧费、房地产改扩建费用和所得税。

75. ABDE。房地合估路径主要适用于估价对象是独立开发建设或可假设独立开发建设的整体房地产。房地分估路径主要适用于两种情况：一是土地市场上以能直接在其上进行房屋建设的小块熟地交易为主，如农村、小城镇的独栋房屋；二是有关成本、费用、税金和利润较易在土地和建筑物之间进行分配。此外，当建筑物和土地合在一起，并需要单独或分别求取其中土地或建筑物的价值时，也适用于房地分估路径。房地整估路径主要适用于估价对象有较多与其相似的有交易历史的新的房地产，如一幢旧住宅楼中的一套住宅，一幢旧写字楼中的一间办公用房。

76. ACD。挂牌价格不能作为估价依据，但可作为了解市场行情的参考，故选项 B 错误；在通常情况下，拍卖和挂牌方式出让的地价最高，招标方式出让的地价次之，协议方式出让的地价最低，故选项 E 错误。

77. ABDE。选项 C 错误，市场价格和理论价格相比，市场价格是短期均衡价格，理论价格是长期均衡价格。

78. ADE。按照房地产基本存在形态划分的价值包括土地价值、建筑物价值和房地价值。

79. AC。选项 B，实际价格＝150×94％；选项 D，实际价格＝150／(1＋折现率)；选项 E，实际价格＝40＋55／(1＋折现率)$^{0.5}$＋55／(1＋折现率)。

80. ACE。选项 B，在某种房地产的价格水平不变的情况下，当其开发建设成本上升，如土地、建筑材料、设备、人工等价格或费用上涨时，房地产开发利润率会下降，从而会使该种房地产的供给减少。选项 D，预期未来房地产价格上涨，则房地产开发企业会增加房地产开发量，从而会使未来的房地产供给增加，同时房地产开发企业和房地产拥有者会把现有的房地产留着不卖、"捂盘惜售"，从而会减少房地产的现时供给。选项 E，属于影响房地产需求量的因素。

81. BCD。出租人权益价值也称为有租约限制价值、带租约的价值，是出租人对自己的已出租房地产依法享有的权益的价值，即已出租部分在剩余租赁期限内按合同租金确定租金收入、未出租部分和已出租部分在租赁期限届满后按市场租金确定租金收入所评估的价值。承租人权益价值即租赁权价格或价值，是承租人按照租赁合同约定对他人的房地产享有相关权益的价值，具体是以剩余租赁期限内合同租金与市场租金差额的现值之和为基础所评估的价值。

82. BCD。使用面积的购买单价＝15000 元/m²×120 m²÷(120－20)m²＝18000(元/m²)；建筑面积的购买单价＝1.5×120/(120＋30)＝1.2(万元/m²)；因为余款向银行申请贷款，名义价格是 180 万元，实际价格也是 180 万元；一般情况下，现房价格高于同项目的期房价格。

83. AC。法定优先受偿款是假定实现抵押权时，已存在的依法优先于本次抵押贷款受偿的款额，包括已抵押担保的债权数额、拖欠建设工程价款、其他法定优先受偿款，但不包括实现债权的相关费用和税金，如律师费、诉讼费、执行费、评估费、拍卖费和交易税费等。

84. CDE。价格水平较高，会导致需求降低，故选项 A 错误；消费者收入增加不一定会增加对商品住宅的需求，要具体看是哪一类收入人群，故选项 B 错误。

85. CDE。有的估价目的和价值价格评估，除了应遵循市场价值评估应遵循的所有估价原则，还应遵循其他估价原则。例如，①抵押价值和抵押净值评估，还应遵循谨慎原则；②同一房屋征收范围内有多个被征收人或多宗房屋的征收评估，还应遵循一致性原则；③用于财务报告的估价，一般还应遵循一贯性原则。

86. ABD。土地主要有土地面积、形状、地形、地势、地质、土壤、开发程度等影响房地产价格的土地实物因素。

87. AB。权益状况调整的内容一般不包括权利性质和用途，主要包括土地使用期限、共有等产权关系复杂状况，居住权、地役权、抵押权等其他物权设立状况，出租或占用状况，容积率等使用管制状况，以及额外利益、债权债务、物业管理等其他房地产权益状况。

88. ABCD。收益法适用于收益性房地产估价，包括写字楼、商店、酒店、餐馆、租赁住房、游乐场、影剧院、停车场（库）、汽车加油站、非专业性厂房（用于出租的）、仓库（用于出租的）、农用地等。收益法一般不适用于行政办公楼、学校、公园等公用、公益性房地产的估价。

89. ABCD。首先判断合理经营期限，$A-(n-1)b=0$，$170-8(n-1)=0$，$n=22.25$。再计算房地产价值 $V=(170/8\%-8/8\%^2)[1-1/(1+8\%)^{22.25}]+8/8\%\times22.25/(1+8\%)^{22.25}=1118.59$(万元)。

90. BE。选项 A，如果仅评估其中一套住宅的价值，"房地合估"的成本法通常在经济上不可行，因此往往是采用比较法、收益法估价。选项 C，建筑物重新构建成本不只是建筑安装工程费，建筑安装工程费对应的是"房地合估"中的建设成本的一部分。选项 D，"房地合估"是旧的房地重新构建成本为重新开发建设与旧的房地相似的全新状况的房地产的必要支出及应得利润。

91. BCD。选项 A，属于价值时点为现在、估价对象状况为现在状况的估价；选项 E，属于价值时点为现在、估价对象状况为过去状况的估价。

92. BDE。选项 A 错误，最佳利用必须同时满足以下 4 个条件：①法律上允许；

②技术上可能；③财务上可行；④价值最大化；选项 C 错误，根据最高最佳利用原则，估价中可以采用两种估价前提的组合，以改变用途与更新改造的组合为前提。

93. ABCD。运用比较法估价需要消除可比实例与估价对象在以下 4 个方面的差异造成的可比实例成交价格与估价对象价值价格差异：①成交价格与比较价值的内涵和形式不同，简称价格基础差异。②特殊交易情况与正常交易情况不同，简称交易情况差异。③成交日期与价值时点不同，实质上是这两个时间的房地产市场状况或行情不同，简称市场状况差异。④可比实例与估价对象的自身状况不同，可称之为资产状况差异。

94. BCDE。由于影响租赁价格与买卖价格的权益因素有所不同，在评估租赁价格时，权益状况调整的内容与上述内容有所不同。例如，一般不包括土地使用期限，因其对租赁价格影响不大；而应包括租赁期限长短，维修费用是由出租人还是承租人负担，承租人可否对租赁物进行改善或增设他物（如重新装修改造）、可否转租，在租赁期限内因占有、使用租赁物获得的收益是否归承租人所有等租赁权益因素。

95. ABCE。建立比较基础一般包括：①统一财产范围；②统一付款方式；③统一融资条件；④统一税费负担；⑤统一计价单位。

96. ABDE。选项 C 错误，在累加法中，报酬率＝安全利率＋投资风险补偿率＋管理负担补偿率＋缺乏流动性补偿率－投资带来的优惠率。

97. ADE。报酬率大于资本化率，选项 A 正确。资本化率＝房地产年净收益/房地产价值＝(6－1.2)/300＝1.6％，选项 D 正确。将报酬率为 10％代入报酬资本化法公式，得到：$(6-1.2)/10\% \times [1-1/(1+10\%)^5] + 151.28\% \times 300/(1+10\%)^5 = 300$ 万元，选项 E 正确。

98. ABC。土地的重新购建成本是价值时点状况的土地的重新购建成本，而不是法定最高出让年限下的价格，故选项 D 错误；按照建筑物重新建造方式的不同，建筑物重新购建成本分为重置成本和重建成本，它们也可以说是两种重新购建成本基准，分别称为重置成本基准和重建成本基准，故选项 E 错误。

99. ABCE。预期完成的价值通常采用比较法、收益法求取，故选项 D 错误。

100. ACD。估价当事人是与房地产估价活动有直接关系的组织或个人，包括房地产估价机构、注册房地产估价师和估价委托人，故选项 B 错误；价值时点应根据估价目的来确定，故选项 E 错误。

三、综合分析题

1. B	2. A	3. B	4. ABC	5. B
6. D	7. D	8. D	9. B	10. ABC
11. C	12. ABD	13. C	14. C	15. AB
16. C	17. C	18. A	19. A	20. A

【解析】

1. B。该宾馆非自营部分房地产价格的求取参照当地同档次房地产的价格信息，故应用替代原理。

2. A。一层餐厅和咖啡厅价格＝15000×1500＝2250(万元)

3. B。非该宾馆使用办公室价格＝200×8000＝160(万元)

4. ABC。宾馆客房年总收益＝200×190×365×(1－30％)＝970.9(万元)
宾馆会议室年总收益＝500×20×2×12＝24(万元)
宾馆年总费用＝970.9×40％＝388.36(万元)
宾馆正常经营的商业利润＝970.9×15％＝145.635(万元)

5. B。宾馆自营部分年净收益＝970.9＋24－388.36－145.635＝460.905(万元)
该宾馆自营部分收益价值：$V=\frac{A}{Y}\left[1-\frac{1}{(1+Y)^n}\right]=\frac{460.905}{12\%}\left[1-\frac{1}{(1+12\%)^{40-3}}\right]=$ 3782.88(万元)

6. D。《民法典》认定建筑工程的承包人的优先受偿权优于抵押权和其他债权。消费者交付购买商品房的全部或者大部分款项后，承包人就该商品房享有的工程价款优先受偿权不得对抗买受人。建筑工程价款包括承包人为建设工程应当支付的工作人员报酬、材料款等实际支出的费用，不包括承包人因发包人违约所造成的损失。建设工程承包人行使优先权的期限为六个月，自建设工程竣工之日或者建设工程合同约定的竣工之日起计算。

7. D。成本法：房地产价格＝土地成本＋建设成本＋管理费用＋销售费用＋投资利息＋销售税费＋开发利润；开发利润则是典型的房地产开发企业进行特定的房地产开发所期望获得的利润（平均利润）。假设开发法：房地产开发价值＝开发完成的价值－后续开发的必要支出及应得利润，后续开发利润是将估价对象开发建设或重新开发建设成某种状况的房地产应当获得的利润，即把估价对象"变成"未来完成的房地产应当获得的正常利润，通常为同一市场上类似房地产开发项目在正常情况下所能获得的开发利润。

8. D。2300×5000×(1＋3％)＝1184.5(万元)。

9. B。[6650×(1＋1％)^{12}×15000]÷(1＋10％)＝10218.3(万元)。

10. ABC。从理论上讲，动态分析法的测算结果较精确，测算过程相对复杂；静态分析法的测算过程相对简单，测算结果较粗略。

11. C。选项A、B一层建筑面积超标；不超容积率的前提下，建筑面积越大、利润越高，选项C是正确的。

12. ABD。评估机构勘验现场，应当制作现场勘验笔录，勘验现场人员、当事人或见证人应当在勘验笔录上签字或盖章确认。张某是当事人，但是拒绝出现在现场，肯定无法签字，赵某就是现场查勘人员，在当事人不在场的情况下，需要无利害关系的见证人签字。

13. C。对未进行实地查勘的估价对象内部状况作出合理假定，作为估价假设中的依据不足假设在估价报告中说明。

14. C。可以采用成本法估价：①新近开发建设完成的房地产；②可假设重新开发建设的既有房地产；③正在开发建设或停建、缓建而尚未建成的在建房地产；④计划开发建设或正在开发建设而尚未产生的未来房地产。

15. AB。选项C不可用成本法，选项D不是土地，不可用基准地价修正法。

16. C。土地使用权出让年限为40年，5年前获得，故剩余年限为35年。

17. C。房地产净收益＝2000×70％×120×12×(1－10％)×(1－18％)－100000×12＝136.78(万元)
此处不能扣除租赁税费，根据教材第318页表8-1注解⑤，租赁税费包括增值税、城市维护建设税、教育费附加、所得税等。

18. A。土地净收益 $A_土$

根据，$V = \dfrac{A}{Y}\left[1 - \dfrac{1}{(1+Y)^n}\right]$，$10000 \times \dfrac{2000}{4} = \dfrac{A_土}{6\%}\left[1 - \dfrac{1}{(1+6\%)^{35}}\right]$，

$A_土 = 34.49$（万元）

建筑物净收益 $A_建$

$A_建 = A - A_土 = 61.44 - 34.49 = 26.95$（万元）

19. A。求取建筑物剩余 35 年的市场价值 $V_建$

$V_建 = \dfrac{A_建}{Y_建}\left[1 - \dfrac{1}{(1+Y_建)^n}\right] = \dfrac{26.95}{8\%}\left[1 - \dfrac{1}{(1+8\%)^{35}}\right] = 314.09$（万元）

20. A。$V = A_建 + A_土 = 10000 \times (2000 \div 4) \div 10000 + 314.09 = 814.09$（万元）

《房地产估价原理与方法》考前小灶卷（二）

一、单项选择题（共60题，每题0.5分。每题的备选答案中只有1个最符合题意，请在答题卡上涂黑其相应的编号）

1. 下列房地产估价活动中，属于咨询性估价的是（   ）。
   A. 被征收房屋价值评估   B. 房地产抵押
   C. 房地产司法拍卖估价   D. 土地竞买最高出价评估

2. 房地产估价活动中依据的法则或标准称为（   ）。
   A. 估价目的   B. 估价原则
   C. 技术路线   D. 估价依据

3. 下列与建筑或建筑施工相关的财产中，不属于其他相关定着物的是（   ）。
   A. 埋设在地下的管线   B. 建造在地上的院墙
   C. 房屋内的水暖设备   D. 临时搭建的施工棚

4. 下列估价类型中，应将已被查封的房地产视为未被查封的房地产进行估价的是（   ）。
   A. 房地产抵押估价   B. 房屋征收评估
   C. 房地产转让估价   D. 房地产投资信托基金估价

5. 关于房地产不可移动性的说法，错误的是（   ）。
   A. 房地产不可移动性决定了房地产市场是一个地区性市场
   B. 房地产不可移动性意味着房地产的社会经济地位也固定不变
   C. 房地产不可移动性决定了任何一宗房地产只能就地开发、利用
   D. 房屋平移技术不能完全改变房地产不可移动这一特性

6. 关于估价对象状况描述的说法，正确的是（   ）。
   A. 对估价对象范围的描述就是说明其四至
   B. 对建筑物外观的描述应说明其周围环境和景观
   C. 对土地实物状况的描述应说明建筑物朝向和楼层
   D. 对土地开发程度的描述应说明是生地、毛地还是净地、熟地，以及到达地块红线的基础设施完备程度和地块内的场地平整程度

7. 某房地产开发企业欲取得一宗以挂牌方式出让的建设用地使用权，委托房地产估价机构评估其可承受的最高价。该估价采用的价值类型是（   ）。
   A. 市场价值   B. 投资价值
   C. 谨慎价值   D. 在用价值

8. 影响某套住宅价格的实物因素不包括（   ）。
   A. 装修   B. 户型
   C. 层高   D. 容积率

9. 在为房地产投保火灾险服务的估价中,理论上评估的应是( )。
   A. 建筑物重置成本和土地使用权重新取得成本
   B. 建筑物重置成本和重建期间的经济损失
   C. 建筑物安装工程造价和重建期间的损失
   D. 建筑物重建成本、土地使用权重新取得成本和重建期间的经济损失

10. 房地产估价中,依法判定房屋租赁权的依据是( )。
    A. 房屋所有权证明   B. 土地使用权证明
    C. 房屋租赁合同   D. 实地查勘记录

11. 关于替代原理的说法,错误的是( )。
    A. 比较法是以替代原理为基础的
    B. 收益法中的客观收益是遵循替代原理求取的
    C. 成本法中的客观成本是遵循替代原理求取的
    D. 假设开发法中应得利润的求取不需要遵循替代原理

12. 下列建立比较基础的做法中,不属于统一财产范围的是( )。
    A. 扣除可比实例成交价中包含的小汽车的价值
    B. 增加可比实例成交价中已扣减的欠缴水电费
    C. 扣除可比实例成交价中包含的停车位的价值
    D. 将可比实例的卖方实得额调整成正常税费负担下的价格

13. 某宗房地产交易,合同约定成交价格为8000元/m²,买卖中涉及的税费均由买方负担。已知房地产买卖中卖方和买方缴纳的税费分别为交易税费正常负担下的成交价格的7%和5%,则该房地产在交易税费正常负担下的价格为( )元/m²。
    A. 7476.64   B. 7619.05
    C. 8421.05   D. 8602.15

14. 某宗房地产2019年10月1日,市场价格为7000元/m²,该类房地产的市场价格2019年3月1日至2020年2月1日平均每月比上月上涨1.5%,2020年2月1日至7月1日平均每月比上月下降1%,则该房产2020年7月1日的市场价格为( )元/m²。
    A. 7065.42   B. 7171.40
    C. 7243.84   D. 7808.53

15. 比较法评估估价对象价值时,某个可比实例的价格为6300元/m²,经分析判断其房地产状况调整值为增加200元/m²,该可比实例的房地产状况调整系数为( )。
    A. $\dfrac{200}{6300+200}$ B. $\dfrac{200}{6300}$
    C. $\dfrac{6300}{6300+200}$ D. $\dfrac{6300+200}{6300}$

16. 张某将其拥有的房地产出租给李某,合同约定租期为5年,每年的净租金分别为5万元、5.2万元、5.7万元、5.8万元和6万元,租金年初支付。若张某要求期初一次性支付,报酬率8%,李某应支付的金额为( )万元。
    A. 21.95   B. 22.12
    C. 23.72   D. 27.70

17. 受周围商业环境的变化，预测某宗房地产未来的净收益将持续减少，若未来第一年的净收益为15万元，此后每年的净收益比上一年减少1.2万元，报酬率为8%，则该房地产合理的经营期限为（　　）年。

　　A. 12.5　　　　　　　　　　　B. 13.5
　　C. 14.5　　　　　　　　　　　D. 15.0

18. 某宗房地产未来3年的净收益分别为55万元、62万元和70万元，3年后的价格比现在的价格上涨12%。该类房地产的报酬率为8%，则该房地产当前的价格为（　　）万元。

　　A. 903.45　　　　　　　　　　B. 1118.85
　　C. 1439.58　　　　　　　　　 D. 1554.73

19. 某商铺上一年的净收益为20万元，未来第一年的净收益预测为22万元。资本化率为10%，报酬率为8%，则该商铺现在的收益价值为（　　）万元。

　　A. 200　　　　　　　　　　　　B. 220
　　C. 250　　　　　　　　　　　　D. 275

20. 运用假设开发法中的静态分析法评估在建工程价值时，下列支出及应得利润中，用房地产开发完成后的价值进行扣除时不应扣除的是（　　）。

　　A. 在建工程建设已支付的成本　　B. 在建工程续建成本
　　C. 合理的续建利润　　　　　　　D. 合理的销售费用

21. 某住宅房地产开发项目的土地成本为500万元，建设成本为2240万元，管理费用为150万元，销售费用为100万元，投资利息为120万元，销售税费为260万元，建成后销售总收入为4500万元，该项目点投资利润率为（　　）。

　　A. 25.11%　　　　　　　　　　 B. 36.33%
　　C. 37.79%　　　　　　　　　　 D. 41.24%

22. 因科学技术进步、人们消费观念改变而造成的折旧是（　　）。

　　A. 物质折旧　　　　　　　　　　B. 功能折旧
　　C. 外部折旧　　　　　　　　　　D. 自然折旧

23. 以抵押为目的的在建工程估价，采用假设开发法时一般以（　　）为前提进行估价。

　　A. 业主自愿转让开发　　　　　　B. 业主自行开发
　　C. 业主被迫转让开发　　　　　　D. 抵押权人开发

24. 某一办公楼项目正常建设1年后因资金问题停工，3年后人民法院拟强制拍卖该在建工程，预计办理有关变更手续时间为3个月，重新开工的施工准备期为3个月。经调查，类似开发项目正常建设期为2.5年，若用假设开发法对该在建工程进行估价，应考虑的后续建设期为（　　）年。

　　A. 1.5　　　　　　　　　　　　B. 2
　　C. 2.5　　　　　　　　　　　　D. 3

25. 下列估价方法中，主要用于房地产价值减损评估的是（　　）。

　　A. 长期趋势法　　　　　　　　　B. 价差法
　　C. 标准价调整法　　　　　　　　D. 路线价法

26. 标准价调整法中进行房地产分组时，把相似的房地产划分在同一组内。在分组考虑的因素中，应优先考虑的是( )。
    A. 房地产的用途   B. 房地产的类型
    C. 房地产的区位   D. 房地产的实物状况

27. 关于路线价法的说法，错误的是( )。
    A. 路线价法的理论依据是房地产价格形成的替代原理
    B. 运用路线价法的前提是街道较规整，临街土地排列较整齐
    C. 利用路线价法求取临街土地价值时可不进行交易情况修正和房地产状况调整
    D. 划分出的路线价区段一般位于街道两侧，呈带状分布

28. 某类房地产当前的价格为 8000 元/m²。经调查前两年的上涨额分别为 380 元/m²、420 元/m²。试运用平均增减量法预测未来第 3 年房地产价格的趋势值是( )元/m²。
    A. 9140   B. 9200
    C. 9220   D. 9260

29. 因估价委托人不是估价对象权利人且不能提供估价对象权属证明原件的情况下，注册房地产估价师虽然进行了尽职调查，但也难以取得权属证明文件，此时可以在估价报告中作出的相应假设是( )。
    A. 未定事项假设   B. 背离事实假设
    C. 不相一致假设   D. 依据不足假设

30. 某个租赁房地产的租金评估项目，如果不属于法定评估业务，该笔租赁合同期限为 20 年，则该租赁房地产的租金评估资料的保存期限至少为( )年。
    A. 15   B. 20
    C. 30   D. 35

31. 政府因救灾需要而征用某房屋，半年后返还，下列项目中，不应作为补偿项目的是( )。
    A. 征用期间导致房屋损毁的价值损失
    B. 征用造成的家具、物资等动产搬迁费用
    C. 征用期间租赁经营损失
    D. 征用期间市场上类似房地产的增值差价

32. 下列房地产估价机构的行为中，错误的是( )。
    A. 根据某银行的相关招标要求按照正常评估收费标准收取评估费
    B. 承接所在城市行政区外的房地产转让估价业务
    C. 聘请其他专业机构参与完成一项以房地产为主的整体资产评估业务
    D. 利用过去为房地产权利人提供估价服务中获得的所有信息资料，为欲购买该房地产的投资者提供最高出价评估服务

33. 土地利用时会受到土地用途、容积率、建筑高度等限制，这些限制条件在该宗土地的权益中属于( )。
    A. 拥有的房地产权利   B. 受其他房地产权利的限制情况
    C. 受房地产权利以外因素的限制 D. 额外的利益或好处

34. 下列对某宗房地产状况的描述中，属于房地产实物状况描述的是( )。

A. 建筑密度大小 B. 房型设计
C. 临路状况 D. 公共配套设施情况

35. 下列引起某套住宅价格上升的因素中,属于该住宅价格自然增值因素的是( )。
   A. 对住宅本身进行投资改良
   B. 由于人口增长对住宅的需求增加
   C. 因通货膨胀导致住宅价格上升
   D. 因人工成本上升导致住宅重置成本提高

36. 关于合同租金低于市场租金时的已出租房地产估价的说法,错误的是( )。
   A. 房地产转让估价应评估出租人权益价值
   B. 续贷抵押估价应评估出租人权益价值
   C. 房屋征收估价应评估完全产权价值
   D. 房地产司法拍卖评估应评估无租约限制价值

37. 某套住宅的套内建筑面积为 $145m^2$,使用面积为 $132m^2$,应分摊的共有公共建筑面积为 $23m^2$,按套内建筑面积计算的价格为 7500 元/m^2,则该套住宅按建筑面积计算的价格为( )元/m^2。
   A. 5893 B. 6387
   C. 6473 D. 7016

38. 下列影响房地产价格的因素中,不属于经济因素的是( )。
   A. 国内生产总值 B. 居民消费价格指数
   C. 汇率波动 D. 税收减免

39. 房屋征收中,用于产权调换房屋为期房的,为计算被征收房屋价值与用于产权调换房屋价值的差价而评估用于产权调换房屋的价值,其价值时点应为( )。
   A. 房屋征收决定公告之日 B. 原征收补偿协议达成之日
   C. 用于产权调换房屋支付之日 D. 委托估价之日

40. 通常情况下,下列土地中变现能力最强的是( )。
   A. 生地 B. 毛地
   C. "三通一平"的熟地 D. "七通一平"的熟地

41. 关于收益法中收益期确定的说法,正确的是( )。
   A. 在正常市场和运营条件下估价对象未来可获取收益的时间
   B. 在正常市场和运营条件下估价对象过去和未来可获取收益的时间
   C. 自估价对象竣工投入使用时起至未来不能收取收益时止的时间
   D. 自价值时点起至估价对象未来不能获取净收益时止的时间

42. 某宗已抵押的收益性房地产,年有效毛租金收入 500 万元,年房屋折旧费 30 万元,维修费、保险费、管理费等 50 万元,水电供暖费等 40 万元,营业税及房地产税等 65 万元,年抵押贷款还本付息额 70 万元,租赁合同约定,保证合法、安全、正常使用所需的一切费用均由出租人负担。该房地产的净收益为( )万元。
   A. 245 B. 275
   C. 315 D. 345

43. 某旧厂房的设计寿命为40年，重置成本为100万元，厂房内动产设备重新购置价格为40万元。厂房到达设计寿命拆除时，预计可收回钢筋、红砖折价10万元，旧动产设备折价10万元；拆除厂房花费7万元，动产设备搬运花费1万元，废弃建筑垃圾搬运花费1万元。该厂房的残值率为(　　)。

  A. 1.43%　　　　　　　　　　B. 2.00%
  C. 7.86%　　　　　　　　　　D. 11.00%

44. 估价对象为一旧厂房改造的超级市场，该厂房建设期为2年，建成5年后补办了土地使用权出让手续，土地使用期限为40年，土地出让合同约定不可续期且到期无偿收回地上建筑物。建筑物经济寿命为50年。假设残值率为0，采用直线法计算建筑物折旧时，年折旧率为(　　)。

  A. 2.00%　　　　　　　　　　B. 2.13%
  C. 2.22%　　　　　　　　　　D. 2.50%

45. 关于收益性房地产的建筑物经济寿命的说法，正确的是(　　)。
  A. 自建筑物竣工之日起至其不能保证安全使用之日止的时间
  B. 为建筑物有效年龄与其未来净收益大于零的持续时间之和
  C. 由建筑结构、工程质量、用途与维护状况等决定的时间
  D. 为建筑物剩余经济寿命与实际年龄之和

46. 运用假设开发法中的动态分析法评估在建工程的市场价值时，在延迟销售情况下，开发完成后的房地产价值对应的房地产市场状况应是(　　)时的房地产市场状况。
  A. 价值时点　　　　　　　　　B. 开发完成
  C. 未来延迟销售　　　　　　　D. 销售完成

47. 关于估价方法选用的说法，正确的是(　　)。
  A. 旧厂房因火灾造成的保险赔偿估价应选择成本法
  B. 估价范围内房屋已空置，征收估价时不能选用收益法
  C. 估价师对外地城市某一成套住宅估价，因可比实例调查困难，可不选用比较法
  D. 已封顶的在建工程估价只能选用假设开发法

48. 某公司2年前租赁某写字楼中的500m²用于办公，约定租期为20年，净租金为每天3元/m²，已知该写字楼为钢筋混凝土结构，于5年前建成，土地剩余使用年限为30年，目前市场上类似的写字楼租金为每天3.5元/m²，报酬率为6%，则该公司的租赁权价值为(　　)万元。

  A. 98.80　　　　　　　　　　　B. 592.81
  C. 691.61　　　　　　　　　　 D. 667.22

49. 下列引起某商业房地产价格上涨的因素中，不属于该商业房地产价格自然增值因素的是(　　)。
  A. 该商业房地产所在地区经济发展、人口增加
  B. 该商业房地产附近修建地铁、交通条件改善
  C. 该商业房地产所在区域规划为城市中央商务区
  D. 该商业房地产拥有者聘用了优秀的物业服务企业

50. 某写字楼持有期内年有效毛收入为400万元，运营费用率为30%，预计持有至5

年末出售时的总价为6000万元，销售税费率为6%，报酬率中无风险报酬率为6%，风险报酬率为无风险报酬率的25%，则该写字楼目前的收益价值为(　　)。

A. 5061.44　　　　　　　　　B. 5546.94
C. 5562.96　　　　　　　　　D. 6772.85

51. 某住宅建筑面积为160m²，土地剩余使用期限为60年，以建筑面积计算的土地重新构建价格和建筑重新构建价格分别为5000元/m²和3500元/m²。目前该房屋门窗、墙面地面等破损引起的折旧为5万元，户型设计落后引起的折旧为8万元，位于城市衰落地区引起的折旧为6万元，若土地报酬率为6%，则该住宅的成本价格为(　　)万元。

A. 115.91　　　　　　　　　B. 117.00
C. 134.91　　　　　　　　　D. 136.00

52. 下列选项中不属于土地估价中市场比较法的区域因素修正因子的有(　　)。
A. 商服繁华程度　　　　　　B. 产业集聚程度
C. 公共服务设施水平　　　　D. 宗地内基础设施水平

53. 对于国有建设用地使用权出让地价评估，比较实例的修正幅度不能超过(　　)。
A. 10%　　　　　　　　　　B. 20%
C. 30%　　　　　　　　　　D. 40%

54. 某待估宗地为住宅用地，容积率为3.5。选取的比较实例的容积率为2.0，楼面地价为2000元/m²。所在城市基于楼面地价的住宅用地容积率修正系数如下表。待估宗地的地面地价为(　　)。

某城市基于楼面地价的住宅用地容积率修正系数表

容积率	1.0	1.5	1.8	2.0	2.5	3.0	3.5	4.0
修正系数	1.20	1.05	1.00	0.97	0.92	0.88	0.85	0.80

A. 5821.26　　　　　　　　　B. 5988.35
C. 6035.16　　　　　　　　　D. 6134.02

55. 土地估价中的收益还原法，在求取土地纯收益时，用于测算收益水平的比较实例应不少于(　　)个。

A. 2　　　　　　　　　　　　B. 3
C. 4　　　　　　　　　　　　D. 5

56. 土地估价中的成本逼近法中，计算土地增值时，农用地的土地增值产生的原因主要是(　　)。
A. 农用地转为建设用地　　　B. 改变规划条件
C. 延长了土地使用期限　　　D. 增加了土地容积率

57. 某待估宗地所处土地级别的基准地价为楼面地价500元/m²，区域因素和个别因素修正系数之和为-0.13，估价期日、容积率、土地使用年期修正系数分别为1.06、1.51、0.97，土地开发程度与基准地价设定的相同。用基准地价修正法测算该宗地的楼面地价为(　　)。

A. 675.37　　　　　　　　　B. 683.27
C. 689.95　　　　　　　　　D. 699.03

58. 基准地价的现势性要求,待估宗地的估价期日距离基准地价的期日一般不得超过( )。
   A. 1年   B. 2年
   C. 3年   D. 4年

59. 在房地产估价中,长期趋势法运用的理论依据是( )。
   A. 过去形成的房地产价格变动趋势在未来仍然存在
   B. 市场上能找到充分的房地产历史价格资料
   C. 房地产市场在过去无明显的季节变动
   D. 政府关于房地产市场调控的有关政策不会影响房地产的历史价格

60. 当房地产价格的变动过程持续上升或者下降,并且各期上升或者下降的数额大致接近时,宜采用( )预测房地产的未来价格。
   A. 数学曲线拟合法   B. 平均增减量法
   C. 平均发展速度法   D. 移动平均法

二、多项选择题(共40题,每题1分。每题的备选项中,有2个或2个以上符合题意,全部选对的,得1分;错选或多选的,不得分;少选且选择正确的,所选的每个选项得0.5分)

61. 关于建筑物物质折旧的可修复费用的说法,正确的有( )。
   A. 采用最合理修复方案进行修复发生的必要费用
   B. 修复到新的或相当于新的状况的必要费用
   C. 大于修复后所能带来的房地产增加额的费用
   D. 小于或者等于修复后所能带来房地产增加额的费用
   E. 包括长寿命项目发生的修复费用,不包括短寿命项目发生的修复费用

62. 关于估价委托书的说法,正确的有( )。
   A. 估价机构接收估价委托时要求委托人出具估价委托书
   B. 估价委托书应由估价委托人自己撰写,估价师不得代其起草
   C. 委托估价事项属于重新估价的,可在估价委托书内注明
   D. 估价委托书可载明估价委托人对估价工作完成时间的要求
   E. 估价委托书无须写明价值时点和价值类型

63. 下列经济活动中,需要评估房地产抵押价值的是( )。
   A. 增加抵押贷款
   B. 抵押期间对抵押房地产进行动态监测
   C. 抵押贷款到期后需继续以该房地产抵押贷款
   D. 处置抵押房地产
   E. 租赁抵押房地产

64. 下列估价假设中,正确的有( )。
   A. 在评估划拨土地上建造的房地产的抵押价值时,假设土地使用权为出让土地使用权
   B. 当未发现建筑物的结构存在安全隐患时,假设建筑物结构不存在安全隐患
   C. 在评估城市中某已出租住宅的征收补偿价值时,假设估价对象不存在租赁权的

限制

D. 当估价对象的经营收益非常稳定时,假设估价对象未来净收益按一定比率递增

E. 当没有发现某人对估价对象有特别的偏好时,假设没有人特别偏好估价对象

65. 关于房地产估价的说法,正确的有(   )。

A. 房地产的价值在评估之前就已经客观存在

B. 估价师不能依据自己的偏好判断一宗房地产价值的高低

C. 估价委托人应对其提供的估价资料的真实性、合法性和完整性负责

D. 国家标准《房地产估价规范》GB/T 50291是对房地产估价的最基本要求

E. 对委托人提供的资料进行核查的责任主体是估价机构而不是估价师

66. 下列措施中,可能引起一个住宅小区房地产价格真正自然增值的有(   )。

A. 增加该小区的绿地率
B. 在该小区附近建个公园
C. 降低住宅贷款利率
D. 改进该小区的物业管理
E. 改善该小区周边的交通条件

67. 下列估价中,一般只需评估建筑物价值的有(   )。

A. 房屋火灾保险价值的评估
B. 建筑物折旧服务的估价
C. 房地产税收的估价
D. 房屋租赁价格的评估
E. 城市房屋征收补偿估价

68. 在评价位置时,衡量房地产区位更加科学、复杂的指标是经济距离,它主要是用(   )反映距离。

A. 交通时间
B. 空间直线长度
C. 交通线路长度
D. 交通费用
E. 道路状况

69. 下列影响因素中,对工业房地产的区位产生重要影响的因素主要包括(   )。

A. 临街状况
B. 动力是否易于取得
C. 废料处理便利度
D. 是否接近大自然
E. 产品原料的运输难易度

70. 在房屋征收评估中,估价机构正确的做法有(   )。

A. 要求房屋征收部门提供征收范围内房屋的情况

B. 根据合法原则,拒绝评估未经登记房屋的价值

C. 委托测绘机构认定房屋面积,并以此作为评估依据

D. 评估时设定的用途通常以房屋权属证书记载的用途为依据

E. 经充分分析,采用合理的估价方法求取的结果作为最终估价结果

71. 下列影响因素中,会导致房地产市场状况发生变化的因素有(   )。

A. 政府出台新的房地产政策
B. 宏观经济形势发生变化
C. 利率上升
D. 人们消费观念改变
E. 估价对象对外租赁

72. 现有甲、乙、丙三宗房地产,甲的收益期为50年,单价为5800元/m²;乙的收益期为40年,单价为5600元/m²;丙的收益期为30年,单价为5400元/m²。报酬率均为8%;在净收益每年不变的情况下,下列该三宗房地产在同一收益年限条件下的价格

$V_甲$、$V_乙$、$V_丙$ 的关系中，正确的有( )。

A. $V_甲 > V_乙$
B. $V_乙 > V_丙$
C. $V_甲 > V_丙$
D. $V_甲 < V_乙$
E. $V_甲 < V_丙$

73. 关于房地产收益期的说法，正确的有( )。

A. 当建筑物剩余经济寿命与土地使用权剩余期限同时结束时，可以土地使用权剩余期限作为收益期
B. 当建筑物剩余经济寿命早于土地使用权剩余期限结束时，房地产收益期等于建筑物剩余经济寿命
C. 当建筑物剩余经济寿命早于土地使用权剩余期限结束时，房地产收益期等于土地使用权剩余期限
D. 当建筑物剩余经济寿命晚于土地使用权剩余期限结束时，以土地使用权剩余期限作为房地产收益期
E. 当建筑物剩余经济寿命晚于土地使用权剩余期限结束时，以建筑物剩余经济寿命作为房地产收益期

74. 下列成本费用中，属于征收集体土地成本的有( )。

A. 土地补偿费
B. 耕地开垦费
C. 耕地占用税
D. 青苗补偿费
E. 规划及建筑设计费

75. 成本法在计算投资利息时，下列成本项目中应计算投资利息的有( )。

A. 销售费用
B. 土地成本
C. 管理费用
D. 开发利润
E. 销售税费

76. 某房地产开发企业在 2020 年 1 月 1 日取得一宗商业用地，土地出让年限为 40 年，到期后不再续期，取得土地后即开发，前期为 6 个月，建造期为 3 年，建设后一半出售，另一半出租，用于出售部分拟于建成前 6 个月开始预售，销售期为 1 年，另一半建成后开始出租，土地到期项目结束。下列选项中，说法正确的有( )。

A. 开发经营期自 2020 年 1 月 1 日起至 2059 年 12 月 31 日止
B. 建设期自 2020 年 1 月 1 日起至 2022 年 12 月 31 日止
C. 销售期自 2023 年 1 月 1 日起至 2023 年 12 月 31 日止
D. 运营期自 2023 年 1 月 1 日起至 2059 年 12 月 31 日止
E. 建造期自 2020 年 7 月 1 日起至 2023 年 6 月 30 日止

77. 下列房地产估价项目中，适合采用价差法进行评估的有( )。

A. 房屋日照受影响造成的价值减损额
B. 存量房交易税收估价
C. 因超出约定赶时间交房给买房人导致违约所造成的经济赔偿
D. 补地价评估
E. 推测、判断房地产的未来价值

78. 下列估价报告的重要组成部分中，属于附件应包括的内容有( )。

A. 估价委托书 B. 估价对象位置图
C. 估价方法适用性分析 D. 专业帮助情况和相关专业意见
E. 估价报告使用限制

79. 财务报告或会计中的相关成本和价值中，属于会计计量属性的是（　　）。
A. 历史成本 B. 重置成本
C. 现值 D. 公允价值
E. 账面价值

80. 下列房地产价格影响因素中，会引起房价上涨的因素有（　　）。
A. 周边土地出让出现"地王" B. 家庭规模小型化
C. 下调贷款利率 D. GDP增速放缓
E. 城镇化速度减慢

81. 下列估价项目中，价值时点和房地产状况通常分别为现在和未来的有（　　）。
A. 在建工程抵押估价 B. 期房预售价格评价
C. 预购商品房抵押估价 D. 用于产权调换的期房价格评估
E. 建筑物火灾毁损价值评估

82. 在成本法中，直接成本利润率的计算基数包括（　　）。
A. 土地成本 B. 建设成本
C. 管理费用 D. 销售费用
E. 投资利息

83. 下列房地产估价方法的运用中，符合谨慎原则要求的有（　　）。
A. 比较法估价时，不选取成交价格明显高于市场价格的交易实例为可比实例
B. 收益法估价时，不高估收入和运营费用
C. 成本法估价时，不高估土地取得成本、建设成本、税费、利润或折旧
D. 假设开发法估价时，不高估未来开发完成后的价值或低估后续开发的必要支出及应得利润
E. 长期趋势法预测房地产未来价格时，不高估市场价格增长水平

84. 关于假设开发中的动态分析法运用的说法，正确的有（　　）。
A. 各项收入，支出均为价值时点房地产市场状况下的值
B. 在抵押估价中一般采用"被迫转让提前"
C. 不需要单独计算投资利息
D. 不考虑预售和延迟销售的影响
E. 测算后续开发利润时，要求利润率与其计算基数相匹配

85. 关于路线价区段的说法，正确的有（　　）。
A. 路线价区段位于街道两侧，是带状的
B. 应将面积相近、形状相同、位置相邻的临街土地划为同一个路线价区段
C. 两个路线价区段的分界线，原则上是地价水平有明显差异的地点
D. 较长的繁华街道，可根据地价水平差异划分为两个以上的路线价区段
E. 同一街道两侧的地价水平有明显差异的，应以街道中心为分界线，将该街道两侧视为不同的路线价区段

86. 下列选项中属于土地估价中市场比较法的个别因素修正因子的有（   ）。
   A. 城镇规划
   B. 产业集聚程度
   C. 基础设施水平
   D. 宗地内基础设施水平
   E. 容积率

87. 农用地影响因素修正分为（   ）。
   A. 区域因素修正
   B. 自然因素修正
   C. 社会经济因素修正
   D. 使用年期修正
   E. 特殊因素修正

88. 建设用地的公示地价修正法包括（   ）。
   A. 系数修正法
   B. 基准地价修正法
   C. 基准地块法
   D. 路线价法
   E. 标定地价修正法

89. 搜集有关基准地价的资料时，基准地价内涵包括（   ）。
   A. 估价期日
   B. 开发程度
   C. 基准地价修正系数表
   D. 土地权利类型
   E. 基准地价公布日期

90. 在划分路线价区段时，应符合的条件包括（   ）。
   A. 形状相似
   B. 通达性相当
   C. 面积接近
   D. 位置相邻
   E. 地价水平相近

91. 假设开发法中，选择最佳的开发利用方式的前期工作对土地状况进行调查，主要包括（   ）。
   A. 弄清土地区位状况
   B. 弄清土地实物状况
   C. 弄清土地权益状况
   D. 弄清同期市场行情状况
   E. 弄清待开发房地产的历史成本状况

92. 假设开发法中预期完成的房地产价值可用（   ）求取。
   A. 比较法
   B. 收益法
   C. 成本法
   D. 长期趋势法
   E. 实物量法

93. 下列不宜采用批量估价或自动估价的是（   ）。
   A. 计税价值评估
   B. 房地产抵押贷款前评估
   C. 房地产押品价值重估
   D. 房屋征收补偿评估
   E. 存量房交易税收估价

94. 下列估价方法中属于批量估价的是（   ）。
   A. 基准地价修正法
   B. 标定地价修正法
   C. 标准价调整法
   D. 回归分析法
   E. 路线价法

95. 长期趋势法主要包括（   ）。
   A. 数学曲线拟合法
   B. 平均增减量法

C. 平均发展速度法 D. 年限法
E. 指数修匀法

96. 适合对房地产价值损失进行评估的方法有（　　）。
A. 修复成本法 B. 回归分析法
C. 价差法 D. 损失资本化法
E. 标准价调整法

97. 下列情况中，需要补交地价的有（　　）。
A. 改变土地用途 B. 提高容积率
C. 延长土地使用期限 D. 扩大土地使用面积
E. 转让以划拨方式取得建设用地使用权的房地产

98. 不同估价方法之间的关系是（　　）。
A. 相互替代 B. 相互印证
C. 相互补缺 D. 相互引用
E. 相互包含

99. 房地产估价程序的作用包括（　　）。
A. 规范估价行为 B. 降低估价成本
C. 保证估价质量 D. 提高估价效率
E. 防范估价风险

100. 在获取估价业务时，（　　）的估价机构和估价师不应承接该项业务。
A. 与估价需求者有利害关系
B. 与估价对象有利益关系
C. 超出了自己的业务范围
D. 受行政管理部门委托
E. 自己的专业知识和经验所限而难以评估出客观合理的价值

三、综合分析题（共4大题，20小题，每小题1.5分）

（一）

退休的刘先生2020年10月1日签署协议，承诺保姆李女士（当时60岁）对刘先生的住宅享有终身居住权，但未进行居住权登记。李女士目前身体健康正常，当地居民平均寿命为82岁。当地类似住宅的租金市场平均水平为1000元/（m²·月）。市场平均报酬率为6%。2022年10月1日，政府发布拆迁公告，该房屋处于拆迁范围以内。

1. 下列说法中错误的是（　　）。
A. 李女士可以将居住权留给自己的儿子继承
B. 李女士为改善生活，可以将居住权设置抵押贷款
C. 未办理居住权登记，不影响李女士行使居住权
D. 该房屋拆迁时，须对李女士居住权进行补偿

2. 某估价师评估该房屋的居住权价值时，（　　）。
A. 居住权的剩余年限宜取值20年
B. 居住权的剩余年限，需要参考当地人均预期寿命和李女士的身体健康状况综合确定

C. 居住权价值一般采用市场比较法求取
D. 居住权价值可以采用收益法求取

3. 拆迁时，李女士对于该房屋的居住权价值（假设李女士可以活到当地平均寿命期）为(　　)。
A. 86560　　　　　　　　　　B. 139580
C. 165580　　　　　　　　　 D. 240000

4. 在评估房屋拆迁补偿标准时应遵循的估价原则包括(　　)。
A. 独立客观公正原则　　　　 B. 价值时点原则
C. 一致性原则　　　　　　　 D. 谨慎原则

5. 确定该房屋的拆迁补偿标准时，不考虑已经设定的居住权价值，属于(　　)。
A. 不相一致假设　　　　　　 B. 背离事实假设
C. 历史存在假设　　　　　　 D. 依据不足假设

（二）

评估某写字楼在建工程的价值，其土地是 3 年前通过挂牌方式取得的 50 年建设用地使用权，预计该写字楼 2 年后建设出租的月毛租金为 50 元/m²，空置率为 10%，运营费用为毛租金的 40%，报酬率为 8%。请回答下列问题。

6. 评估该在建工程的价值，可采用的方法为(　　)。
A. 比较法　　　　　　　　　 B. 成本法
C. 收益法　　　　　　　　　 D. 假设开发法

7. 该写字楼建成后的年净收益为(　　)元/m²。
A. 300　　　　　　　　　　　B. 360
C. 540　　　　　　　　　　　D. 600

8. 该写字楼建成后的价值为(　　)元/m²。
A. 3000　　　　　　　　　　 B. 3633
C. 3750　　　　　　　　　　 D. 4500

9. 如按假设开发法计算时，该在建工程后续开发的必要支出包括(　　)。
A. 土地取得成本　　　　　　 B. 续建成本
C. 销售税费　　　　　　　　 D. 取得该在建工程的税费

10. 关于采用假设开发中的现金流量折现法求取在建工程价值的说法，正确的为(　　)。
A. 该写字楼建成后的价值直接扣除续建成本等之后即为该在建工程
B. 该写字楼建成后的价值经折现之后还需扣除投资利息现值才为该在建工程的价值
C. 该写字楼建成后的价值经折现之后还需扣除开发利润现值才为该在建工程的价值
D. 该写字楼建成后的价值经折现之后还需扣除续建成本现值才为该在建工程的价值

（三）

某办公楼的建筑面积 3000m²，建筑物重置成本为 4000 元/m²，已建成 10 年，预期经济寿命为 50 年。其中门窗等破损的修复成本为 10 万元；建筑设备的重置成本为 180 万元，已使用 10 年，平均寿命 15 年，装饰装修的重置成本为 800 元/m²，已使用 3 年，平均寿命为 5 年，维护保养正常，残值率均为 0。因没有电梯，该办公楼的租金 2 元/(m²·天)，平均空置率 15%，市场上有电梯的同类办公楼租金 2.2 元/(m²·天)，空置率 10%。现单独增加电梯的必要费用为 400 万元，而重置该办公楼随同增加电梯的必要费用仅需 200 万元。假设运营费用不变，报酬率为 8%。（一年按 365 天计）

请根据上述材料回答问题。

11. 下列属于物质折旧的是（　　）。
 A. 正常使用的磨损　　　　　B. 金属构件生锈
 C. 没有电梯　　　　　　　　D. 周边环境污染

12. 下列关于该办公楼的物质折旧的计算中，正确的是（　　）。
 A. 门窗等破损的修复成本 10 万元　　B. 建筑设备的折旧额 120 万元
 C. 装饰装修的折旧额 148 万元　　　D. 长寿命项目的折旧额 154 万元

13. 该建筑物的物质折旧额是（　　）万元。
 A. 428　　　　　　　　　　B. 154
 C. 144　　　　　　　　　　D. 120

14. 增加电梯所能带来的房地产价值增加额是（　　）万元。
 A. 365.61　　　　　　　　B. 325.36
 C. 258.02　　　　　　　　D. 269.36

15. 没有电梯的功能折旧额是（　　）万元。
 A. 365.61　　　　　　　　B. 200
 C. 165.61　　　　　　　　D. 565.61

（四）

李某拥有的位于某住宅小区一幢临街住宅楼一层的一套老旧住宅，已经办理产权登记。为解决该住宅小区商业配套不足的问题，规划部门同意该住宅楼一层改建为商铺（不可扩建，不可拆除重建，不可再做其他用途）。该住宅楼一层大部分业主已将住宅改为商铺。李某已申请改建，但尚未办理完变更手续。现因债务问题需转让该套住宅，委托房地产估价机构评估其市场价值。

16. 李某住宅评估时，宜采用（　　）。
 A. 现状用途　　　　　　　B. 规划许可用途
 C. 登记用途　　　　　　　D. 设定用途

17. 如果将住宅改造成商铺进行评估，适宜的估价方法包括（　　）。
 A. 市场比较法　　　　　　B. 收益法
 C. 成本法　　　　　　　　D. 假设开发法

18. 该评估适用的估价原则包括（　　）。
 A. 合法原则　　　　　　　B. 最高最佳利用原则
 C. 谨慎原则　　　　　　　D. 一贯性原则

19. 确定改建为商铺是否是最高最佳利用，应对估价前提作出（　　）判断和选择。
 A. 维持现状前提　　　　　B. 改变用途前提

C. 改变规模前提 D. 重新开发前提
20. 若李某用此房地产抵债，需要办理的登记类型是(　　)。
A. 转移登记 B. 抵押登记
C. 变更登记 D. 异议登记

《房地产估价原理与方法》考前小灶卷（二）
参考答案及解析

一、单项选择题

1. D	2. B	3. D	4. B	5. B
6. D	7. B	8. D	9. B	10. C
11. D	12. D	13. D	14. A	15. D
16. C	17. B	18. C	19. B	20. A
21. C	22. B	23. C	24. B	25. D
26. A	27. C	28. B	29. D	30. B
31. D	32. D	33. C	34. B	35. B
36. D	37. C	38. B	39. A	40. D
41. D	42. D	43. B	44. C	45. B
46. C	47. A	48. A	49. D	50. A
51. B	52. D	53. C	54. D	55. B
56. A	57. A	58. C	59. A	60. B

【解析】

1. D。咨询性估价一般是估价报告或估价结果仅供委托人自己使用，为其作出相关决策或判断提供参考依据的估价，如为委托人出售房地产确定要价、购买房地产确定出价服务的估价。鉴证性估价一般是估价报告或估价结果供委托人给第三方使用或说服第三方，起着价值价格证明作用的估价，如借款人委托的房地产抵押估价，用于上市公司关联交易的估价，为出国移民提供财产证明的估价。

2. B。从事房地产估价活动所依据的法则或标准就是房地产估价原则，简称估价原则。

3. D。其他相关定着物与土地或建筑物通常在物理上不可分离，有的虽然能够分离，但分离是不经济的，或者使土地、建筑物的价值明显受到损害，如会破坏土地、建筑物的功能或使用价值，使土地、建筑物的经济价值明显减损。建造在地上的围墙、道路、建筑小品、水池、假山，种植在地里的树木、花草，埋设在地下的管线、设施，安装在房屋内的水暖设备、洁具、厨房设备、吊灯，镶嵌在墙里的橱柜、书画或绘在墙上、顶棚上的书画等，一般属于其他相关定着物。而仅是放进土地或建筑物中，置于土地或建筑物的表面，或者与土地、建筑物毗连者，如摆放在房屋内的家具、家电、落地灯、装饰品，挂在墙上的书画，停放在车库里的汽车，摆放在院内的奇石、雕塑，在地上临时搭建的帐篷、戏台等，一般不属于其他相关定着物。

4. B。在房屋征收评估中，被征收房屋的实际状况虽然是已出租或已抵押、被查封的，但在估价中需要设定被征收房屋未出租或未抵押、未被查封。在房地产司法拍卖估价中，估价对象的实际状况虽然是被查封的房地产，但在估价中需要设定估价对象未被查封。

5. B。房地产的不可移动主要是其自然地理位置固定不变，而其社会经济位置在经过一段时间之后可能会发生变化，甚至发生较大改变。

6. D。选项A，估价对象的范围：说明估价对象的空间范围和财产范围。对于空间范围，通常是说明估价对象中的房地产特别是土地的界址或四至，如东至××，南至××，西至××，北至××。有的房地产还需要说明高度、深度等。对于估价对象的财产范围，是说明估价对象包括哪些类型的财产或资产。选项B，建筑外观：说明建筑造型、色彩、风格等，并附外观图片。选项C，建筑物朝向和楼层是房地产区位状况描述的内容。

7. B。政府以招标、拍卖、挂牌、协议等方式出让建设用地使用权，意向用地者可能委托房地产估价机构评估其可承受的最高价，为其确定投标报价、最高出价等提供参考依据。这就是一种投资价值评估。投资价值是对于某个或某类特定投资者而言的，是基于主观的、个人因素上的价值。同一房地产在同一时点，其市场价值是唯一的，而投资价值会因投资者的不同而不同。

8. D。容积率属于权益因素。

9. B。房屋投保火灾险时的保险价值，通常仅是有可能遭受火灾损毁的建筑物的重置成本或重建成本，即这种情况下的保险价值不应包含不可损毁的土地价值，而且不减去建筑物折旧。此外，一般要包括可能的连带损失，如修复期间的停产停业损失、租金损失等直接经济损失。

10. C。一般应以不动产登记簿、权属证书及有关合同（如租赁权应依据租赁合同）等为依据。

11. D。收益法中的客观收益，成本法中的客观成本，假设开发法中的后续开发的必要支出及应得利润等，也都是遵循替代原理来求取的。

12. D。统一财产范围首先应对可比实例与估价对象的财产范围进行对比，然后消除因财产范围不同而造成的价值价格差异。财产范围不同主要有以下4种情形：①房地产的实物范围不同。②含有房地产以外的资产。③带有债权债务的房地产。④带有其他权益或负担的房地产。选项D是交易情况修正。

13. D。根据公式，可得 $8000÷(1-7\%)=8602.15$ 元/m²。

14. A。对该可比实例的价格进行市场状况调整，是将该价格由2019年10月1日调整到2020年7月1日。将该期间分为两段：第一段为2019年10月1日至2020年2月1日4个月，第二段为2020年2月1日至2020年7月1日5个月，则 $7000×(1+1.5\%)^4×(1-1\%)^5=7065.42$

15. D。可比实例在自身状况下的价格×房地产状况调整系数＝可比实例在估价对象状况下的价格

房地产状况调整系数＝可比实例在估价对象状况下的价格/可比实例在自身状况下的价格＝(6300＋200)/6300

16. C。$5+\dfrac{5.2}{1+8\%}+\dfrac{5.7}{(1+8\%)^2}+\dfrac{5.8}{(1+8\%)^3}+\dfrac{6}{(1+8\%)^4}=5+4.8148+4.8868$

$+4.6042+4.4102=23.72$(万元)

17. B。$A-(n-1)b=0$
$15-(n-1)\times 1.2=0$
$n=13.5$(年)

18. C。$V=\dfrac{55}{1+8\%}+\dfrac{62}{(1+8\%)^2}+\dfrac{70}{(1+8\%)^3}+\dfrac{V(1+12\%)}{(1+8\%)^3}=50.9259+53.1550+55.5683+0.8891V$

$V=1439.58$ 万元。

19. B。根据直接资本化法公式，$V=NOI/R=22/10\%=220$ 万元。

20. A。在建工程建设已支付的成本在之前已经发生，此处应扣除的是续建产生的费用及合理利润。

21. C。开发利润=4500－500－2240－150－100－120－260=1130 万元，投资利润率=开发利润/（土地成本＋建设成本＋管理费用＋销售费用）=1130/(500＋2240＋150＋100)=37.79%。

22. B。功能折旧也称为无形损耗，是因建筑物功能不足或过剩造成的建筑物价值减损。导致建筑物功能不足或过剩的原因可能是科学技术进步，人们的消费观念改变，过去的建筑标准过低，建筑设计上的缺陷等。

23. C。房地产抵押估价和房地产司法拍卖估价，一般应采用"被迫转让前提"。

24. B。办理变更手续和施工准备期的时间共 6 个月，应计入后续建设期，故后续建设期=2.5－1＋0.5=2（年）。

25. B。价差法主要用于评估不可修复的房地产价值损失额，除了可评估因房地产状况改变而造成的房地产价值价格差异之外，还可评估因房地产市场状况不同而造成的房地产价值价格差异，此外，价差法还可用于评估房地产价值增加额，其中一种主要情形是评估需补缴地价款。

26. A。房地产分组一般有分类和分区，根据具体情况，有的宜先分类、后分区，有的宜先分区、后分类。如果批量估价对象包含着不同用途的房地产，因影响不同用途房地产价值价格的区位因素有较大差异，一般是先按用途分大类，然后进行分区；而如果批量估价对象是相同用途或同类的房地产，比如都是居住用房地产，一般是先分区、后分类。

27. C。选项 C，利用路线价求取临街土地价值或价格时不进行"交易情况修正"和"市场状况调整"，仅进行"资产状况调整"。

28. B。该类房地产价格逐年上涨额的平均数计算如下：
$d=(380+420)/2=400$(元 /m²)

未来第 3 年的价格为：$V_i=P_0+d\times i=8000+400\times 3=9200$(元 /m²)

29. D。依据不足假设：说明在确因客观原因致使估价师无法了解估价所必需的估价对象状况的情况下，对估价所依据的估价对象状况所做的合理的、最可能的假定，包括说明在估价委托人无法提供估价所必需的反映估价对象状况的资料及估价师进行了尽职调查仍然难以取得该资料的情况下，缺少该资料及对相应的估价对象状况的合理假定。估价时一般应查阅估价对象的权属证明原件，但在委托人不是估价对象产权人且不能提供估价对象权属证明原件的情况下，估价师虽然进行了尽职调查，但未能查阅估价对象权属证明原件，此种情况下对未能查阅估价对象权属证明原件的说明，以及对估价对象权属状况的合理假定。

30. B。估价资料的保存期限不少于15年；属于法定评估业务的，保存期限不少于30年；估价资料保存已超过15年或30年而估价服务的行为尚未结束的，应保存到估价服务的行为结束。例如，某个住房抵押贷款估价项目，如果不属于法定评估业务，该笔住房抵押贷款期限为20年，则为该笔住房抵押贷款服务的估价资料应保存20年以上。

31. D。在房地产征用中，如果是非消耗品，使用结束后，原物仍存在的，应返还原物，并对其价值减少的部分给予补偿，如房地产被征用或征用后毁损的，补偿金额应包括被征用房地产毁损前后价值差额的补偿；如果是消耗品，以及房地产被征用或征用后灭失的，补偿金额应包括被征用财产全部价值的补偿。此外，给予的补偿还应包括因征用造成的搬迁、临时安置、停产停业损失等的补偿。

32. D。房地产估价师和房地产估价机构应对估价活动中知悉的国家秘密、商业秘密和个人隐私予以保密；应妥善报告估价委托人提供的资料，未经评估委托人同意，不得擅自将其提供给其他个人和单位。

33. C。房地产权利受房地产权利以外因素的限制情况，例如，房地产使用管制（如对土地用途、容积率、建筑密度、绿地率、建筑高度等的限制）、相邻关系、被人民法院查封、异议登记等而使房地产使用或处分受到限制。

34. B。选项A属于房地产权益状况的内容；选项CD属于房地产区位状况的内容。

35. B。导致房地产价格上涨的原因中，房地产拥有者对房地产进行投资改良导致的房地产价格上涨，不是房地产自然增值；通货膨胀导致的房地产价格上涨，属于房地产保值。

36. D。对于已出租的房地产，估价目的不同，在完全产权价值、无租约限制价值、出租人权益价值和承租人权益价值中，要求评估的也可能不同。例如，被征收房屋价值评估，应评估无租约限制价值或完全产权价值。房地产转让、抵押估价，应评估出租人权益价值。房地产司法拍卖估价，人民法院书面说明依法将拍卖房地产上原有的租赁权除去后进行拍卖的，应评估无租约限制价值；未书面说明依法将拍卖房地产上原有的租赁权除去后进行拍卖的，一般评估出租人权益价值，或者同时评估出租人权益价值和无租约限制价值，并作相应说明，供人民法院选用。

37. C。建筑面积下的单价＝套内建筑面积下的单价×套内建筑面积/建筑面积，建筑面积＝套内建筑面积＋公摊面积建筑面积＝145＋23＝168m²，建筑面积下的单价＝7500×145/168＝6473元/m²。

38. D。影响房地产价格的经济因素包括经济发展、居民收入、物价变动、利率升降、汇率变化。选项D属于影响房地产价格的制度政策因素中的税收制度政策。

39. A。房屋征收补偿方式为房屋产权调换且用于产权调换房屋为期房的，为计算被征收房屋价值与用于产权调换房屋价值的差价而评估用于产权调换房屋的价值，也属于这种情形。在评估用于产权调换房屋的价值时，应特别注意以下两点：①价值时点应与评估被征收房屋价值的价值时点一致，即征收决定公告之日。②估价对象状况，如期房的区位、用途、建筑面积、建筑结构等，以房屋征收部门向房地产估价机构出具书面意见说明的用于产权调换房屋状况为依据。

40. D。通常情况下，开发程度越高的土地越容易变现。

41. D。收益期或持有期是自价值时点起至估价对象未来不能获取净收益或转售时止的时间。

42. D。运营费用是从估价角度出发的，与会计上的成本费用有所不同，通常不包含房地产抵押贷款还本付息额、房地产折旧额、房地产改扩建费用和所得税。净收益＝有效毛收入－运营费用＝500－50－40－65＝345（万元）。

43. B。建筑物净残值率，简称残值率，是建筑物的净残值与其重新构建成本的比率。残值率＝(10－7－1)/100×100％＝2.00％。

44. C。土地使用期限 40 年，建筑物建成 5 年后不办理土地使用权出让手续，土地到期后不可续期且建筑物被无偿收回，则年折旧率＝(1－残值率)/建筑物经济寿命＝1/45×100％＝2.22％。

45. B。建筑物剩余经济寿命是自价值时点起至建筑物经济寿命结束时止的时间。建筑物经济寿命是建筑物对房地产价值有贡献的时间，即建筑物自竣工时起至其对房地产价值不再有贡献时止的时间。建筑物实际年龄是建筑物自竣工时起至价值时点止的年数，类似于人的实际年龄。

46. C。当房地产市场不够好而需要延迟销售的，则是预测它在延迟销售之时的房地产市场状况下的价值，开发完成后的价值对应的时间是未来延迟销售之时。

47. A。在房地产保险（包括投保和理赔）和房地产损害赔偿中，往往也是采用成本法估价。

48. A。年租金节约额＝(3.5－3)×365×500＝91250（元）。

剩余租赁期 18 年，报酬率 6％；

$$租赁权价值 = \frac{91250}{6\%} \times \left(1 - \frac{1}{(1+6\%)^{18}}\right) = 98.80(万元)$$

49. D。外部经济、需求增加导致稀缺性增加、房地产使用管制改变所引起的房地产价格上涨，是真正的房地产自然增值。

50. A。报酬率 $Y=6\%+6\%\times 25\%=7.5\%$，$V=400\times(1-30\%)/7.5\%[1-1/(1+7.5\%)^5]+6000(1-6\%)/(1+7.5\%)^5=5061.438$（万元）。

51. B。房地产价值＝土地重新购建价格＋建筑物重新购建价格－折旧＝5000×160＋3500×160－50000－80000－60000＝1170000（元）

52. D。选项 D，属于个别因素修正因子。

53. C。(实例修正后的比准价格－实例价格)/实例价格≤30％。

54. D。

$$P = 比较实例楼面地价 \times \frac{待估宗地容积率修正系数}{比较实例容积率修正系数} \times 待估宗地容积率$$

$$= 2000 \times \frac{0.85}{0.97} \times 3.5$$

$$= 6134.02(元/m^2)$$

55. B。在求取土地纯收益方面，用于测算收益水平的比较实例应不少于 3 个。

56. A。由农用地转为建设用地的，土地增值是指农用地转为建设用地并进行土地开发，达到建设用地条件而产生的价值增加。

57. A。$P = P_{1b} \times (1 \pm \Sigma K_i) \times K_j + D = 500 \times (1-0.13) \times 1.06 \times 1.51 \times 0.97 + 0 = 675.37(元/m^2)$

58. C。基准地价的现势性要求，待估宗地的估价期日距离基准地价的期日一般不得超过3年。

59. A。长期趋势法的理论依据是事物的过去和未来是有联系的，事物的现实是其历史发展的结果，而事物的未来又是其现实的延伸。

60. B。运用平均增减量法进行预测的条件是，房地产价值或价格的变动过程是持续上升或持续下降的，并且各期上升或下降的数额大致相同，否则就不宜采用这种方法。

二、多项选择题

61. ABD	62. ACDE	63. ABC	64. BC	65. ABCD
66. BE	67. AB	68. AD	69. BCE	70. AD
71. ABCD	72. AE	73. AD	74. ABCD	75. ABC
76. ACE	77. ACD	78. BD	79. ABCD	80. ABC
81. BCD	82. AB	83. AD	84. BC	85. ACDE
86. DE	87. BCE	88. BDE	89. ABD	90. BDE
91. ABC	92. ABD	93. BD	94. CDE	95. ABCE
96. ACD	97. ABCE	98. BCD	99. ACDE	100. ABCE

【解析】

61. ABD。预计修复成本小于或等于修复所能带来的房地产价值增加额，即，修复成本≤修复后的房地产价值－修复前的房地产价值，是可修复的；反之，是不可修复的，即预计修复成本大于修复所能带来的房地产价值增加额。修复成本是采用合理的修复方案恢复到新的或相当于新的状况的必要支出及应得利润。

62. ACDE。选项A正确，估价机构在接受估价委托时要求委托人出具估价委托书；选项B错误，估价机构认为该业务不属于不应承接的情形并愿意承接的，则可为估价需求者起草好估价委托书，准备好估价委托合同，经与估价需求者协商议定好后，由估价需求者出具估价委托书，与估价机构签订估价委托合同。选项C正确，委托估价事项属于重新估价的，应在估价委托书中注明。选项D正确，可载明委托人的估价要求，如估价质量要求、估价工作完成时间等，委托日期等内容。选项E正确，估价委托书和估价委托合同一般无须写明具体的通过正式开展专业估价工作后才能准确表述或界定的估价目的、估价对象、价值时点和价值类型，特别是无须写明价值时点和价值类型，这些属于受理估价委托之后确定估价基本事项阶段的估价工作内容，尤其是那些复杂、疑难、特殊、新兴的估价项目。

63. ABC。选项D，处置抵押房地产需要评估房地产市场价值，而不是抵押价值。房地产抵押对房地产估价的需要，归纳起来主要有：①初次抵押估价，即对没有抵押的房地产抵押贷款的，对该房地产的价值进行评估；②再次抵押估价，即对已抵押的房地产再次抵押贷款的，对该房地产的价值进行评估；③抵押房地产处置估价，即债务人不履行到期债务或发生当事人约定的实现抵押权的情形，需要将抵押房地产折价或拍卖、变卖的，为折价或拍卖、变卖提供相关价值参考依据，对该房地产的市场价值等进行评估；④续贷抵押估价，即抵押贷款到期后继续以该房地产向同一抵押权人抵押贷款的，对该房地产的价值进行评估；⑤抵押期间估价，即根据监测抵押房地产市场价格变化、掌握抵押价值变化情况及相关信息披露的需要，定期或在房地产市场价格变化较快时，对抵押房地产的市场价格或市场价值、抵押价值等价格或价值进行检测和评估。

64. BC。选项 A 错误，划拨国有建设用地使用权不能当作出让国有建设用地使用权来估价，选项的说法违背了合法原则。选项 D 错误，当估价对象的经营收益非常稳定时，假设估价对象未来净收益不变。选项 E 错误，某人没有偏好，不能证明所有人没有偏好。

65. ABCD。根据《资产评估法》，委托人都应向估价机构和估价师提供估价所需的估价对象权属证明、财务会计信息和其他资料，并对其提供的资料的真实性、完整性和合法性负责，故选项 C 正确。国家标准《房地产估价规范》GB/T 50291、《房地产估价基本术语标准》GB/T 50899 是效力最高的估价标准，其要求是估价的底线。为了使委托人提供的资料可靠，估价机构和估价师应要求委托人如实提供其知悉的估价所需资料，并保证其提供的资料是真实、完整、合法及准确的，没有隐瞒或虚报的情况；估价师还应对委托人提供的资料进行核查验证，故选项 E 错误。

66. BE。房地产拥有者对房地产进行投资改良导致的房地产价格上涨，不是房地产自然增值；通货膨胀导致的房地产价格上涨，不是真正的房地产增值，而是房地产保值；外部经济、需求增加、房地产使用管制改变导致的房地产价格上涨，是真正的房地产自然增值。

67. AB。在房地产投保火灾险时评估其保险价值，灾害发生后评估其损失，在会计上计算建筑物折旧服务的估价等，通常只单独评估建筑物的价值。

68. AD。经济距离是把交通时间、交通费用统一用货币来衡量，以反映距离，是一种更加科学但较为复杂的距离。

69. BCE。工业房地产的区位优劣，通常需要视产业的性质而定，一般地说，凡是有利于原料和产品的运输，便于动力取得和废料处理的区位，价格必有趋高的倾向。

70. AD。根据《国有土地上房屋征收与补偿条例》等规定，估价机构应要求房屋征收部门提供征收范围内房屋的情况，包括已经登记的房屋情况和未经登记建筑的认定、处理结果情况。对于已经登记的房屋，其性质、用途和面积，一般以房屋权属证书和房屋登记簿的记载为准；房屋权属证书与房屋登记簿的记载不一致时，除有证据证明房屋登记簿确有错误外，以房屋登记簿为准。对于未经登记的建筑，应按照市、县级人民政府的认定、处理结果进行评估。

71. ABCD。由于可比实例的成交日期与价值时点不同，市场状况可能发生了变化，如宏观经济形势发生了变化，出台了新的政策措施，利率上升或下降，消费观念有所改变等，导致了估价对象或可比实例这类房地产的市场供求状况等发生了变化，进而即使是同一房地产在这两个不同时间的价格也会有所不同。

72. AE。$V_{甲\infty} = \dfrac{5800}{1 - \dfrac{1}{(1+8\%)^{50}}} = 5926.36(万元)$

$$V_{乙\infty} = \frac{5600}{1-\dfrac{1}{(1+8\%)^{40}}} = 5870.21(万元)$$

$$V_{丙\infty} = \frac{5400}{1-\dfrac{1}{(1+8\%)^{30}}} = 5995.85(万元)$$

73. AD。建筑物剩余经济寿命与土地使用权剩余期限可能同时结束，也可能不同时结束，归纳起来有下列 3 种情形：

（1）建筑物剩余经济寿命与土地使用权剩余期限同时结束。在这种情形下，收益期为土地使用权剩余期限或建筑物剩余经济寿命。

（2）建筑物剩余经济寿命早于土地使用权剩余期限结束。在这种情形下，房地产价值等于以建筑物剩余经济寿命为收益期计算的价值，加上自收益期结束时起计算的剩余期限土地使用权在价值时点的价值。

（3）建筑物剩余经济寿命晚于土地使用权剩余期限结束。分为两种情况：① 出让合同等约定土地使用权期间届满后无偿收回土地使用权及地上建筑物。房地产价值等于以土地使用权剩余期限为收益期计算的价值。② 出让合同等未约定土地使用权期间届满后无偿收回土地使用权及地上建筑物。房地产价值等于以土地使用权剩余期限为收益期计算的价值，加上建筑物在收益期结束时的价值折现到价值时点的价值。

74. ABCD。征收集体土地的土地成本一般包括下列费用：

1）土地征收补偿费用

（1）土地补偿费和安置补助费。

（2）农村村民住宅补偿费用。

（3）其他地上附着物和青苗等补偿费用。

（4）被征地农民社会保障费用。

2）相关税费

（1）新菜地开发建设基金（征收城市郊区菜地的）。

（2）耕地开垦费（占用耕地的）。

（3）耕地占用税（占用农用地的）。

（4）政府规定的其他有关费用。

3）其他相关费用

包括征收评估费、征收服务费、地上物拆除费、废弃物和渣土清运费、场地平整费、市政基础设施配套费（或大市政费）、土地使用权出让金等费用，通常结合被拆除地上物状况等具体情况，依照规定的标准和方法或采用比较法求取。

75. ABC。应计息项目包括土地成本、建设成本、管理费用和销售费用。

76. ACE。开发经营期自 2020 年 1 月 1 日起至 2059 年 12 月 31 日止；销售期自 2023 年 1 月 1 日起至 2023 年 12 月 31 日止；建造期自 2020 年 7 月 1 日起至 2023 年 6 月 30 日止。

77. ACD。价差法是分别评估房地产在改变之前和改变之后状况下的价值，将两者之差作为房地产价值减损额或价值增加额的方法。该方法主要用于评估房地产价值减损额或价值增加额。

78. BD。附件是估价报告的重要组成部分,是放在估价报告后面的、相对独立的补充说明或证明估价依据、估价对象状况、估价机构资质和估价师资格等的资料,应包括:①估价委托书复印件;②估价对象位置图;③估价对象实地查勘情况和相关照片;④估价对象权属证明复印件;⑤估价对象法定优先受偿款调查情况,当不是房地产抵押估价报告时,可不包括该情况;⑥可比实例位置图和外观照片,当未采用比较法进行估价时,可不包括该图和照片;⑦专业帮助情况和相关专业意见;⑧估价所依据的其他文件资料;⑨房地产估价机构营业执照和估价资质证书复印件;⑩注册房地产估价师估价资格证书复印件。

79. ABCD。财务报告或会计中的相关成本和价值主要有历史成本、重置成本、可变现净值、现值、公允价值、账面价值。其中历史成本、重置成本、可变现净值、现值、公允价值是五种会计计量属性。这些成本和价值在房地产估价中有时会涉及,在某些情况下与这里介绍的内涵可能有所不同。

80. ABC。选项A正确,在房地产开发利用地有政府独家垄断供应的情况下,土地一级市场上的地价水平在很大程度上影响着新建商品房的价格水平,例如,建设用地使用权出让中新出现一块"地王",会马上导致其周边的房价上涨。选项B正确,随着家庭的小型化,即使人口总量不增加,所需的住宅量将会增加,住宅价格有上涨趋势。选项C正确,从综合效应看,利率升降对房地产需求的影响大于对房地产供给的影响,从而房地产价格与利率负相关;利率上升,房地产价格会下降;利率下降,房地产价格会上涨。

81. BCD。选项A,属于价值时点为现在、估价对象状况为现在状况的估价。选项E属于价值时点为现在、估价对象状况为过去状况的估价。

82. AB。直接成本利润率的计算基数是7个项目中的前两项,即土地成本和建设成本。

83. AD。①在运用比较法估价时,不应选取成交价格明显高于市场价格的交易实例作为可比实例,并应对可比实例进行必要的实地勘察;②在运用收益法估价时,不应高估收入或者低估运营费用,选取的报酬率或资本化率不应偏低;③在运用成本法估价时,不应高估土地取得成本、建设成本、有关税费混合利润,不应该低估折旧;④在运用假设开发法估价时,不应该低估后续开发的必要支出及应得利润。

84. BC。选项A错误,各项收入、支出发生的时间不同,动态分析法下,将各项收入、支出折算到价值时点上。选项D错误,动态分析法要考虑预售和延迟销售的影响。选项E错误,动态分析法不单独计算利润。房地产司法处置估价一般应选择被迫转让开发前提;房地产抵押估价亦应遵循谨慎原则,理论上应选择被迫转让开发前提;建设用地使用权出让、转让和房地产开发项目转让估价,一般应选择自愿转让开发前提;房地产开发项目增资扩股、股权转让估价,一般应选择业主自行开发前提。

85. ACDE。选项B,在划分路线价区段时,应将"通达性相当、位置相邻、地价相近"的临街土地划分为统一路线价区段。

86. DE。选项ABC均属于区域因素修正因子。

87. BCE。选项AD属于建设用地修正的因素。

88. BDE。建设用地的公示地价修正法具体有基准地价修正法、路线价法、标定地价修正法。

89. ABD。基准地价内涵,包括基准地价对应的土地权利类型、使用期限、用途、容积率、开发程度和期日。

90. BDE。在划分路线价区段时,应将通达性相当、位置相邻、地价水平相近的临街土地划为同一个路线价区段。

91. ABC。选取最佳开发利用方式的前期工作包括弄清土地区位状况、弄清土地实物状况、弄清土地权益状况。

92. ABD。预期开发后的楼价只能用与求取未来时点价格有关的方法,成本法不能求取未来时点价格。否则就不是假设开发法了,而是成本法。

93. BD。应采用批量估价的项目,主要是房地产税税基评估、存量房交易税收估价、房地产押品价值重估。

94. CDE。具体的批量估价方法有标准价调整法和回归分析法。城镇临街商业用地的批量估价方法还有路线价法。

95. ABCE。长期趋势法主要有数学曲线拟合法、平均增减量法、平均发展速度法、移动平均法和指数修匀法。选项 D 是成本法中计算折旧的方法。

96. ACD。选项 BE 属于批量评估方法,和损失价值评估没有关系。在现实房地产损害赔偿估价中,修复成本法、价差法和损失资本化法通常是综合运用的。

97. ABCE。需要补缴地价款的情形有:①改变土地用途或容积率等规划条件;②延长土地使用期限;③转让、出租、抵押以划拨方式取得建设用地使用权的房地产。

98. BCD。不同估价方法之间的关系有相互印证、相互补缺、相互引用。

99. ACDE。估价程序的作用:①规范估价行为;②保证估价质量;③防范估价风险;④提高估价效率。

100. ABCE。行政部门的合理估价需要,是可以得到满足的。

三、综合分析题

1. AB	2. BD	3. B	4. ABC	5. B
6. BD	7. A	8. B	9. A	10. D
11. AB	12. ABD	13. A	14. A	15. C
16. AC	17. ABD	18. AB	19. AB	20. A

【解析】

1. AB。根据《民法典》,居住权无偿设立,设立居住权的住宅不得出租,但是当事人另有约定的除外;居住权不得转让、继承。

2. BD。选项 C 一般采用收益法求取。

3. B。

$$\frac{1000}{6\%/12} \times \left[1 - \frac{1}{(1+6\%/12)^{20\times12}}\right] = 139580$$

拆迁公告日,该保姆预期剩余寿命期为 20 年。

4. ABC。一致性原则在征收中的应用,是为了保证征收补偿的公平和精准。

5. B。确定拆迁补偿标准,需要对被拆迁人予以公平补偿,当作完全产权住房,依据市场价值予以评估,与已经设定居住权的事实背离,属于背离事实假设。

6. BD。新近开发建设完成的房地产、可以假设重新开发建设的现有房地产、正在开发建设的房地产、计划开发建设的房地产，都可以采用成本法估价。假设开发法适用于评估具有开发或再开发潜力的房地产价值，如可供开发建设的土地、在建工程、可装饰装修改造或可改变用途的旧的房地产。

7. A。写字楼建成后的年净收益为：$50×(1-10\%-40\%)×12=300(元/m^2)$。

8. B。
$$V=\frac{A}{Y}\left[1-\frac{1}{(1+Y)^n}\right]=\frac{300}{8\%}×\left[1-\frac{1}{(1+8\%)^{45}}\right]=3633(元/m^2)$$

9. A。假设开发法是预测估价对象开发完成后的价值和后续开发的必要支出及应得利润，然后将开发完成后的价值减去后续开发的必要支出及应得利润来求取估价对象价值的方法。待开发房地产价值＝开发完成后的房地产价值－开发成本－管理费用－销售费用－投资利息－销售税费－开发利润－取得待开发房地产的税费。

10. D。采用假设开发中的现金流量折现法求取在建工程价值时，该写字楼建成后的价值经折现之后扣除续建成本现值才为该在建工程的价值。

11. AB。选项 C 是功能折旧，选项 D 是外部折旧。

12. ABD。(1)门窗等破损的修复成本＝10(万元)
(2)建筑设备的折旧额＝$180×1/15×10=120$(万元)
(3)装饰装修的折旧额＝$800×3000×1/5×3=144$(万元)
(4)长寿命项目的折旧额＝$(4000×3000-100000-1800000-800×3000)×1/50×10=154$(万元)

13. A。该建筑物的物质折旧额＝$10+120+144+154=428$(万元)

14. A。增加电梯所能带来的房地产价值增加额：
$$V=\frac{A}{Y}\left[1-\frac{1}{(1+Y)^n}\right]$$
$$=\frac{[2.2×(1-10\%)-2×(1-15\%)]×365×3000}{8\%}\left[1-\frac{1}{(1+8\%)^{50-10}}\right]$$
$$=365.61(万元)$$

15. C。没有电梯的功能折旧额＝房地产价值增加额－随同增加电梯费用＝365.61－200＝165.61（万元）

16. AC。虽然李某已申请改建，但尚未办理完用途变更手续，因此从法律上讲，估价对象仍应按住宅用途评估，即现状用途和登记用途。

17. ABD。老旧住宅不适宜采用成本法估价。

18. AB。不是抵押价值评估，不适用谨慎原则。也不适用一贯性原则。

19. AB。选项 C，不可扩建，不存在改变规模前提；选项 D，不可拆除重建，不存在重新开发前提。

20. A。用房地产抵偿债务应办理转移登记。

《房地产估价原理与方法》考前小灶卷（三）

一、单项选择题（共60题，每题0.5分。每题的备选答案中只有1个最符合题意，请在答题卡上涂黑其相应的编号）

1. 利用已抵押的房地产价值大于所担保债权的余额部分进行抵押贷款所进行的估价称为（　　）。
   A. 续贷抵押估价　　　　　　　　B. 再次抵押估价
   C. 抵押期间估价　　　　　　　　D. 初次抵押估价

2. 关于估价目的的说法，错误的是（　　）。
   A. 估价目的是估价委托人对估价报告的预期用途
   B. 不同的估价目的将影响估价结果
   C. 估价目的不同，价值时点、估价对象、价值类型等都有可能不同
   D. 针对某种估价目的得出的估价结果，可以套用于与其不相符的用途

3. 关于房地产估价结果的说法，错误的是（　　）。
   A. 估价结果是通过估价活动得出的估价对象价值或价格和其他相关专业意见
   B. 注册房地产估价师在完成估价之前应征求估价委托人对估价结果的意见
   C. 估价结果可能与估价对象在市场上的成交价格有所不同
   D. 估价结果可能受注册房地产估价师的专业水平和职业道德的影响

4. 关于房地产估价误差的说法，错误的是（　　）。
   A. 房地产估价难免会有误差
   B. 房地产评估价值与实际成交价的差异即为估价误差
   C. 不能用一般物理量测量的误差标准来要求估价的误差标准
   D. 可通过严格履行估价程序来减小估价误差

5. 下列房地产估价机构的行为中，错误的是（　　）。
   A. 房地产估价机构和房地产估价师应回避与估价对象有利害关系的估价业务
   B. 房地产估价机构承接所在城市行政区外的房地产转让估价业务
   C. 告知估价委托人和估价报告使用人特别说明和提示
   D. 利用过去为房地产权利人提供估价服务中获得的所有信息资料，为欲购买该房地产的投资者提供最高出价评估服务

6. （　　）是房地产首要特性，是房地产不同于其他财产、资产或商品的最主要之处。
   A. 不可移动　　　　　　　　　　B. 各不相同
   C. 寿命长久　　　　　　　　　　D. 难以变现

7. 某居住用地的使用权为70年，作为居住用地使用了10年，后该地块土地规划性质变更为商业用途，产权人出让该土地使用权并用于商业用途，已知商业用地的最高土地使用年限为40年。则该土地受让人的使用期限不得超过（　　）年。

A. 70 B. 30
C. 40 D. 60

8. 一宗房地产的价值价格不仅与其自身状况直接相关，而且与其邻近的房地产状况密切相关，这体现为房地产的（　　）。
   A. 相互影响性 B. 寿命长久性
   C. 数量有限性 D. 保值增值性

9. 某人年初以3000万元购买一间商铺，年末将该商铺售出，收回资金3800万元，当年通货膨胀率为5%，该商铺的实际增值额为（　　）万元。
   A. 610.00 B. 619.05
   C. 650.00 D. 761.90

10. 下列引起某商业房地产价格上涨的因素中，不属于该商业房地产价格自然增值的是（　　）。
    A. 该商业房地产所在地区经济发展、人口增加
    B. 该商业房地产附近修建地铁、交通条件改善
    C. 该商业房地产所在区域规划为城市中央商务区
    D. 该商业房地产拥有者聘用了优秀的物业服务企业

11. 某人在自己的住宅周围种植花草树木、美化环境，其邻居也因赏心悦目和空气新鲜而受益，但不会为此向他支付任何费用。这是由于房地产的（　　）特性。
    A. 不可移动 B. 用途多样
    C. 相互影响 D. 易受限制

12. 下列选项中，体现政府行使房地产管制权的是（　　）。
    A. 限制在居住区内建设某些工业或商业设施
    B. 因公益事业，强制取得公民和法人的房地产
    C. 对房地产征税或提高房地产税收
    D. 在房地产业主死亡或消失而无继承人的情况下，无偿收回房地产

13. 对于同一估价对象和同一价值时点，下列价值类型中评估值最大的一般是（　　）。
    A. 谨慎价值 B. 市场价值
    C. 残余价值 D. 清算价值

14. 房地产估价项目的价值类型，本质上是由（　　）决定的。
    A. 估价委托人 B. 估价师
    C. 估价目的 D. 估价对象

15. 甲乙两宗土地，甲单价为900元/m²，乙单价为600元/m²，其他条件完全相同，如果甲地的容积率为6，乙地的容积率为3，则作为一个理性的房地产开发商会选择购买（　　）。
    A. 甲 B. 乙
    C. 甲、乙一样 D. 无法判断

16. 下列对某宗房地产状况的描述中，不属于位置描述的是（　　）。
    A. 该房地产位于28层办公楼的第8层

B. 该房地产 500m 内有地铁站点
C. 该房地产离机场约 25km
D. 该房地产坐北朝南

17. 鉴证性估价应遵循的基本行为准则是（　　）。
A. 合法原则
B. 独立客观公正原则
C. 价值时点原则
D. 最高最佳利用原则

18. 下列关于挂牌价格的说法中，正确的是（　　）。
A. 挂牌价格一般等于成交价格
B. 挂牌价格与成交价格的差额称为议价空间
C. 议价空间大，说明市场景气
D. 挂牌价格一般小于成交价格

19. 居住权价值评估一般采用的评估方法是（　　）。
A. 市场比较法
B. 价差法
C. 收益还原法
D. 成本法

20. 关于合同租金低于市场租金时的已出租房地产估价的说法，错误的是（　　）。
A. 房地产转让估价应评估出租人权益价值
B. 抵押估价应评估出租人权益价值
C. 被房屋征收估价应评估完全产权价值
D. 房地产司法拍卖估价应评估无租约限制价值

21. 卖方 5 年前以贷款方式购买了一套建筑面积为 85m² 的住宅，贷款总额为 45 万元，期限为 15 年，年利率固定不变为 6%，采用等额还本利息照付方式按月还款，现买卖合同约定买方付给卖方 50 万元，并承担卖方应缴纳的交易税费及尚未偿还的购房贷款，若卖方、买方应缴纳的交易税费分别为正常成交价格的 6% 和 4%。则该住宅的正常成交价格为（　　）元/m²。
A. 9787
B. 10013
C. 10282
D. 10539

22. 某抵押房地产的土地为划拨方式取得，经测算其假定未设立法定优先受偿权下的价值为 120 万元，将划拨土地使用权转变为出让土地使用权应缴纳的出让金为 13 万元，已抵押贷款余额为 48 万元，无其他法定优先受偿款。若社会一般抵押率为 60%，实现抵押权的费用及税金为 15 万元，该房地产再次抵押的抵押净值为（　　）万元。
A. 12
B. 25
C. 27
D. 40

23. 关于房地产需求曲线的表述中，正确的是（　　）。
A. 需求曲线是一条向右上方倾斜的曲线
B. 消费者收入水平变化，会引起房地产需求量沿着需求曲线变动
C. 相关物品价格水平变化，会引起整个需求曲线发生位移
D. 房地产价格水平发生变化，会引起房地产需求曲线发生位移

24. 期末潜在供给量需要扣除（　　）。
A. 本期其他种类的房地产转换为该种房地产量

B. 期初存量

C. 本期灭失量

D. 本期新开发量

25. （   ）房地产的区位优劣，主要是看其交通条件、公共服务设施完备程度、周围环境。

　　A. 办公　　　　　　　　　　　　B. 商业

　　C. 居住　　　　　　　　　　　　D. 工业

26. （   ）是一种更加科学但较为复杂的距离，它是把交通时间、交通费用统一用货币来衡量，以反映距离或交通便利程度。

　　A. 空间直线距离　　　　　　　　B. 交通路线距离

　　C. 经济距离　　　　　　　　　　D. 交通时间距离

27. 房地产权利人应在房屋用途的规定下对土地加以利用，这主要来源于（   ）的限制。

　　A. 房地产地役权　　　　　　　　B. 房地产权利及其行使

　　C. 房地产利用限制　　　　　　　D. 相邻关系

28. 下列情况中，会导致房地产价格下降的是（   ）。

　　A. 提高契税税率　　　　　　　　B. 增加土地增值税

　　C. 增加增值税　　　　　　　　　D. 减免房产税

29. 下列影响房地产价格的因素中，不属于经济因素的是（   ）。

　　A. 国内生产总值　　　　　　　　B. 居民消费价格指数

　　C. 汇率波动　　　　　　　　　　D. 税收减免

30. 下列有关合法原则的表述，错误的是（   ）。

　　A. 遵循合法原则是要求根据依法判定的估价对象状况来估价，即依法判定估价对象是什么状况的房地产，就应将其作为那种状况的房地产来估价

　　B. 法律法规规定不得以某种方式处分的房地产，就不能作为以该种处分方式为估价目的的估价对象

　　C. 合法原则要求只有合法的房地产才能成为估价对象

　　D. 依法判定的估价对象状况通常是估价对象的实际状况，但也可能不是实际状况，而是有关交易合同、招标文件等约定的状况或者根据估价目的所需设定的状况

31. 下列房地产市场调控政策等措施中，会导致房地产市场价格下降的是（   ）。

　　A. 上调个人购房贷款利率　　　　B. 减少土地储备贷款

　　C. 降低契税　　　　　　　　　　D. 减少土地供应

32. 关于人口因素对房地产价格影响的说法，错误的是（   ）。

　　A. 家庭小型化会导致住宅价格有上涨趋势

　　B. 城镇化带来的人口增加会引起城镇房地产价格上涨

　　C. 人口素质低且构成复杂的地区，通常房地产价格也低

　　D. 人口密度越高的地区对住宅的需求越大，房地产价格越低

33. 就现势性来说，基准地价修正法中，待估宗地的估价期日距基准地价的期日一般不超过（   ）年。

A. 1 B. 2
C. 3 D. 5

34. 关于合法原则具体应用的说法，错误的是（　　）。
A. 估价对象的状况应依法判定，可以不是实际状况
B. 抵押估价中具有合法权属证明的房地产都可以作为估价对象
C. 未经登记的房地产经政府有效认定处理后可以作为征收估价对象
D. 司法鉴定估价中被查封的房地产不应考虑查封因素的影响

35. 房屋征收中，用于产权调换房屋为期房的，为计算被征收房屋价值与用于产权调换房屋价值的差价而评估用于产权调换房屋的价值，其价值时点应为（　　）。
A. 房屋征收决定公告之日 B. 原征收补偿协议达成之日
C. 用于产权调换房屋交付之日 D. 委托估价之日

36. （　　）主要用于评估可修复的房地产价值损失额，包括全部可修复和部分可修复。
A. 长期趋势法 B. 损失资本化法
C. 修复成本法 D. 价差法

37. 评估某宗房地产的市场价值，选取了甲、乙、丙三个可比实例：甲可比实例的成交价格为8000元/m²，比正常价格低2%；乙可比实例的卖方实收价格为7800元/m²，交易税费全由买方负担，当地房地产交易中买方和卖方应缴纳的税费分别为正常交易价格的3%和6%；丙可比实例的成交价格为8300元/m²，其装修标准比估价对象的装修标准高200元/m²。假设不考虑其他因素影响，3个可比实例比较价值的权重依次为0.4、0.2、0.4，该房地产的市场价格为（　　）元/m²。
A. 8157.60 B. 8158.91
C. 8163.57 D. 8164.88

38. 标定地价修正法采用的标定地价应具有现势性，待估宗地的估价期日距标定地价的期日一般不超过（　　）年。
A. 1 B. 2
C. 3 D. 4

39. 甲、乙两宗相邻地块，甲宗地价值为70万元，乙宗地价值为50万元。合并后的房地产价值为150万元。若乙宗地土地权利人购买甲地块，下列最合理要价是（　　）万元。
A. 70 B. 80
C. 90 D. 100

40. 下列选项中，（　　）不属于路线价法与比较法的不同之处。
A. 利用路线价求取临街土地的价格时不进行"交易情况修正"和"市场状况调整"，仅进行"资产状况调整"
B. 先对多个"可比实例价格"进行综合，即得出路线价，然后进行"资产状况调整"
C. 先分别对每个"可比实例价格"进行修正和调整，然后进行综合
D. 利用相同的"可比实例价格"即路线价，同时评估出许多"估价对象"即各宗临街土地的价格

41. 某宗地的面积为 1000m²，采用比较法进行评估。通过 3 宗可比实例求出的比较价格分别为 9130 元/m²、9190 元/m² 和 9220 元/m²，如果赋予这 3 个价格的权重分别为 0.3、0.4 和 0.3，则采用加权算术平均法得到的比较价格为（ ）元/m²。
  A. 9160   B. 9175
  C. 9181   D. 9205

42. 某宗房地产的用地通过有偿出让方式获得，土地使用期限为 50 年，已使用 10 年，不可续期（土地使用权期满，土地使用权及其他地上建筑物、其他附着物所有权由国家无偿取得）、建筑物剩余经济寿命为 50 年。预计该宗房地产正常情况下每年可获得净收益 8 万元，报酬率为 8%，则该房地产的收益价格为（ ）万元。
  A. 95.40   B. 97.87
  C. 98.55   D. 99.33

43. 某出租的写字楼，剩余租赁期限为 3 年，在此 3 年期间，每年可于年初获得净收益 80 万元，3 年后可依法拆除作为商业用地，拆除费用为 50 万元。若该类房地产的报酬率为 8%，该写字楼的现时价值为 1000 万元。则 3 年后该商业用地净地的价值为（ ）万元。
  A. 979.22   B. 1000.00
  C. 1029.22   D. 1050.00

44. 预测某宗房地产未来 2 年的净收益分别为 60 万元和 72 万元，两年后的价格比现在的价格上涨 6%，该类房地产的报酬率为 8%，该宗房地产现在的价格为（ ）万元。
  A. 1187.95   B. 1283.57
  C. 1285.79   D. 1285.71

45. 某宗已抵押的收益性房地产，年有效毛租金收入 500 万元，年房屋折旧费 30 万元，维修费、保险费、管理费等 50 万元，水电供暖费等 40 万元，房地产税等 65 万元，年抵押贷款还本付息额 70 万元。租赁合同约定，保证合法、安全、正常使用所需的一切费用均由出租人负担。该房地产的净收益为（ ）万元。
  A. 245   B. 275
  C. 315   D. 345

46. 某宗房地产的土地使用期限为 50 年，土地出让合同约定不可续期且到期无偿收回地上建筑物，至今已使用 10 年，建筑物剩余经济寿命为 55 年。该宗房地产正常情况下每年可获得净收益 15 万元，报酬率为 7.5%，该房地产的收益价值为（ ）万元。
  A. 188.92   B. 194.62
  C. 196.25   D. 198.18

47. 关于收益法中收益期确定的说法，正确的是（ ）。
  A. 在正常市场和运营条件下估价对象未来可获取收益的时间
  B. 在正常市场和运营条件下估价对象过去和未来可获取收益的时间
  C. 自估价对象竣工投入使用时起至未来不能获取收益时止的时间
  D. 自价值时点起至估价对象未来不能获取净收益时止的时间

48. 关于建筑物经济寿命的说法，错误的是（ ）。
  A. 建筑物经济寿命主要由市场决定

B. 建筑物经济寿命与周围环境及房地产市场状况有关
C. 建筑物经济寿命是自价值时点起至正常情况下净收益大于零的持续时间
D. 同类建筑物在不同地区的经济寿命可能不同

49. 下列引起房地产贬值的因素中,属于功能折旧的是( )。
   A. 写字楼层高偏低　　　　　　B. 厂房受酸雨腐蚀
   C. 住宅库存量过大　　　　　　D. 在建工程基础不均匀沉降

50. 运用市场提取法求取的报酬率可能与估价对象未来收益风险不完全一致,其根本原因是( )。
   A. 能够获得的交易实例数量较多
   B. 所取得的报酬率是利用过去的数量求取的
   C. 利用试错法和内插法求取报酬率时存在计算误差
   D. 可比实例采用了典型买者和卖者的期望报酬率并进行适当调整

51. 某商品住宅总价为98万元,首付款为30%,其余为抵押贷款,贷款期限为15年,按月等额偿还贷款本息,贷款年利率为7.5%,自有资金资本化率为8%。则其综合资本化率为( )。
   A. 7.65%　　　　　　　　　　B. 8.75%
   C. 9.42%　　　　　　　　　　D. 10.19%

52. 某宗房地产已使用5年,现土地价值为50万元,建筑物重置价格为80万元,房地每年的净收益为11万元,土地资本化率为8%,建筑物资本化率为10%,则该宗房地产的价值为( )万元。
   A. 130.0　　　　　　　　　　B. 119.2
   C. 117.5　　　　　　　　　　D. 120.0

53. 新建房地产的土地取得成本为600万元,建设成本为500万元,管理费用为40万元,销售费用为20万元,投资利息为30万元,销售税费为售价的6.5%,直接成本利润率为20%,该房地产的价值为( )万元。
   A. 1508.02　　　　　　　　　B. 1520.86
   C. 1527.27　　　　　　　　　D. 1619.05

54. 某房屋的建筑面积为100m^2,单位建筑面积的重置价格为1000元/m^2,建筑物自然寿命为45年,残值率为2.5%。经测算,至价值时点该建筑物有效年龄为10年,建筑物市场价格为7.5万元。假设该建筑物在经济寿命内每年折旧率相等。该建筑物的经济寿命为( )年。
   A. 29　　　　　　　　　　　　B. 39
   C. 40　　　　　　　　　　　　D. 45

55. 某建筑物的建筑面积为500m^2,重置价格为3600元/m^2,经济寿命为50年,有效年龄为10年。其中,门窗等损坏的修复费用为2万元;装饰装修的重置价格为600元/m^2,平均寿命为5年,年龄为3年;设备的重置价格为60万元,平均寿命为15年,年龄为10年。残值率假设均为零。则该建筑物的物质折旧额为( )万元。
   A. 75.6　　　　　　　　　　　B. 77.6
   C. 80.6　　　　　　　　　　　D. 87.6

56. 下列关于假设开发法中后续开发经营期的说法中，正确的是( )。
   A. 后续建设期的起点与开发经营期的起点不同，终点是开发完成的房地产竣工日期止的时间
   B. 在预测经营期时，销售期的预测要相对容易些
   C. 在有延迟销售的情况下，销售期与运营期有部分重合
   D. 在预测建设期时，前期一般能较准确地预测，建造期的预测相对较困难

57. 某地块临街深度为18m，临街宽度为50m，总价格为243万元，假设标准深度为24m，则根据"四三二一法则"，其路线价为( )元/m^2。
   A. 2025
   B. 2250
   C. 2700
   D. 3000

58. 下图是一块前后两面临街、总深度为175m、临街宽度为30m的矩形地块。已知前街路线价为320元/m^2，后街路线价为240元/m^2。则采用重叠价值估价法计算出的地块总价值为( )万元。（采用"四三二一法则"）

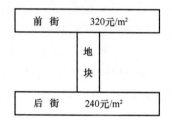

   A. 150.8
   B. 160.8
   C. 170.8
   D. 180.8

59. 采用修复成本法评估可修复的房地产价值减损额，其数额等于( )。
   A. 修复后的价值额
   B. 修复后的价值增加额
   C. 修复的必要支出
   D. 修复的必要支出及应得利润

60. 下列选项中关于交付估价报告的说法正确的是( )。
   A. 估价报告的交付方式包括面呈、邮寄，不包括电子邮件
   B. 估价报告经内部审核合格，由至少3名承办该项业务的估价师签名并加盖估价机构公章
   C. 估价报告交接单上注明的收到日期，一般为估价报告交付日期
   D. 估价师不可以主动对估价报告中的某些重大事项进行说明

二、**多项选择题**（共40题，每题1分。每题的备选项中，有2个或2个以上符合题意，全部选对的，得1分；错选或多选的，不得分；少选且选择正确的，所选的每个选项得0.5分）

61. 关于房地产估价要素的说法，正确的有( )。
   A. 在一个估价项目中，价值类型由估价目的确定
   B. 估价当事人包括房地产估价机构、估价对象权利人和估价报告使用人
   C. 估价依据根据估价对象和估价目的的不同而有所差别

D. 合理且有依据的估价假设，可以保护估价师及估价报告使用人
E. 价值时点只能由估价委托人确定

62. 下列估价行为中，属于鉴证性估价的有（   ）。
A. 为出国移民提供财产证明的估价
B. 税务机关委托的房地产税收估价
C. 为委托人出售房地产确定要价
D. 房屋征收部门委托的房屋征收评估
E. 购买房地产确定出价服务的估价

63. 下列房地产抵押估价活动中，符合估价行为规范的有（   ）。
A. 估价师向某银行成功借款并回避该房地产抵押估价业务
B. 估价师要求估价委托人提供房地产权证复印件，同时查验原件
C. 估价师按贷款银行要求对报酬率进行取值
D. 估价师委托工程造价咨询机构对估价对象的建安成本进行核算，并在估价报告中说明
E. 估价师在提供估价报告之前征求贷款银行对估价结果的意见

64. 从房地产估价角度来说，一宗土地的空间范围包括（   ）。
A. 地表
B. 地上空间
C. 地下空间
D. 权益空间
E. 区位空间

65. 关于房地产变现能力的说法，正确的有（   ）。
A. 特殊厂房通常比标准厂房的变现能力弱
B. 大型商场通常比小店铺的变现能力弱
C. 在建工程比现房的变现能力弱
D. 熟地通常比毛地的变现能力弱
E. 房地产在卖方市场下通常比在买方市场下的变现能力弱

66. 下列关于房地产估价的表述中，正确的有（   ）。
A. 房地产估价应模拟市场进行估价
B. 房地产估价并不作价格实现保证
C. 房地产估价结果难免存在误差，没有范围限制
D. 房地产估价本质上属于价值评估
E. 房地产评估可以分为鉴证性估价和咨询性估价

67. 下列房地产估价活动中，符合职业道德的行为有（   ）。
A. 某估价机构承接了该机构某股东财产的司法鉴定评估
B. 某估价机构在承接估价业务时，涉及特殊构筑物估价，主动聘请有关专家提供专业帮助
C. 房地产估价师保守在执业活动中知悉的国家秘密、当事人商业机密
D. 估价委托人对估价结果提出了明确要求，某估价机构按其要求完成了估价
E. 某估价师临时接到出差任务，实际负责估价业务的估价人员以该估价师名义在估价报告上签字后提交估价报告

68. 下列关于房地产估价师职业道德的表述中，正确的有（　　）。
   A. 诚实正直，依法独立、客观、公正
   B. 为了提高业务水平，承接超过自己专业能力的估价项目
   C. 未经委托人书面许可，不得将委托人的文件资料擅自公开
   D. 应执行政府规定的收费标准，只能适当收取额外的费用
   E. 不得以估价师的身份在非自己估价的估价报告上签字、盖章

69. 按照占地面积实行从量定额，不需要估价服务的是（　　）。
   A. 城镇土地使用税　　　　　　B. 土地增值税
   C. 耕地占用税　　　　　　　　D. 契税
   E. 城市维护建设税

70. 房地产是（　　）的财产或资产。
   A. 实物　　　　　　　　　　　B. 权益
   C. 区位　　　　　　　　　　　D. 拥有者
   E. 房地产市场

71. 房地产具有保值增值特性，真正的房地产自然增值是由于（　　）引起的。
   A. 装饰装修改造　　　　　　　B. 通货膨胀
   C. 需求增加　　　　　　　　　D. 改进物业管理
   E. 周围环境改善

72. 引起房地产价格上涨的原因有多种，对房地产本身进行投资改良的内容包括（　　）。
   A. 政府进行道路建设　　　　　B. 农用地转为建设用地
   C. 改进物业管理　　　　　　　D. 装饰装修改造
   E. 更新或添加设施设备

73. 下列选项中，关于房地产的特性说法正确的有（　　）。
   A. 房地产利用限制改变引起的房地产价格上涨，是房地产保值
   B. 房地产的特性主要取决于土地的特性，是以土地的特性为基础的
   C. 房地产具有供给有限特性，本质上在于土地的总量有限和面积不能增加
   D. 因为房地产具有各不相同特性，所以房地产不具备完全替代性
   E. 与一般物品相比，房地产不仅单价高，而且总价大

74. 按开发程度来对房地产进行划分，可以分为（　　）。
   A. 自有房地产　　　　　　　　B. 生地
   C. 毛地　　　　　　　　　　　D. 熟地
   E. 现房

75. 下列选项中，关于房地产价格和价值的含义说法正确的是（　　）。
   A. 房地产价格是由房地产的使用价值、稀缺性和有效需求三者结合而产生的
   B. 就使用价值与交换价值相对而言，房地产估价是评估房地产的使用价值
   C. 稀缺性是指可用的数量不够满足每个人的欲望或需要，是相对缺乏
   D. 在市场经济中，价值是最普遍、最广泛应用的一种分配方式，总是在起着配给有限的供给量的作用

E. 房地产估价中所讲的价值，是指使用价值

76. 关于重新购建价格的说法，正确的有（　　）。
A. 重新购建价格是在价值时点的价格
B. 重新购建价格是客观的价格
C. 建筑物的重新购建价格是建筑物在全新状况下的价格
D. 土地的重新购建价格是土地在法定最高出让年限下的价格
E. 建筑物的重新购建价格即是其重建价格

77. 估价对象最高最佳利用状况的确定方法，是先尽可能地设想出估价对象各种潜在的利用，然后从下列（　　）方面依次进行分析、筛选或判断确定。
A. 法律上是否允许　　　　　B. 技术上是否可能
C. 财务上是否可行　　　　　D. 价值是否最大化
E. 损失是否最小化

78. 运用假设开发法评估在建工程的价值，对测算结果有影响的因素包括（　　）。
A. 房地产的最佳开发利用方式的选择
B. 开发完成的房地产价值的测算
C. 后续开发成本和税费的测算
D. 后续开发经营期的预测
E. 土地"招拍挂"出让底价的测算

79. 假设开发法评估在建工程价值时，采用投资利润率计算后续开发利润，计算基数应包括（　　）。
A. 待开发在建工程价值　　　B. 已完工程建设成本
C. 取得在建工程的税费　　　D. 后续开发的投资利息
E. 销售税金

80. 运用路线价法评估某路线价区段内标准宗地以外的宗地价格时，应进行修正调整的有（　　）。
A. 土地形状　　　　　　　　B. 容积率
C. 土地使用期限　　　　　　D. 土地市场状况
E. 土地开发程度

81. 下列选项中，关于房地产权益因素说法正确的有（　　）。
A. 房地产的使用权价格一般高于所有权价格
B. 土地使用期限越短房地产价值价格越低
C. 房地产的价格受许多方面的限制
D. 在复杂的情况下，可能土地使用权价格高于土地所有权价格
E. 房地产权利的实际内容对其价值价格也有很大影响

82. 下列有关房地产制度政策因素，描述正确的有（　　）。
A. 刺激价格政策一般是采取某些措施来促使房地产价格上涨
B. 货币政策对房地产价格的影响程度，还受控制资金流向房地产的房地产信贷政策等"闸门"松紧程度的影响
C. 一般地说，增加房地产开发环节的税收，会增加房地产开发成本，导致房地产价

格上涨

D. 在卖方市场,增加卖方流转环节税收会导致房价下降

E. 在买方市场,减少卖方流转环节税收会导致房价上升

83. 估价原则的作用包括( )。

A. 估价行为类型趋于一致

B. 估价师所站立场趋于委托人

C. 设定的估价前提趋于一致

D. 估价对象的价值与类似房地产价值基本相近

E. 估价流程一致

84. 下列有关合法原则的表述,正确的有( )。

A. 合法原则要求评估价值是在依法判定的估价对象状况下的价值价格

B. 合法原则中所讲的法,是广义的法

C. 合法原则要求只有合法的房地产才能成为估价对象

D. 在房地产司法拍卖估价中,估价对象的实际状况虽然是被查封的房地产,但在估价中需要设定估价对象未被查封

E. 依法判定的估价对象状况必然是估价对象实际状况

85. 下列选项中关于价值时点原则说法正确的有( )。

A. 评估出价值后,估价报告中说明的评估出的价值对应的时间是委托人确定的时间点

B. 采用的有关估价标准的时间界限,是根据价值时点来确定

C. 评估估价对象价值价格所依据的市场状况始终应是价值时点的市场状况

D. 价值时点原则以变化原理为理论依据

E. 所有的房地产活动都遵循价值时点原则

86. 下列关于房地产价格影响因素对房地产价格影响的表述中,正确的有( )。

A. 不同的因素导致房地产价值价格变动的方向不同

B. 不同的因素导致房地产价值价格变动的程度或幅度不同

C. 不同的因素导致房地产价值价格变动的速度不同

D. 量化不同因素对房地产价值价格的影响,适用的方式方法有所不同

E. 同一影响因素在不同地区对房地产价值价格的影响相同

87. 下列影响居住房地产价格的因素中,属于区位因素的有( )。

A. 交通便捷程度
B. 朝向、楼层
C. 周围环境
D. 建筑规模
E. 公共服务设施完备程度

88. 下列选项中,关于不同区位和地租的关系说法正确的有( )。

A. 各种用途都对交通有要求,但是敏感度不同

B. 在完全竞争市场下,每种用途的经济地租曲线是递增的,但是梯度不同

C. 零售业对交通最敏感,其经济地租曲线的梯度最大

D. 农业的经济地租曲线梯度最大

E. 高密度的多层住宅经济地租曲线的梯度较低密度的低层住宅大

89. 下列选项中，关于合法原则说法正确的有（   ）。
   A. 根据合法原则，只有完全合法的房地产才能成为估价对象
   B. 从理论上讲，任何状况的房地产都可以成为估价对象，只是必须做到评估价值与依法判定的房地产状况相匹配
   C. 评估价值通常大于或等于零，不可能出现小于零的情况
   D. 评估政府定价或政府指导价的房地产，应遵守相应的政府定价和政府指导价
   E. 在评估土地使用权是以划拨方式取得的房地产作为抵押价值时，应包含土地使用权出让金

90. 《城市房地产管理法》以出让方式取得土地使用权的，转让房地产时，应符合的条件包括（   ）。
   A. 按照出让合同约定已经支付全部土地使用权出让金
   B. 取得土地使用权证书
   C. 转让房地产时房屋已经建成的，还应当持有房屋所有权证书
   D. 按照出让合同约定进行投资开发，属于成片开发土地的，形成工业用地或者其他建设用地条件
   E. 按照出让合同约定进行投资开发，属于房屋建设工程的，完成开发投资总额的25%以上

91. 在建立比较基础时，针对统一税费负担，房地产正常负担下的价格等于（   ）。
   A. 卖方实际得到的价格／（1－应由卖方缴纳的税费比率）
   B. 卖方实际得到的价格－应由卖方负担的税费
   C. 买方实际付出的价格＋应由买方负担的税费
   D. 应由卖方负担的税费／应由买方缴纳的税费比率
   E. 买方实际付出的价格／（1＋应由买方缴纳的税费比率）

92. 估价对象为一宗熟地，对可比实例的成交价格进行权益状况调整时，应包括的内容有（   ）。
   A. 产权关系复杂状况   B. 土地使用期限
   C. 基础设施和公共服务设施   D. 容积率
   E. 临街状况

93. 估价对象为一宗熟地，对其可比实例权益状况进行调整时，应包括的内容有（   ）。
   A. 建筑密度   B. 土地使用期限
   C. 周围环境   D. 容积率
   E. 停车的便利程度

94. 收益性房地产的价值高低主要取决于（   ）。
   A. 未来净收益的大小   B. 获取净收益的可靠程度
   C. 已经获得净收益的大小   D. 目前总收益的大小
   E. 获取净收益期限的长短

95. 某写字楼的租金为每日每平方米3元，电费、物业管理费由承租人负担，水费、供暖费、房地产税由出租人负担。由该租金减去运营费用求取该写字楼的净收益，应减去

的运营费用包括（　　）。

A. 电费
B. 水费
C. 供暖费
D. 房地产税
E. 物业管理费

96. 关于假设开发法中求取开发完成后的房地产价值的说法，正确的有（　　）。

A. 开发完成的价值是开发完成的房地产等财产的价值价格
B. 开发完成的房地产状况不能包含动产
C. 评估投资价值时，未来开发完成后的房地产价值有时要考虑无形收益
D. 对于自营的房地产，不宜运用收益法求取开发完成后的房地产价值
E. 可以运用成本法求取开发完成后的房地产价值

97. 下列属于影响收益性房地产价值高低的变量是（　　）。

A. 未来净收益的大小
B. 测算收益期或持有期
C. 获取净收益期限的长短
D. 获取净收益的可靠程度
E. 预测未来收益

98. 土地估价中市场比较法，在选择比较实例方面的要求包括（　　）。

A. 比较实例的交易日期距估价日期原则上不超过3年
B. 优先选用正常市场环境下的交易实例
C. 原则上不采用竞价轮次较多、溢价率较高的交易案例
D. 不能采用楼面地价历史最高或最低水平的交易实例
E. 所在或相似区域的交易实例只有两个，用简单算术平均数确定最终比准价格

99. 搜集有关基准地价的资料时，基准地价内涵包括（　　）。

A. 估价期日
B. 开发程度
C. 基准地价修正系数表
D. 土地权利类型
E. 基准地价公布日期

100. 关于估价方法选用的说法，正确的有（　　）。

A. 所有适用的估价方法都应选用，不得随意取舍
B. 商品住宅一般应以比较法为常用的估价方法
C. 现状空置的商铺不宜采用收益法估价
D. 影剧院一般适用比较法和成本法估价
E. 市场依据不充分而不宜采用比较法、收益法、假设开发法估价的情况下，可以将成本法作为主要的估价方法

三、综合分析题（共4大题，20小题，每小题1.5分）

（一）

为评估某酒店于2021年10月1日的市场价格，在该酒店附近调查选取了A、B、C三宗类似酒店的交易实例作为可比实例，成交价格及成交日期见下表：

	可比实例 A	可比实例 B	可比实例 C
成交价格	7500 元人民币/m²	1250 美元/m²	8000 元人民币/m²
成交日期	2021 年 5 月 1 日	2021 年 6 月 1 日	2021 年 9 月 1 日
交易情况	+2%	+3%	-3%
房地产状况	-8%	-5%	+6%

另调查获知，当地该酒店 2021 年的 5 月至 10 月的价格指数分别为 102.3、112、108、105、98.6、92.4（以 2020 年 1 月 1 日为 100，以人民币为基准），2021 年 6 月 1 日美元与人民币的市场汇价为 1 美元＝6.5 元人民币，2020 年 10 月 1 日美元与人民币的市场汇价为 1 美元＝6.3 元人民币。

试利用上述资料回答问题。

1. 运用比较法评估房地产价值价格的一般公式是（　　）。
   A. 比较价值＝可比实例成交价格×交易情况修正系数×市场状况调整系数×房地产状况调整系数
   B. 比较价值＝可比实例成交价格×个别因素修正系数×区域因素调整系数×房地产状况调整系数
   C. 比较价值＝可比实例成交价格×交易情况修正系数×宏观因素调整系数×房地产状况调整系数
   D. 比较价值＝可比实例成交价格×个别因素修正系数×房地产状况调整系数

2. 对可比实例 A 进行交易情况修正，修正系数应为（　　）。
   A. 1/(1+2%)　　　　　　　　B. 1/(1-2%)
   C. (1+2%)/1　　　　　　　　D. (1-2%)/1

3. 对可比实例 B 进行市场状况调整的系数是（　　）。
   A. 92.4/112　　　　　　　　B. 112/92.4
   C. 92.4/98.6　　　　　　　　D. 92.4/102.3

4. 可比实例 C 的房地产状况调整系数应是（　　）。
   A. 1/(1-8%)　　　　　　　　B. 1/(1-6%)
   C. (1+6%)/1　　　　　　　　D. 1/(1+6%)

5. 若经过修正后，得知可比实例 A 的比较价值是 7218.88，可比实例 B 的比较价值是 6850.41，可比实例 C 的比较价值是 7291.34，用简单算术平均数作为比较法的测算结果，该酒店 2011 年 10 月 1 日的比较价值为（　　）。
   A. 7218.88　　　　　　　　B. 6850.41
   C. 7120.21　　　　　　　　D. 7291.34

（二）

某商铺共 2 层，总建筑面积 200m²。每层建筑面积相等，一层层高 6m，二层层高 3.5m。该商铺一年前整体出租，租赁期限为 5 年，年租金为 1680 元/m²，约定每年租金递增率为 3%；运营费用率为 25%。根据调查，同类商铺目前层高 3.5m 的一层年租金为 1920 元/m²，二层租金是一层租金的 0.6 倍；在其他条件相同的情况下，层高 6m 的一层租金是层高 3.5m 的一层租金的 1.25 倍；该类商铺每年的租金递增率为 5%，运营费用率 25%。该商铺从目前的 10 年持有期末转让时的资本化率为 6%，转让税费为市场价格的 6%。该类商铺的报酬率为 10%。

请根据上述资料回答问题。

6. 根据房地产市场租金与租约租金差额的现值之和求出的价值是（　　）。
   A. 有租约限制下的价值　　　　　　B. 共有房地产的价值
   C. 无租约限制下的价值　　　　　　D. 承租人权益价值

7. 房地产的有租约限制价值等于（　　）。
   A. 无租约限制价值减承租人权益价值
   B. 出租人权益价值加承租人权益价值
   C. 无租约限制价值减出租人权益价值
   D. 出租人权益价值减承租人权益价值

8. 该商铺当前年租金为（　　）元/m²。
   A. 1680　　　　　　　　　　　　B. 1710.6
   C. 1730.4　　　　　　　　　　　D. 1782.31

9. 该商铺未来转售时，其房地产价值是（　　）万元。
   A. 107.7310　　　　　　　　　　B. 262.1060
   C. 455.59　　　　　　　　　　　D. 85.7521

10. 预测估价对象未来第一年的收益，将其除以合适的资本化率或乘以合适的收益乘数得到估价对象价值或价格的方法是（　　）。
    A. 直接资本化法　　　　　　　　B. 报酬资本化法
    C. 投资组合技术　　　　　　　　D. 剩余技术

（三）

某工业开发区通过征地方式获得 1km² 土地进行一级开发，计划达到"五通一平"后按工业用地分块出让。该地区土地取得费用平均为 15 万元/亩（含征地费用及相关税费），到"五通一平"条件的开发费用（含管理费和开发阶段的税费）平均为 2 亿元/km²。征地完成后，土地开发周期为 2 年，第一年内投入开发费用的 60%，第二年内投入剩余的 40%。假设银行贷款年利率为 7%，当地一级开发的投资利润率为 15%。

11. 土地取得费用的计息期应为（　　）年。
    A. 2　　　　　　　　　　　　　B. 1.5
    C. 1　　　　　　　　　　　　　D. 0.5

12. 土地开发期间所负担的利息总额为（　　）万元。
    A. 2975　　　　　　　　　　　　B. 4717
    C. 4817　　　　　　　　　　　　D. 5559

13. 土地开发利润总额达到（　　）万元。
    A. 6375　　　　　　　　　　　　B. 7083
    C. 8500　　　　　　　　　　　　D. 9443

14. 其余条件均不变，该土地销售费用为 100 万元；管理费用为 2000 万元，销售税费为 10%，则计算其价值为（　　）万元。
A. 55792　　　　　　　　　　B. 55991
C. 61991　　　　　　　　　　D. 36991

15. 若题目中已知直接成本利润率，则计算基础为（　　）。
A. 土地成本　　　　　　　　B. 建设成本
C. 管理费用　　　　　　　　D. 销售费用

（四）

某在建工程于2017年3月1日开工，拟建为商场和办公综合楼；总用地面积5000m²，土地使用权年限50年，从开工之日起计；规划建筑总面积12000m²，其中商场建筑面积3000m²，办公楼建筑面积9000m²；该工程正常施工期2年，建筑费为每平方米建筑面积3000元，专业费为建筑费的10%；至2017年9月1日已完成主体结构，已投入总建筑费及专业费的40%，还需投入总建筑费及专业费的60%（假设在剩余工期中均匀投入）；折现率取8%。预计该工程建成后商场即可租出，办公楼即可售出；商场可出租面积的月租金为120元/m²，建筑面积与可出租面积之比为1:0.8，正常出租率为80%，出租的成本及税费为有效总收益的20%，经营期资本化率为8%；办公楼售价为每平方米建筑面积10000元。由于某种原因，该在建工程的业主想将其转让出去，假设在建工程转让不影响工期。

16. 根据上述资料，该在建工程适宜的估价方法是（　　）。
A. 比较法　　　　　　　　　B. 收益法
C. 成本法　　　　　　　　　D. 假设开发法

17. 该在建工程中，办公楼预期建成后的价格是（　　）万元。
A. 221.18　　　　　　　　　B. 9000
C. 1000　　　　　　　　　　D. 5000

18. 建成后商场的年租金净收益预计为（　　）万元。
A. 221.184　　　　　　　　B. 360
C. 432　　　　　　　　　　D. 345.6

19. 若采用动态法估算，建成后的总价值折现至价值时点的价值是（　　）万元。
A. 90221.84　　　　　　　　B. 10482.11
C. 10000　　　　　　　　　D. 93264.36

20. 若采用动态法估算，还需投入总建筑费的金额为（　　）万元。
A. 1658.47　　　　　　　　B. 4856.98
C. 1958.36　　　　　　　　D. 2038.85

《房地产估价原理与方法》考前小灶卷（三）参考答案及解析

一、单项选择题

1. B	2. D	3. B	4. B	5. D
6. A	7. C	8. A	9. B	10. D
11. C	12. A	13. B	14. C	15. A
16. B	17. B	18. B	19. C	20. D
21. B	22. B	23. C	24. C	25. C
26. C	27. C	28. C	29. C	30. C
31. A	32. D	33. C	34. B	35. A
36. C	37. D	38. C	39. C	40. C
41. C	42. A	43. C	44. D	45. D
46. A	47. D	48. C	49. A	50. B
51. D	52. D	53. A	54. B	55. B
56. C	57. B	58. B	59. D	60. C

【解析】

1. B。再次抵押估价，即将已抵押的房地产再次抵押贷款的，对该房地产的价值进行评估。

2. D。选项D错误，估价目的还限制了估价报告和估价结果的用途，针对某种特定估价目的的估价报告和估价结果不能用于其他用途。

3. B。在鉴证性估价中，一般不能在正式出具估价报告之前与估价委托人和估价利害关系人讨论交流评估价值，不能征求或听取他们对评估价值的意见。

4. B。评判某一评估价值的合理性与准确性，通常是把它与可信度更高的重新评估价值进行比较。理论上是把某一房地产评估价值与真实价值进行比较，但现实中因真实价值无法直接得知，出现了替代真实价值的两种可能的选择：一是正常成交价格；二是数名具有较高估价技术水平的估价专家或估价师的重新评估价值。

5. D。房地产估价机构和房地产估价师对在估价活动中知悉的国家秘密、商业秘密、个人隐私等信息和数据应依法予以保密，并应妥善保管估价委托人提供的资料，未经估价委托人同意，不得擅自泄漏或向他人提供。

6. A。不可移动特性也称为位置固定性，即房地产的空间位置是固定的，不能移动。这是房地产的首要特性，是房地产不同于其他财产、资产或商品的最主要之处。

7. C。转让房地产后，受让人的土地使用期限不得超过原出让合同约定的使用期限减去原土地使用者已经使用期限后的剩余期限。应该还有60年的使用年限，但是本题的土地性质改变，成为商业用地，所以该用地的最高使用年限是40年。

8. A。一宗房地产与其邻近的房地产"互相联系，互相限制"。因此，一宗房地产的价值价格不仅与其自身状况直接相关，而且与其邻近的房地产状况密切相关。

9. B。因为通货膨胀与增值率是同时增长的，名义增长率＝3800/3000－1＝0.2667，实际增长率＝（1＋年名义增长率）/（1＋年通货膨胀率）－1＝（1＋0.2667）/（1＋5%）－1＝0.2063，实际增值额＝3000×0.2063＝619.05（万元）。

10. D。需求增加、外部经济、房地产利用限制改变导致的房地产价值增加，属于房地产自然增值；通货膨胀导致的房地产价格上涨，属于房地产保值；对房地产进行投资改良导致的房地产价值增加，属于房地产投资增值。选项D属于对房地产进行投资改良，不是房地产自然增值。

11. C。房地产具有相互影响特性，因此一宗房地产的价值不仅与其自身状况直接相关，而且与其邻近的房地产状况密切相关。

12. A。管制权，政府为了增进公众安全、健康、道德和一般福利，可以直接对房地产开发和利用加以干涉。例如，通过城市规划规定用途、容积率，禁止在居住区内建设某些工业或商业设施等。

13. B。选项A，谨慎价值一般低于市场价值；选项C，残余价值一般低于市场价值；选项D，清算价值一般低于市场价值。

14. C。价值类型应根据估价目的来确定。

15. A。开发商主要会比较甲乙的楼面地价，甲的楼面地价＝900÷6＝150（元/m²），乙的楼面地价＝600÷3＝200（元/m²），甲的价格低。

16. B。房地产区位状况描述中对位置的描述，主要说明以下方面：坐落、方位、与有关重要场所的距离、临街（路、巷）状况、朝向、楼层等。

17. B。独立客观公正原则就是"中立性原则"，所有鉴证性估价活动都应遵循，并且是从事鉴证性估价活动应遵守的基本行为准则。

18. B。按照交易习惯，挂牌价可能普遍高于或低于实际成交价和市场价。而当平均议价空间不断扩大时，则说明市场趋冷。

19. C。居住权剩余期限内住宅净收益的现值之和。一般采用收益法评估。

20. D。房地产司法拍卖估价，人民法院书面说明依法将拍卖房地产上原有的租赁权除去后进行拍卖的，应评估无租约限制价值；未书面说明依法将拍卖房地产上原有的租赁权除去后进行拍卖的，一般评估出租人权益价值，或者同时评估出租人权益价值和无租约限制价值，并作相应说明，供人民法院选用。

21. B。价值时点时尚未偿还的贷款本金＝45×（1－5/15）＝30（万元），正常负担价＝[（30＋50)/(1－6%)]/85＝1.0013（万元/m²）＝10013(元/m²）。

22. B。再次抵押价值＝未设立法定优先受偿权下的价值－已抵押贷款余额/社会一般抵押率－拖欠的建设工程价款－其他法定优先受偿款＝120－48/60%＝40万元，再次抵押价值的抵押净值＝再次抵押价值－预期实现抵押权的费用和税金＝40－15＝25万元。

23. C。选项A错误，需求曲线是一条向右下方倾斜的直线。选项BD错误，如果考虑该种房地产价格水平以外的影响房地产需求量的因素，那么房地产需求量不再是沿着需求曲线变动，而是整个需求曲线发生位移。例如，消费者的收入水平、偏好、对未来的预期和相关物品价格水平的变化，会改变消费者在给定房地产价格水平下对房地产的需求量。

24. C。期末潜在供给量＝期初存量－本期灭失量－本期转换为其他种类的房地产量＋本期其他种类的房地产转换为该种房地产量＋本期新开发量。

25. C。居住房地产的区位优劣，主要是看其交通条件、周围环境、公共服务设施完备程度等。

26. C。经济距离是综合考虑交通时间、交通费用等因素，并用货币表示，以反映距离或交通便利程度，是一种更加科学但较为复杂的距离。

27. C。该房地产权利受房地产权利以外因素的限制情况：这些限制情况也因使房地产利用或处分受到限制而影响房地产价值价格。就规划和用途管制等房地产利用限制来看，农用地可否转为建设用地，以及对建设用地用途、房屋用途、容积率等的规定，对房地产价值价格影响很大。

28. A。选项A，增加买方的税收，如提高契税税率，会抑制房地产需求，从而会使房地产价格下降；反之，减免契税，会刺激房地产需求，从而会使房地产价格上涨。选项BCD三种情况会导致房地产价格的上升。

29. D。影响房地产价格的经济因素，主要有经济发展、居民收入、物价变动、利率升降和汇率变化。

30. C。选项C错误，遵循合法原则是要求根据依法判定的估价对象状况来估价，即依法判定估价对象是哪种状况的房地产，就应将其作为哪种状况的房地产来估价。

31. A。选项A，上调个人购房贷款利率，会提高购房门槛、增加购房支出、降低购房支付能力，从而会减少住房需求，进而会使住房价格下降；选项BCD均会导致房地产价格上升。

32. D。人口密度从两方面影响房地产价格：一方面，人口高密度地区通常对房地产的需求多于供给，供给相对缺乏，因而房地产价值价格趋高；人口密度增加还有可能刺激商业、服务业等行业的发展，也会提高房地产价值价格。另一方面，人口密度如果过高，表现为人口稠密、容积率高、建筑密度大，特别是在大量低收入者涌入某个区域的情况下，会导致生活环境、社会治安等变差，从而可能降低房地产价值价格。

33. C。由于基准地价修正法是间接比较法，利用其求取的待估宗地价格的合理性与准确性，还取决于基准地价的准确性和现势性、基准地价修正体系的完备性以及有关修正系数的合理性。就现势性来说，待估宗地的估价期日距基准地价的期日一般不超过3年。

34. B。选项B错误，法律法规和政策规定不得抵押的房地产，就不能成为以抵押为估价目的的估价对象。

35. A。在评估用于产权调换房屋的价值时，应特别注意以下两点：①价值时点应与评估被征收房屋价值的价值时点一致，即征收决定公告之日。②估价对象状况，如期房的区位、用途、建筑面积、建筑结构等，以房屋征收部门向房地产估价机构出具书面意见说明的用于产权调换房屋状况为依据。

36. C。修复成本法是测算把估价对象改变后的状况修复到改变前的状况的必要支出及应得利润，将其作为估价对象价值损失额的方法。该方法主要用于评估可修复的房地产价值损失额，包括全部可修复和部分可修复。

37. D。甲可比实例比较价值＝8000×100/(100－2)＝8163.27(元/m²)；乙可比实例比较价值＝7800/(1－6％)＝8297.87(元/m²)；丙可比实例比较价值＝8300－200＝8100(元/m²)。根据权重，估价对象比较价值＝8163.27×0.4＋8297.87×0.2＋8100×0.4＝8164.88(元/m²)。

38. A。根据《城镇土地估价规程》GB/T 18508、《标定地价规程》TD/T 1052，标定地价修正法可用于政府已公布标定地价的区域，且涉及国有土地资产处置或土地资产抵押时。所采用的标准宗地与待估宗地应位于相同或类似区域，且具有可比性。所采用的标定地价应具有现势性，待估宗地的估价期日距标定地价的期日一般不超过1年。

39. C。合理要价＝70＋70/(70＋50)×(150－70－50)＝87.5(万元)。

40. C。作为批量估价的路线价法与比较法的不同之处主要有以下3点：

（1）利用路线价求取临街土地的价格时不进行"交易情况修正"和"市场状况调整"，仅进行"资产状况调整"。

（2）先对多个"可比实例价格"进行综合，即得出路线价，然后进行"资产状况调整"，而不是先分别对每个"可比实例价格"进行修正和调整，然后进行综合。

（3）利用相同的"可比实例价格"即路线价，同时评估出许多"估价对象"即各宗临街土地的价格，而不是仅评估出一个估价对象的价格。

41. C。比较价格＝9130×0.3＋9190×0.4＋9220×0.3＝9181(元/m²)。

42. A。该房地产尚可收益年限为40年。$V=A/Y\times[1-1/(1+Y)^n]=8/8\%\times[1-1/(1+8\%)^{40}]=95.40$(万元)。

43. C。设3年后该商业用地净地的价值为V，则：$1000=80+80/1.08+80/1.08^2+(V-50)/1.08^3$，$V=1029.22$万元。

44. D。该宗房地产现在的价格$V=60/(1+8\%)+72/(1+8\%)^2+V\times(1+6\%)/(1+8\%)^2$，$V=1285.71$(万元)。

45. D。折旧费、抵押贷款还本付息额都不作为运营费用扣除。需要扣除的就是：维修费、保险费、管理费50万元，水电供暖费40万元，房地产税65万元，所以净收益为500－40－50－65＝345（万元）。

46. A。价值时点，土地剩余使用年限为50－10＝40年，土地出让合同约定不可续期且到期无偿收回地上建筑物，则建筑物剩余收益期为40年，年净收益为15万元，报酬率为7.5％，则：房地产价值$V=A/Y\times[1-1/(1+Y)^n]=15/7.5\%\times[1-1/(1+7.5\%)^{40}]=188.92$(万元)。

47. D。收益期也称为未来收益期、剩余收益期，是预计在正常市场和运营状况下估价对象未来可获取净收益的时间，即自价值时点起至估价对象未来不能获取净收益时止的时间。

48. C。选项C错误，建筑物经济寿命是建筑物对房地产价值有贡献的时间，即建筑物自竣工时起至其对房地产价值不再有贡献时止的时间。对收益性房地产来说，建筑物经济寿命具体是建筑物自竣工时起，在正常市场和运营状况下，房地产产生的收入大于运营费用，即净收益大于零的持续时间。建筑物经济寿命主要由市场决定，同类建筑物在不同地区的经济寿命可能不同，一般是在建筑物设计使用年限的基础上，根据建筑物的施工、使用、维护和更新改造等状况，以及周围环境、房地产市场状况等进行综合分析判断得出的。

49. A。功能折旧也称为无形损耗，是因建筑物功能不足或过剩造成的建筑物价值减损。导致建筑物功能不足或过剩的原因可能是科学技术进步，人们的消费观念改变，过去的建筑标准过低，建筑设计上的缺陷等。

50. B。市场提取法求出的报酬率反映的是人们头脑中对过去而非未来的风险判断，它可能不是估价对象未来各期收益风险的可靠指针。

51. D。抵押贷款常数 R_M 为：$R_M = Y_M \times (1+Y_M)^n / [(1+Y_M)^n - 1] = \{7.5\%/12 \times (1+7.5\%/12)^{15 \times 12} / [(1+7.5\%/12)^{15 \times 12} - 1]\} \times 12 = 11.12\%$，$R_O = M \times R_M + (1-M)R_E = 70\% \times 11.12\% + 30\% \times 8\% = 10.19\%$。

52. D。根据题目信息可以判断应用直接资本化公式计算。土地的净收益 $= 50 \times 8\% = 4$（万元），建筑物的净收益 $= 11 - 4 = 7$（万元），建筑物的价值 $= 7/10\% = 70$（万元），则该宗房地产价值为 $50 + 70 = 120$（万元）。

53. A。土地取得成本＋建设成本＋管理费用＋销售费用＋投资利息＋销售税费＋开发利润＝房地产价格；$V = 600 + 500 + 40 + 20 + 30 + (600+500) \times 20\% + 6.5\%V$，$V = 1508.02$（万元）。

54. B。$V = C(1 - d \times t) = C[1 - (1-S)/N \times t]$，$75000 = 1000 \times 100 \times [1 - (1-2.5\%)/N \times 10]$，得 $N = 39$（年）。10年折旧额 $= 100000 - 75000 = 25000$；年折旧额 $= 1000 \times 100 \times (1-2.5\%)/N = 25000 \div 10$，则 $N = 39$（年）。

55. B。门窗等损坏的修复费用 $= 2$（万元）；装饰装修的折旧额 $= 600 \times 500 \times 3/5 = 18$（万元）；设备的折旧额 $= 60 \times 1/15 \times 10 = 40$（万元）；长寿命项目的折旧额 $= (3600 \times 500 - 20000 - 600 \times 500 - 600000) \times 1/50 \times 10 = 17.6$（万元）；该建筑物的物质折旧额 $= 2 + 18 + 40 + 17.6 = 77.6$（万元）。

56. C。选项A错误，后续建设期的起点与开发经营期的起点相同；选项B错误，在预测经营期时，销售期特别是预售期和延迟销售期通常难以准确预测；选项D错误，在预测建设期时，前期的预测相对较困难，建造期的预测方法较成熟，也相对容易些，一般能较准确地预测。

57. B。该地块面积 $= 18 \times 50 = 900$（m²）；单价 $= 2430000/900 = 2700$（元/m²）；单价 $=$ 路线价 $\times$ 平均深度价格修正率；平均深度价格修正率 $= (40+30+20)/(25+25+25) = 1.2$；路线价 $=$ 单价/平均深度修正系数 $= 2700/1.2 = 2250$（元/m²）。

58. B。前街影响深度 $= 175 \times 320/(320+240) = 100$（m）；后街影响深度 $= 175 \times 240/(320+240) = 75$（m）；单价 $=$ 路线价 $\times$ 平均深度价格修正率；总价 $= 320 \times 100\% \times 30 \times 100 + 240 \times 120\% \times 30 \times 75 = 160.8$（万元）。

59. D。修复成本法是测算把估价对象改变后的状况修复到改变前的状况的必要支出及应得利润，将其作为估价对象价值损失额的方法。该方法主要用于评估可修复的房地产价值减损额。

60. C。选项A，估价报告的交付方式有面呈、邮寄、电子邮件等；选项B，估价报告经内部审核合格，由至少2名承办该项业务的估价师签名并加盖估价机构公章；选项D，在当面交付估价报告时，估价师可主动对估价报告中的某些重大注意事项，特别是估价报告载明的适用范围以及相关法律责任作出口头提示或说明。

二、多项选择题

61. ACD	62. ABD	63. ABD	64. ABC	65. ABC
66. ABDE	67. BC	68. ACE	69. AC	70. ABC
71. CE	72. CDE	73. BDE	74. BCDE	75. AC
76. ABC	77. ABCD	78. ABCD	79. AC	80. ABCE
81. BCDE	82. ABC	83. ACD	84. ABD	85. CDE
86. ABCD	87. ACE	88. ACE	89. BD	90. ABCD
91. AE	92. ABD	93. ABD	94. ABE	95. BCD
96. AC	97. ACD	98. ABCD	99. ABD	100. BE

【解析】

61. ACD。选项B错误，估价当事人是与房地产估价活动有直接关系的组织或个人，包括房地产估价机构、注册房地产估价师和估价委托人；选项E错误，价值时点应根据估价目的来确定。

62. ABD。鉴证性估价一般是估价报告或估价结果供委托人给第三方使用或说服第三方，起着价值价格证明作用的估价，如借款人委托的房地产抵押估价，用于上市公司关联交易的估价，为出国移民提供财产证明的估价，服务于上市公司关联交易的估价。如房屋征收部门委托的房屋征收评估、银行委托的房地产抵押估价、人民法院委托的房地产司法估价，税务机关委托的房地产税收估价，也属于鉴证性估价。

63. ABD。选项CE错误，房地产估价机构和房地产估价师应诚实正直，依法独立、客观、公正、诚实地进行估价，不得按照估价委托人或其他单位和个人的高估或低估要求、预先设定的期望价值价格进行估价，不得作虚假估价，不得出具或签署虚假估价报告或有重大遗漏、重大差错的估价报告。

64. ABC。一宗土地的空间范围：①地球表面，简称地表；②地表之上一定高度以下的空间，简称地上空间；③地表之下一定深度以上的空间，简称地下空间。

65. ABC。生地、毛地通常比熟地的变现能力弱，在建工程通常比现房的变现能力弱。房地产在卖方市场下通常比在买方市场下的变现能力强。

66. ABDE。选项C错误，不能用一般物理量的测量误差标准来评判和要求估价的合理误差，而应允许估价有自己的合理误差范围。

67. BC。选项A，房地产估价机构和房地产估价师应回避与自己、近亲属、关联方等利害关系人及估价对象有利害关系的估价业务；选项D，房地产估价机构和房地产估价师应诚实正直，依法独立、客观、公正、诚实地进行估价，不得按照估价委托人或其他单位和个人的高估或低估要求、预先设定的期望价值价格进行估价，不得作虚假估价，不得出具或签署虚假估价报告或有重大遗漏、重大差错的估价报告；选项E，房地产估价机构和房地产估价师不得允许其他单位和个人以自己的名义从事估价业务，不得以其他房地产估价机构、房地产估价师的名义从事估价业务，不得以估价者身份在非自己估价的估价报告上盖章、签名，不得允许他人在自己估价的估价报告上代替自己签名。

68. ACE。选项B错误，房地产估价机构和房地产估价师不得承接超出自己专业胜任能力和本机构业务范围的估价业务；选项D错误，房地产估价机构和房地产估价师应维护自己的良好社会形象及房地产估价行业声誉，不得以恶性压价、支付回扣、虚假宣传、贬低同行、迎合委托人高估或低估要求等不正当手段招揽或争抢业务，不得索贿、受贿或利用开展估价业务之便谋取不正当利益。

69. AC。除城镇土地使用税和耕地占用税因按照占地面积实行从量定额征收而不需要估价服务外，其他税种在不同程度上都需要估价服务。

70. ABC。简单地说，房地产就是房屋和土地，或房产和地产。严格意义上的房地产，是指土地以及建筑物和其他相关定着物，是实物、权益、区位三位一体的财产或资产。

71. CE。需求增加、外部经济、房地产利用限制改变导致的房地产价值增加，属于房地产自然增值；通货膨胀导致的房地产价格上涨，属于房地产保值；对房地产进行投资改良导致的房地产价值增加，属于房地产投资增值。

72. CDE。对房地产进行投资改良，如重新进行装修改造、更新或添加设施设备、改进物业管理等。

73. BDE。选项A，房地产利用限制改变导致的房地产价值增加，属于房地产自然增值。选项C，房地产具有供给有限的特性，还不完全是因为土地供给总量不可增加。

74. BCDE。按照房地产的开发程度，可以把房地产分为下列5类：生地；毛地；熟地；在建工程；现房。

75. AC。选项B，就使用价值和交换价值而言，房地产估价是评估房地产的交换价值；选项D，在现代市场经济中，价格是最普遍、应用最广泛的一种分配方式，总是在起着配给有限的供应量或调节供求的作用；选项E，在房地产估价中所称的价值，一般也是指交换价值。

76. ABC。选项D错误，土地的重新购建成本是价值时点状况的土地的重新购建成本，而不是法定最高出让年限下的价格；选项E错误，按照建筑物重新建造方式的不同，建筑物重新购建成本分为重置成本和重建成本，它们也可以说是两种重新购建成本基准，分别称为重置成本基准和重建成本基准。

77. ABCD。估价对象最高最佳利用状况的确定方法，是先尽可能地设想出估价对象各种潜在的利用，然后从下列4个方面依次进行分析、筛选或判断确定：①法律上是否允许；②技术上是否可能；③财务上是否可行；④价值是否最大化。

78. ABCD。选项E，土地"招拍挂"出让底价的测算不会对假设开发法测算结果有影响。

79. AC。采用投资利润率测算后续开发利润的，计算基数为估价对象价值、估价对象取得税费和后续的建设成本、管理费用、销售费用。

80. ABCE。利用路线价求取临街土地的价格时不进行"交易情况修正"和"市场状况调整"，仅进行"资产状况调整"。

81. BCDE。选项A，房地产的所有权价格一般高于使用权价格。

82. ABC。选项D错误，从增加卖方的税收来看，如果房地产市场是卖方市场，则卖方可通过提高房地产价格将增加的税收转嫁给买方，从而会导致房地产价格上涨。选项E错误，从减少卖方的税收来看，如果房地产市场是卖方市场，则难以使房地产价格下降，主要会使卖方的收益增加；而如果是买方市场，则减少卖方的税收会使房地产价格下降。

83. ACD。估价原则的主要作用：①使不同估价机构和估价师的估价立场和行为趋于一致。②使不同估价机构和估价师选择的估价依据和估价前提趋于一致。③使不同估价机构和估价师评估出的估价对象价值价格趋于一致，并与类似房地产的同一类型的价值价格基本相同或相近。

84. ABD。选项 C 错误，遵循合法原则是要求根据依法判定的估价对象状况来估价，即依法判定估价对象是哪种状况的房地产，就应将其作为那种状况的房地产来估价。选项 E 错误，依法判定的估价对象状况通常是估价对象的实际状况，但也可能不是实际状况，而是有关交易合同、招标文件等约定的状况或者根据估价目的所需设定的状况。

85. CDE。选项 A，在评估出了价值价格之后，还应在估价报告中说明评估出的价值价格对应的时间。这个时间既不是委托人也不是估价师可以随意设定的，而应根据估价目的来确定。选项 B，同时需要注意的是，应采用的有关估价标准的时间界限，一般根据估价作业期来确定，而不是根据价值时点来确定。

86. ABCD。选项 E 错误，同一影响因素在不同地区对房地产价值价格的影响可能不同。

87. ACE。居住房地产的区位优劣，主要是看其交通条件、周围环境、公共服务设施完备程度等。

88. ACE。选项 B，在完全竞争市场下，每种用途的经济地租曲线是递减的，但是梯度不同；选项 D，一般地说，零售业因对交通最敏感，其经济地租曲线的梯度最大，在市中心所能产生的经济地租为各种用途之最。

89. BD。选项 A，实际上，遵循合法原则是要求根据依法判定的估价对象状况来估价，即依法判定估价对象是哪种状况的房地产，就应将其作为那种状况的房地产来估价。选项 C，评估价值虽然通常大于零，但也可能等于或者小于零，只不过如果等于或小于零，则在一般情况下人们就不会委托估价了。选项 E，评估建设用地使用权是以划拨方式取得的房地产的抵押价值的，不应包含划拨建设用地使用权变为出让建设用地使用权应缴纳的出让金等费用。

90. ABCD。《城市房地产管理法》规定：以出让方式取得土地使用权的，转让房地产时，应当符合下列条件：①按照出让合同约定已经支付全部土地使用权出让金，并取得土地使用权证书；②按照出让合同约定进行投资开发，属于房屋建设工程的，完成开发投资总额的 25% 以上，属于成片开发土地的，形成工业用地或者其他建设用地条件。转让房地产时房屋已经建成的，还应当持有房屋所有权证书。

91. AE。正常负担下的价格－应由卖方缴纳的税费＝卖方净得价；正常负担下的价格＋应由买方缴纳的税费＝买方实付金额；正常负担下的价格＝卖方净得价/（1－卖方应缴纳的税费比率）；正常负担下的价格＝买方实付价/（1＋买方应缴纳的税费比率）。

92. ABD。区位状况调整的内容主要有位置（包括所处的方位、与相关重要场所的距离、临街或临路状况、朝向等）、交通（包括进出、停车的便利程度等）、外部配套设施（包括基础设施和公共服务设施）、周围环境（包括自然环境、人文环境以及景观）等影响房地产价格的区位因素。

93. ABD。选项 A，建筑密度与容积率一样，属于规划条件。选项 CE 属于区位状况。

94. ABE。收益性房地产的价值就是其未来净收益的现值之和，该价值的高低主要取决于3个因素：①未来净收益的大小；②获取净收益期限的长短；③获取净收益的可靠程度。

95. BCD。运营费用是维持估价对象正常使用或营业的必要支出，包括房地产税、房屋保险费、房屋维修费、房屋管理费等，具体应根据合同租金的内涵决定取舍，其中由承租人负担的部分不应计入。运营费用是从估价的角度出发，与会计上的成本费用有所不同，通常不含房地产抵押贷款还本付息额、房地产折旧费、房地产改扩建费用和所得税。

96. AC。选项B错误，未来完成的房地产状况不一定是纯粹的房地产，还可能包含动产、特许经营权等房地产以外的资产；选项D错误，对于未来完成的房地产是出租或自营的，求取其预期完成的价值，可先预测其租赁或自营的净收益再采用收益法将该净收益转换为价值；选项E错误，许多待开发房地产，不仅可以而且应同时采用成本法和假设开发法估价，只是在运用假设开发法估价时，其中预期完成的价值不能采用成本法求取。

97. ACD。收益性房地产的价值就是其未来净收益的现值之和，该价值的高低直接取决于以下3个主要变量：①未来净收益的大小——未来净收益越大，房地产价值就越高，反之就越低；②获取净收益期限的长短——获取净收益期限越长，房地产价值就越高，反之就越低；③获取净收益的可靠程度——获取净收益越可靠，房地产价值就越高，反之就越低。

98. ABCD。选项E错误，近3年内所在或相似区域的交易实例不足3个的，原则上不应选用市场比较法。

99. ABD。基准地价内涵，包括基准地价对应的土地权利类型、使用期限、用途、容积率、开发程度和期日。

100. BE。选项A错误，有的估价对象因其所在地的同类房地产交易不够活跃等客观因素，可能会限制某些在理论上适用的估价方法的实际运用；选项C错误，商铺具有收益性，即便现在空置，也可以采用收益法评估；选项D错误，影剧院很少发生交易，但具有收益性，不宜选用比较法，适用收益法。

三、综合分析题

1. A	2. A	3. A	4. D	5. C
6. D	7. A	8. C	9. B	10. A
11. A	12. C	13. A	14. C	15. AB
16. D	17. B	18. A	19. B	20. D

【解析】

1. A。比较价值＝可比实例成交价格×交易情况修正系数×市场状况调整系数×房地产状况调整系数。

2. A。交易情况修正系数应该是估价对象的状况比可比实例的状况，故选择A。

3. A。采用定基价格指数修正，市场状况调整应是估价对象的价格指数比可比实例的价格指数，故选择A。

4. D。应该是估价对象的状况比可比实例的状况，故选择D。

5. C。估价对象的比较价值＝（7218.88＋6850.41＋7291.34）÷3＝7120.21（人民

币元/m²)。

6. D。承租人权益价值即租赁权价格或价值，是承租人按照租赁合同约定对他人的房地产享有相关权益的价值，具体是以剩余租赁期限内合同租金与市场租金差额的现值之和为基础所评估的价值。

7. A。出租人权益价值（也称有租约限制价值）；无租约限制价值＝出租人权益价值＋承租人权益价值；有租约限制价值＝无租约限制价值－承租人权益价值。

8. C。该商铺一年前的整体出租，出租金为1680，则目前年租金为：$1680×(1+3\%)=1730.4$（元/m²）。

9. B。房地产价值＝房地产未来第一年净收益/资本化率＝$\{[1920×(1+5\%)^{10}×1.25×100+1920×(1+5\%)^{10}×0.6×100](1-25\%)/6\%\}×(1-6\%)/(1+10\%)^{10}=262.1060$（万元）。

10. A。直接资本化法是预测估价对象未来第一年的收益，将其除以资本化率或乘以收益乘数得到估价对象价值或价格的方法。

11. A。计息期：也称为计息周期数。为了确定每项费用的计息期，需先测算整个房地产开发项目的建设期。建设期也称为开发期或开发周期，在成本法中，其起点一般是取得房地产开发用地的日期，终点是达到全新状况的估价对象的日期。

12. C。1km²＝1500亩，土地取得费＝1500×15＝22500(万元)；开发费用＝2×1＝2(亿元)＝20000(万元)；$22500×[(1+7\%)^2-1]+(20000×60\%)×[(1+7\%)^{1.5}-1]+(20000×40\%)×[(1+7\%)^{0.5}-1]=4817$(万元)。

13. A。开发利润＝(土地成本＋建设成本管理费用＋销售费用)×投资利润率＝$(22500+20000)×15\%=6375$(万元)。

14. C。假设土地价值为V，$V=22500+20000+2000+100+4817+10\%V+6375$；$V=61991$(万元)。

15. AB。计算基数＝土地成本＋建设成本，相应的房地产开发利润率可称为房地产开发直接成本利润率，简称直接成本利润率。

16. D。在建工程可以考虑采用假设开发法或成本法进行估价，根据题目给出的资料，符合假设开发法的适用条件。

17. B。办公楼的出售价格＝10000×9000＝90000000（元）＝9000（万元）。

18. A。商场的年租金净收益＝$3000×120×12×0.8×80\%×(1-20\%)=2211840$（元）＝221.184(万元)。

19. B。建成后的总价值折现至价值时点的价值＝$9000/(1+8\%)^{1.5}+221.184/8\%×[1/(1+8\%)^{1.5}]=8018.7537+2463.3611=10482.1149$(万元)。

20. D。建筑费＝$3000×12000/10000×60\%×[1/(1+8\%)^{0.75}]=2038.8531$(万元)。

《房地产估价基础与实务》考前小灶卷（一）

微信扫码 免费听课

一、**不定项选择题**（共15小题，每题1分。每题的备选答案中有1个或1个以上的选项符合题意，全部选对的，得1分；错选或多选的，不得分；少选且选择正确的，得0.5分）

1. 如果想了解"外墙装修所用的材料、色彩"，应查找（　　）。
   A. 建筑平面图　　　　　　　　　　B. 建筑剖面图
   C. 建筑立面图　　　　　　　　　　D. 总平面图

2. 下列关于施工图中轴线的说法，正确的是（　　）。
   A. 施工图中的轴线是施工中定位和放线的重要依据
   B. 承重墙、柱子、大梁或屋架等主要承重构件的位置可以画上轴线，也可以不画
   C. 轴线用点画线表示，端部画圆圈，圆圈内注明编号
   D. 轴线水平方向用英文字母由左至右编号，垂直方向用阿拉伯数字由下而上编号

3. 某市拟建一大型展览馆，根据工程项目的划分，该展览馆的土建工程是（　　）。
   A. 单项工程　　　　　　　　　　　B. 单位工程
   C. 分部工程　　　　　　　　　　　D. 分项工程

4. 可将房地产开发划分为若干阶段，其中编制建设工程招标文件属于（　　）的工作。
   A. 投资机会选择与决策分析阶段　　B. 前期工作阶段
   C. 建设阶段　　　　　　　　　　　D. 租售阶段

5. 由城市规划管理部门核发的（　　），主要规定了用地性质、位置和界限。
   A. 选址规划意见通知书　　　　　　B. 规划设计条件通知书
   C. 建设用地规划许可证　　　　　　D. 建设工程规划许可证

6. 申请领取建筑工程施工许可证应具备的条件，有（　　）。
   A. 已经办理该建筑工程用地批准手续　B. 总承包企业已签署了分包合同
   C. 已经确定施工企业　　　　　　　　D. 建设资金已经到账

7. 下列各组特定的市场定义层次中，市场规模由大至小的是（　　）。
   A. 潜在市场、有效市场、服务市场
   B. 有效市场、渗透市场、服务市场
   C. 潜在市场、服务市场、合格的有效市场
   D. 潜在市场、渗透市场、合格的有效市场

8. 某房地产开发企业通过调查，了解写字楼租金变动10%、20%时市场承租面积的变化，该项调查属于（　　）。
   A. 试探性调查　　　　　　　　　　B. 描述性调查
   C. 创新性调查　　　　　　　　　　D. 因果性调查

9. 房地产市场调查人员有时采取在夜间到居住小区测算"亮灯率"的方法来分析入

住率,这种调查方法属于( )。
   A. 观察法   B. 实验法
   C. 讨论法   D. 问卷调查法

10. 某城市2016年初家庭总数为120万户,户均年可支配收入为5万元,约有15%的家庭打算当年购房,平均住房需求80m²/户,则2016年该市新建商品住房的市场潜量是( )万m²。
   A. 1260   B. 1380
   C. 1440   D. 2100

11. 下列关于资金等效值的说法,错误的是( )。
   A. 在资金等效值计算中,终值、年值都可以与现值相等
   B. 在资金等效值计算中,年值是序列值
   C. 资金运动起点时的资金额称为时值
   D. 绝对数额不等的资金额,在一定的时间和利率条件下,价值可以相等

12. 根据房地产开发经营企业的业务经营模式,( )主要适用于商品住宅开发项目。
   A. 开发—销售模式   B. 开发—持有出租—出售模式
   C. 购买—持有出租—出售模式   D. 购买—更新改造—出租模式

13. 房地产开发企业向银行申请了贷款额为1000万元,期限为3年,年利率为8%的抵押贷款,到期一次还本付息,则按月计息比按季计息要多付利息( )万元。
   A. 2.00   B. 7.30
   C. 8.53   D. 9.00

14. 下列房地产投资评价指标中,属于清偿能力指标的有( )。
   A. 现金回报率   B. 投资回收期
   C. 借款偿还期   D. 资产负债率

15. 小跨度厂房是指跨度小于或等于( )m的单层工业厂房。
   A. 4   B. 8
   C. 12   D. 15

二、综合分析题(共10题,每题1.5分。每题的备选答案中有1个或1个以上的选项符合题意,全部选对的,得1.5分;错选或多选的,不得分;少选且选择正确的,选对1个得0.5分)

(一)

因公共利益需要,政府对某棚户改造区作出了房屋征收决定,甲房地产估价机构被选定为征收评估机构。被征收人张某在征收范围内拥有两处住房:其中一处办理了权属登记;另一处为其10年前自行建设,未办理相关手续。收到征收评估分户评估报告后,张某对评估范围和评估结果有异议,认为其自建房屋未得到合理补偿。

1. 本案中征收评估机构的选定程序应当是( )。
   A. 由征收部门对备选估价机构进行综合评分,根据评分结果确定
   B. 由被征收人推选的代表对备选评估机构进行综合评分,根据评分结果确定

C. 由征收部门与被征收人协商，协商不成的，由征收部门采取公开方式确定
D. 由被征收人协商，协商不成的，由征收部门组织被征收人投票以得票多的当选或采取摇号、抽签等随机方式确定

2. 关于张某的自建房屋是否应当进行评估的说法，正确的是（　　）。
A. 依照市、县人民政府的认定、处理结果进行评估
B. 依据张某提供的自建房屋相关证明材料，按照合法建筑进行评估
C. 该自建房屋未进行权属登记，不论何种情况均不应当予以评估
D. 该自建房屋已建10年未被拆除，可认定为合法，按照合法建筑进行评估

3. 张某对评估结果有异议，首先应当（　　）。
A. 委托其他评估机构另行评估　　B. 向原估价机构申请复核评估
C. 向当地评估专家委员会申请鉴定　　D. 向当地人民法院提起诉讼

4. 张某就征收补偿提出的下列要求中，不合理的是（　　）。
A. 张某选择房屋产权调换
B. 张某要求先补偿、后搬迁
C. 张某要求按照搬迁之日类似房地产市场价格补偿
D. 张某要求和房屋征收部门订立书面补偿协议

5. 被征收房屋价值评估的时点为（　　）。
A. 房屋征收决定公告之日　　B. 实地查勘之日
C. 被征收人搬迁之日　　D. 房屋交易之日

（二）

某市规定自2020年4月1日起对二手房交易中的个人所得税由原来按照交易总额的1%计征，调整为按照转让所得的20%计征。张某于2020年4月15日出售了其拥有的一套住房，税务部门认为其申报的成交价格较正常市场价格明显偏低。房屋登记资料显示该套住房为张某于2016年8月27日购得。为合理确定张某应缴纳的个人所得税额，税务部门委托房地产估价机构评估该套住房的市场价值。

6. 税收估价中，对同类房地产数量较多、相互间具有可比性的房地产，宜优先选用（　　）。
A. 批量估价方法进行估价　　B. 比较法进行估价
C. 收益法进行估价　　D. 个案估价的方法进行估价

7. 目前房地产交易环节税收主要针对各种可以买卖交易的房地产进行征收，当税务征收部门需要确定存量房土地增值税扣除金额时，需对（　　）进行评估。
A. 可变现净值　　B. 市场价格
C. 账面价值　　D. 重置成本价

8. 根据估价目的，本估价项目的价值时点应当是（　　）。
A. 2016年8月27日
B. 2020年4月1日
C. 2020年4月15日
D. 2016年8月27日和2020年4月15日

9. 注册房地产估价师应当在估价报告的（　　）内容中对该税收政策调整进行阐述。
A. 估价假设与限制条件　　　　　　B. 市场背景描述与分析
C. 风险提示说明　　　　　　　　　D. 估价测算过程

10. 关于该市税收政策调整可能产生的影响分析，不恰当的是（　　）。
A. 将在一定程度上抑制房地产投资投机性需求
B. 部分刚性需求购房者将转向新建商品住房市场
C. 二手房市场交易量增加，房价上涨势头将趋缓
D. 将在一定程度上催热该市房地产租赁市场

三、问答题（共2题，每题10分。请将答案写在答题纸对应的题号下。本题总共20分）

（一）

某城市房管部门直管公房，产权证载用途为住宅，地处繁华商业区内，建筑面积为1500m²，占地20900m²，土地使用权性质为划拨，房屋建于1955年，后经过两次大修，目前处于正常使用状态。现政府拟将该房地产出售，委托房地产估价机构评估其市场价值。经过调查了解，该区域内建筑容积率为3及以下的商业用途土地价格为2万元/m²，商品住宅销售均价为1.2万元/m²。据此，估价师拟定了以下两种估价思路：①以商品住宅销售均价为基础估价；②以商业用途土地价格为基础估价。请问：

1. 上述两种估价思路中哪种较合适？并说明理由。
2. 针对你所选的估价思路，描述其估价技术路线。

（二）

甲房地产估价机构接受张某的委托，评估其一套购买于2010年8月1日的住宅的转让价值，评估的价值时点为2016年8月1日，评估单价为7000元/m²。张某以购买价9000元/m²为由，对估价结果提出异议。甲房地产估价机构对原估价结果进行了复核并最终决定维持原估价结果。

请说明导致房地产价格前后差异的原因。

四、计算题（2个计算题目，共20分。要求列出算式、计算过程；需按公式计算的，要写出公式；只有计算结果而无计算过程的，不得分。计算结果保留小数点后2位）

（一）

某开发商于2014年8月1日投资开发一专业商场，开发期为3年，平均售价为0.8万元/m²。2016年8月1日王某以1.1万元/m²的价格购买了其中50m²的店面，并向开发商支付了5万元定金，产权持有期为47年。2017年8月1日开发商交房时，王某又支付了11.5万元，余款由商业银行提供的10年期抵押贷款支付，年贷款利率为6.5%，按年末等额付款方式偿还。另外，王某与一承租人订了一份为期10年（2017年8月1日至2027年7月31日）的租赁合同。

合同规定，第一年租金为每月150元/m²，此后租金按每年2%的比率递增，每年年末一次性收取。据估算每年的平均出租经营费用为3万元。王某打算在出租期满时，将此

店面装修后转售，装修费估计为 6 万元。如果王某要求其自有资金在整个投资经营期的内部收益率达到 12％，试计算届时最低转售单价。（计算时点为 2017 年 8 月 1 日，不考虑装修时间和转售税费，计算结果精确到元）。

（二）

某房地产开发项目占地面积 66667m²，容积率为 2.0，土地取得成本为 60000 万元。项目可出售面积为 120000m²，其中：高层住宅 60000m²；多层住宅 50000m²；商铺 10000m²。各类房屋的综合造价分别为：高层住宅 3800 元/m²；多层住宅 2700 元/m²；商铺 3000 元/m²；其他不可售建筑物的综合造价按上述三类房屋的加权单位综合造价计算。财务费用 8000 万元。

各类房屋预计销售均价分别为：高层住宅 9500 元/m²；多层住宅 12000 元/m²；商铺 26000 元/m²。销售费用为销售收入的 2％；销售税费为销售收入的 6.5％。请计算该项目的盈亏平衡加权销售均价及其与预计加权销售均价的比率。

五、指错题（房地产估价报告存在多处错误，请指明其中的 10 处，每指明 1 处错误得 3 分，本题全对得 30 分）

某房地产转让价格评估报告

致估价委托人函（略）

目录（略）

估价师声明（略）

估价结果报告

一、估价委托人（略）

二、房地产估价机构（略）

三、估价目的

委托方拟将估价对象进行市场转让，委托评估其市场现值；为转让合资提供市场交易价格参考依据。

四、估价对象

1. 个别因素分析

本次估价对象为某市某公司综合楼，建筑面积 1362.36m²，占地面积 656.83m²。该房地产坐落于某区某路某号，属某市某公司所有，有宗地征用和建房规划等手续，但尚未办理房屋权属证书和土地使用权证书，权属清楚，无纠纷。

该房地产建成于 2016 年，框架结构共四层，按综合营业楼设计，内外装饰具有一定档次，水、电、暖等配套设施比较齐全。估价前一、二层为酒店经营，三层北半部为"夜总会"舞厅经营，现因西面路规划改造已停业。三层南部及四层为服务公司办公用房。

2. 区位因素分析

估价对象所处某市中心城区某区某路，系某城区中心地带范围，交通方便，周围商业环境条件较好，一面临街，具体位置比较优越。根据市政府规划，该条街道近期即将扩建改造为欧式商业步行街，沿街两侧房屋均需按统一设计进行扩建装修，扩建装修由原房产主承担，如原房产主无能力承担，可将原房产转让他人，需转让者原则上由政府统一收购并实行扩建改造，估价对象即属于这一范围。

（估价对象其他描述略）

五、估价时间

2021年7月。

六、估价原则

1. 合法原则

2. 替代原则

3. 价值时点原则

4. 客观、公正、公平原则

5. 谨慎原则

七、估价依据

1. 国家标准《房地产估价规范》GB/T 50291

2. 房地产估价委托书

3. 房地产估价合同书

4. 政府部门有关计价和税费标准及目前本地区房地产价格信息

5. 市政府关于欧式商业步行街的规划文件

6. 委托方提供和估价人员现场勘验调查取得的全部资料

八、估价方法

根据估价目的、估价对象实况及本地区房地产交易市场情况，确定采用比较法和成本法进行本次估价，以比较法为主，成本法为辅。

1. 估价基本思路

分别按照上述两种方法对估价对象的价值进行估算，然后对两种方法分别求取的估价结果进行加权平均，求得最终评估值。

2. 比较法的技术思路

搜集多个市场上类似房地产交易实例，选取可比实例与评估对象进行比较，对其交易时间、交易情况、区域因素、个别因素等进行修正后测算出比准价格，求取估价对象的评估值。

3. 成本法的技术思路

假设在估价对象所处地段上，使用社会现行的建筑材料、施工工艺及有关费用标准，测算在价值时点建造与估价对象相同结构、建筑风格、装修标准和同等效用的全新状态建筑物所需的各项社会必要成本费用，加利息、利润、税金后扣除折旧，测算其价格，求取估价对象的现行价值。其基本公式如下：

评估值＝取得土地费用＋建筑物建造成本＋利息、利润、税金－折旧

九、估价结果

估价人员根据估价目的，遵循估价原则，按照估价方法和工作程序，结合估价经验对估价对象进行分析、测算、判断，确定某市某公司综合楼（建筑面积1362.36m²），在价值时点2021年7月6日的市场转让评估值为387.00万元（大写：人民币叁佰捌拾柒万元整），平均每平方米建筑面积2840.66元（含舞厅装饰部分）。

十、注册房地产估价师（略）

十一、估价报告应用有效期

本估价报告有效期为一年,即自 2021 年 7 月 21 日至 2022 年 7 月 20 日止。在有效期内如房地产价格发生较大变动,该结果不应调整。

估价技术报告

一、估价对象描述与分析

该房地产建筑为框架结构,按综合营业楼设计,外形设计特别新颖,一层正面为全玻璃门窗,二至四层正面与西面为蓝宝石玻璃幕墙。内部布局作为酒店经营特别合理。一层为大厅,装修档次比较高,艺术吊顶,装有豪华装饰灯,大厅内柱、隔断、楼梯扶手、吧台均为不锈钢或金箔板装饰;内墙、楼梯踏步为大理石贴面,一层地面及二层走廊地面为花岗石;二层有雅座 9 间均为木质艺术装饰,磨光地面砖,其中两大间为 KTV 房间;三层舞厅装饰豪华,灯光、音响及包厢均上档次。办公用房为木质墙裙、门窗套磨光瓷砖地面;二层以上均为双层保温铝合金窗夹板门;水、电、暖、空调配套。停业前经营效益比较好。

估价对象所处某市中心城区某区的某路,系某城区中心地段范围,交通便利,周围商业环境较好。估价对象具体位于某区某路中段南端,即未来欧式商业步行街的南端西侧,门牌号为××号,往南 50m 与比较繁华的小商品街相交,东面临街(外墙至马路是 12m),西侧为居民生活区,北侧为沿街营业房,南临区某机关办公楼。该房地产坐落位置优越,特别是随着欧式商业步行街的改造建设,该处将成为本城区繁华的商业经营黄金地段。

(其他实物、权益、区位状况略)

二、市场背景描述与分析

某路是 20 世纪 90 年代初逐步建成初具规模的一条商业性街道,该街两侧的商业用房交易市场逐步活跃,其价格也不断上涨,但增长的幅度一直比较平稳。自 2011 年初,市政府规划将某路改造成某市中心的一条欧式商业步行街以来,该地段的房地产价格发生了较大突破性的升值变化,预计明后年随着步行街的建成和运营,其房地产价值还会进一步增值。但是根据商业步行街的规划设计,估价对象需向外(东侧扩建 12m),扩建后原建筑外形将被破坏,原使用功能也将受到不良影响,转让后受让人尚需另行投入相当一笔资金对其进行扩建改造,而且转让时原则上由政府统一收购,这样,其整体转让的市场将没有限制,其转让价格也将没有影响。

三、估价对象最高最佳利用分析

估价对象为中型建筑,其酒店娱乐为中档规模,就价值时点现状而言,酒店娱乐经营是其设计的最高最佳使用用途,目前其规模档次在这一地段附近独此一家,加之坐落位置比较优越,如步行街扩建改造成功,估价对象扩建设计合理,将会更加显示其优越性。

四、估价方法适用性分析

根据估价目的和估价对象类型,对该房地产的评估应首选收益法评估为宜,但因现已停业,资料难以搜集,且扩建改造后其用途具有不确定性。即政府已规划确定将其所处街道改造为欧式商业步行街,根据政府规定该房地产转让后将由受让房产主按统一规划设计进行扩建改造,转让改造后的具体用途在估价时不易确定,且转让时其价格还会受原则上由政府统一收购的限制。因此估价应遵循相对保守的原则,故采用比较法和成本法进行评估,以比较法为主,以成本法为辅,然后将两种方法估价的结果进行加权平均,求取最终评估值。

五、估价测算过程

1. 比较法

1) 选取可比实例（表1）

可比实例情况表 表1

实例代号	A	B	C
坐落位置	××路中段	××路中段	××路中段
用途	营业	商住房	商住房
建筑面积	2080m²	190m²	110m²
成交单价	2210元/m²	2300元/m²	2200元/m²
交易日期	2021年7月	2020年6月	2019年5月
交易类型	政府收购	市场转让	市场转让
竣工时间	2017年	2018年	2018年
建筑结构	混合	混合	混合
层数	三层	二层	二层
装修档次	中档	中档	中档
设施	中档有暖	中档无暖	中档无暖
临街状况	临街	临街	临街

2) 确定修正系数

(1) 交易情况

实例B、C为正常交易，不必修正。实例A为政府收购价格偏低，以估价对象正常交易为基准，则实例A修正系数为-5%。

(2) 交易日期修正

交易实例均早于估价对象，根据某路商业步行街改造，房地产价值增值较快的情况，对3个实例均应修正，以可比实例交易当时价格为基准，则修正系数实例A为5%、B为8%、C为10%。

(3) 区域因素修正

估价对象邻近某小商品街，繁华程度好于可比实例，以估价对象为基准，则A、B、C三例修正系数分别为-3%、-3%、-3%。

(4) 个别因素修正

3个实例分别为二、三层，结构、装饰等情况比较接近，估价对象建成时间略早于可比实例，但在建筑结构、建筑规模、设计用途、装修标准、配套设施等方面均优于可比实例，故需作较大修正，以估价对象为基准，实例修正系数A为-8%，B、C为-10%。

3) 计算比较价值（表2）

比准价格计算表（单位：元/m²） 表2

项目	A	B	C
交易价格	2210	2300	2200
交易情况	100/95	100/100	100/100
交易日期	105/100	108/100	110/100
区域因素	100/97	100/97	100/97
个别因素	100/92	100/90	100/90
比较价值	2737.15	2845.36	2772.05

评估单价＝（2737.15＋2845.36＋2772.05）÷3＝2785（元/m²）
评估总值＝2785×1362.36＝3794173（元）（取整）

由于评估对象三楼设有舞厅，而可比实例均无舞厅，无可比性，在修正中不宜确定修正系数，故在上述评估结果中不含舞厅的装修价值，应另行估价加和。

2. 成本法

1) 测算取得土地使用权费用

采用基准地价修正法对该宗土地进行评估。根据有关文件规定，估价对象占用土地为××区一级商业用地，基准地价为920元/m²。根据该宗土地用途、商业和环境条件，以及商业效用和发展前景均较好等因素，并参考市场行情对该宗土地的价值在基准地价基础上作上调修正，经分析评定综合修正系数为14%，评估该宗土地价格为1050元/m²。估价对象占用土地总面积为656.83m²，取得土地使用权总费用＝1050元×656.83＝689671.50（元），折合楼面地价506元/m²。

2) 测算建筑物开发建造成本费用

(1) 建安造价：根据建安费用标准和类似结构建筑的社会平均水平费用比较测定，估价对象土建、安装（包括装修费用，不含舞厅装修）为：850＋300＝1150元/m²。

(2) 前期工程（建筑场地"三通一平"等）：按市场类似工程测定40元/m²。

(3) 专业费用（勘探、设计、监理等）：根据政府有关规定，按建安造价的3%计取为34.50元/m²。

(4) 建设管理费：按建安造价2.5%计取为28.75元/m²。

(5) 综合开发费：按政府规定计取为240元/m²。

(6) 其他费用（消防、排污、人防、公路建设附加费等）：按政府规定计取32.50元/m²。

(7) 投资利息：按建设期均匀投资，贷款年利率5.85%，建设期1.5年，建成后即投入使用，计取投资利息（含土地投资利息）＝1)×5.85%×1.5＋Σ[(1)～(6)]×5.85%×50%×1.5＝111.30(元/m²)。

(8) 开发建造成本＝Σ[(1)～(7)]＝1637.05(元/m²)。

3) 测算利润和税费

(1) 利润按当地类似房地产开发社会平均利润率16%计取＝[1)＋2)]×16%＝2143.05×16%＝342.90(元/m²)。

(2) 税费（两税一费），取重置价值的5.5%计，设重置价值为P：

税费＝5.5%P。

4) 重置价值P＝Σ[1)～3)]

$$P = 2485.96 + 5.5\%P$$
$$P = 2630.63 \text{（元/m}^2\text{）}$$

5) 测算折旧，评估对象为商业用房，按国家商业用地40年规定，其折旧年限最长不能超过40年，该房地产已使用5年，假设估价对象转让扩建改造后不损坏其一般综合营业的经济寿命，采用年限折旧法和实际观察法评定其成新率为90%。

成本法评估单价＝2630.63×90%＝2368（元/m²）

评估总值＝2368×1362.36＝3226068.48（元）

3. 测算"夜总会"歌舞厅装修价值

包括灯光设施，不含音响。因舞厅未来使用用途具有不确定性，故估价中只计算其投资现值和转让税费。计算公式：

评估现值V＝现行投资费用×(1－折旧率)＋转让税费

（1）根据委托方提供的综合投资费用数据，以及调查社会类似舞厅的投资情况，测算评定舞厅现行投资费用为46.56万元。

（2）折旧：评定舞厅装饰设施总耐用年限为10年，已用5年，直线法折旧率为50%。

（3）转让税费＝5.5%V。

（4）舞厅现值V＝46.56×(1－50%)＋5.5%V

$$V=24.63(万元)$$

六、估价结果的确定

对以上两种方法的评估结果进行加权平均求取最终评估值。根据估价目的，估价对象状况和估价思路，结合估价经验分析确定，取比较法结果权数为70%，成本法结果权数为30%，另加舞厅装修投资现值。

评估房地产现值＝3794173×70%＋3226068.48×30%＋246300≈387.00（万元）

经以上估价测算，结合市场调查和估价经验分析，认为上述估价结果公正、合理、切合市场实际，故确定，××市××公司综合楼1362.36m²，占地面积656.83m²，在价值时点2021年7月6日的房地产市场价评估总值为387.00万元。

《房地产估价基础与实务》考前小灶卷（一）
参考答案及解析

一、不定项选择题

1. C	2. AC	3. B	4. B	5. C
6. AC	7. A	8. D	9. A	10. C
11. C	12. A	13. A	14. CD	15. C

【解析】

1. C。建筑立面图是建筑物的各个侧面向竖直平面作正投影所形成的投影图。其内容包括：①反映建筑物的外貌；②标明各层建筑标高、层数，建筑的总高度或突出部分最高点的标高尺寸；③标明外墙装修所用的材料、色彩及分格，出入口处的做法及其装修等；④标注立面详图索引号。

2. AC。施工图中的轴线是施工中定位、放线的重要依据。凡承重墙、柱子、大梁或屋架等主要承重构件的位置必须画上轴线并编上轴线号，凡需要确定位置的建筑局部或构件都应注明与附近轴线的尺寸关系。轴线用点画线表示，端部画圆圈，圆圈内注明编号。水平方向用阿拉伯数字由左至右编号，垂直方向用英文字母由下而上编号。

3. B。单位工程是具备独立施工条件并能形成独立使用功能的建筑物及构筑物，是单项工程的组成部分，可分为多个分部工程。对于建筑规模较大的单位工程，可将其能形成独立使用功能的部分作为一个子单位工程。如工业厂房工程中的土建工程、设备安装工程、工业管道工程等就是单项工程所包含的不同性质的单位工程。

4. B。前期工作阶段包括：获取土地；项目核准和备案；确定规划方案并获得规划许可；工程建设招标；开工申请与审批等。

5. C。《建设用地规划许可证》主要规定了用地性质、位置和界限。

6. AC。申请领取《建筑工程施工许可证》应具备的条件：①依法应当办理用地手续的，已经办理该建筑工程用地批准手续。②依法应当办理建设工程规划许可证的，已经取得建设工程规划许可证。③施工场地已经基本具备施工条件，需要征收房屋的，其进度符合施工要求。④已经确定施工企业，按照规定应该招标的工程没有招标，应该公开招标的工程没有公开招标，或者肢解发包工程，以及将工程发包给不具备相应资质条件的企业的，所确定的施工企业无效。⑤有满足施工需要的资金安排、施工图纸及技术资料，建设单位应当提供建设资金已经落实承诺书，施工图设计文件已按规定审查合格。⑥有保证工程质量和安全的具体措施。施工企业编制的施工组织设计中有根据建筑工程特点制定的相应质量、安全技术措施。建立工程质量安全责任制并落实到人。专业性较强的工程项目编制了专项质量、安全施工组织设计，并按照规定办理了工程质量、安全监督手续。

7. A。市场规模由大至小的是潜在市场、有效市场、合格的有效市场、服务市场和渗透市场。

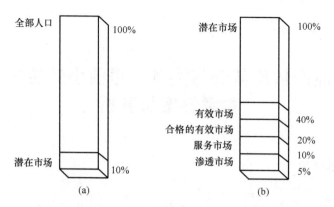

8. D。因果性调查是为了找出现象的原因和结果之间的相互联系而进行的调查。例如，某房地产开发企业通过调查，了解写字楼租金变动10％、20％时市场承租面积的变化，该项调查属于因果性调查。

9. A。观察法，指由调查人员根据调查研究的对象，利用眼睛、耳朵等感官，以直接观察的方式对其进行考察并搜集资料。

10. C。市场潜量即市场需求的上限。$120×15‰×80=1440$ 万 m^2。市场潜量是针对产品的数量（客体数量）而言的，所以是指房子的面积，而不是购买者的数量。

11. C。选项C中应称为现值。

12. A。开发—销售模式适用于商品住宅开发项目；开发—持有出租—出售模式主要适用于写字楼、零售物业、高级公寓等收益性房地产项目；购买—持有出租—出售模式通常为大型房地产企业所采用，房地产投资信托基金也常采用这种模式。

13. A。

$I = F - P = P(1+i)^n - P$

按月计息：

$I = 1000 × (1+8‰/12)^{12×3} - 1000 = 270.23(万元)$

按季计息：

$I = 1000 × (1+8‰/4)^{4×3} - 1000 = 268.24(万元)$

利息差 $= 270.23 - 268.24 ≈ 2$（万元）

14. CD。房地产开发投资清偿能力指标包括：借款偿还期、利息备付率、资产负债率。房地产置业投资清偿能力指标包括：借款偿还期、偿债备付率、资产负债率、流动比率、速动比率。

15. C。按照跨度尺寸，可以将工业建筑分为小跨度厂房和大跨度厂房。其中，小跨度厂房是指跨度小于或等于12m的单层工业厂房，以砌体结构为主。

二、综合分析题

1. D	2. A	3. B	4. C	5. A
6. A	7. D	8. C	9. B	10. C

【解析】

1. D。房地产估价机构由被征收人在规定时间内协商选定；在规定时间内协商不成的，由房屋征收部门组织被征收人投票并以得票多的当选，或者采取摇号、抽签等随机方式确定。具体办法由省、自治区、直辖市制定。

2. A。对于已经登记的房屋，其性质、用途和建筑面积，一般以房屋权属证书和房屋登记簿的记载为准；房屋权属证书与房屋登记簿的记载不一致的，除有证据证明房屋登记簿确有错误外，以房屋登记簿为准。对于未经登记的建筑，应当按照市、县级人民政府的认定、处理结果进行评估。

3. B。被征收人或者房屋征收部门对评估结果有异议的，应当自收到评估报告之日起10日内，向房地产价格评估机构申请复核评估。申请复核评估的，应当向原房地产价格评估机构提出书面复核评估申请，并指出评估报告存在的问题。

4. C。对被征收房屋价值的补偿，不得低于房屋征收决定公告之日被征收房屋类似房地产的市场价格。被征收房屋价值评估时点为房屋征收决定公告之日。用于产权调换房屋价值评估时点应当与被征收房屋价值评估时点一致。房屋征收决定公告之日不是搬迁之日，房屋征收决定公告之日一般情况下早于搬迁之日。

5. A。被征收房屋价值评估的时点为房屋征收决定公告之日。

6. A。对同类房地产数量较多、相互间具有可比性的房地产，宜优先选用批量估价的方法进行估价。对同类房地产数量较少、相互间可比性差、难以采用批量估价的方法进行估价的房地产，应采用个案估价的方法进行估价。

7. D。由于房地产交易环节的房地产包括新建商品房和存量商品房，新建商品房一般由开发企业直接定价并向政府相关部门进行价格备案，可以直接按照销售价格作为课税基数，无须进行估价，应纳税房地产市场价格评估主要针对存量商品房进行。当税务征收部门需要确定土地增值税扣除金额时，需对重置成本价进行评估。

8. C。税务部门认为其申报的成交价格较正常市场价格明显偏低，有逃税嫌疑，所以应当重新评估其申报的成交价格。因此，价值时点是成交日期。

9. B。税收政策调整是明确发生的事实，不能放在估价假设与限制条件中，征税目的估价不用风险提示，因此，应放在市场背景描述与分析中。

10. C。此项税收政策调整目的是提高存量房转让成本，对转让方提高税页，客观上也会抑制需求，因此A、B、D选项并行不悖，但C选项与其他三项相悖。

三、问答题

（一）

1. 若转让后允许改变用途，则以商业用途价格为基础估价较合适，或若转让后不允许改变用途，则以住宅销售均价为基础估价较合适。

理由：估价对象处于繁华商业区，根据最高使用原则应以商业用途价格为基础估价。或估价对象证载用途为住宅，根据合法原则，应以住宅销售均价为基础估价。

2. 估价技术路线：①选择估价方法；②方法运用中的具体处理；③确定估价结果。

（二）

主要原因有：

（1）在价值时点下，房地产市场状况处于低迷状态，房地产市场不景气，住宅类房屋的成交量明显减少。

(2) 从张某购买此房屋到价值时点，中间间隔6年，房屋的成新率明显降低，不论是用成本法还是比较法估价，这一点都是一个减价因素。

(3) 2010年8月1日时，房地产市场可能存在泡沫，至价值时点2016年8月1日，房地产市场回归到正常状态。

(4) 国家相关的制度政策对房价的抑制作用。

四、计算题

（一）

1. 现金流入项目

(1) 租金收入

第一年租金 $A_1 = 150 \times 12 \times 50 \div 10000 = 9$（万元）

以后租金每年比上一年上涨2%

(2) 转售收入：设为 A 万元

2. 现金流出项目

(1) 支付定金：5万元

(2) 支付房款：11.5万元

(3) 借款还本付息：

总房价 $= 50 \times 1.1 = 55$（万元），贷款总额 $= 55 - 5 - 11.5 = 38.5$（万元），$i = 6.5\%$，$n = 10$

$$A = P \frac{i(1+i)^n}{(1+i)^n - 1} = 38.5 \frac{6.5\%(1+6.5\%)^{10}}{(1+6.5\%)^{10} - 1} = 5.3556（万元）$$

(4) 年出租经营费用：3万元

(5) 装修费用：6万元

据此列出现金流量表（单位：万元）：

	0 (2016年买房)	1 (2017年交房)	2	3……10	11 (2027年)
1. 现金流入					
租金收入			9	$9 \times (1+2\%)^{t-2}$	$9 \times (1+2\%)^9$
转售收入					A
2. 现金流出	5	11.5	8.3566	8.3566	14.3566
定金	5				
追加首付款		11.5			
贷款还本付息			5.3556	5.3566	5.3566
运营成本			3	3	3
装修费用					6
3. 净现金流量					

3. 现金流入和流出，分别求现值，要比计算出净现金流再求现值计算简单，所以分

别求现值再求和

(1) 租金收入的现值

$$P_1 = \frac{A_1}{i-s}\left[1-\left(\frac{1+s}{1+i}\right)^n\right] = \frac{9}{12\%-2\%}\left[1-\left(\frac{1+s}{1+i}\right)^{10}\right] = 54.6765(万元)$$

(2) 转售收入的现值

$$P_2 = \frac{A}{(1+12\%)^{10}} = 0.322A（万元）$$

(3) 先求出现金流出之和，再折现

现金流出的现值之和 $= 5\times(1+12\%)+11.5+\frac{8.3556}{12\%}\times\left[1-\frac{1}{(1+12\%)^9}\right]+\frac{14.3556}{(1+12\%)^{10}}$

$= 66.2428$（万元）

4. 求自有资金收益达到12%时的转售收入，就是求当 $NPV=0$ 时的转售收入

$NPV = 0.322A + 54.6765 - 66.2428 = 0$

$A = 35.9202$（万元）

单价 $= \frac{35.9202}{50} = 0.7184$（万元/m²）$= 7184.00$（元/m²）

（二）

设该项目的盈亏平衡加权销售均价为 A（元/m²）

建筑面积 $= 66667\times 2 = 133334$（m²）

销售收入 $= 120000A$（元）

销售费用 $=$ 销售收入 $\times 2\% = 120000A\times 2\% = 2400A$（元）

销售税费 $=$ 销售收入 $\times 6.5\% = 120000A\times 6.5\% = 7800A$（元）

可出售面积中，高层、多层、商铺所占的比例分别为：

高层：$60000/120000 = 50\%$

多层：$50000/120000 = 41.67\%$

商铺：$10000/120000 = 8.33\%$

不可出售建筑面积 $= 133334 - 120000 = 13334$（m²）

不可售建筑物综合造价 $=(3800\times 50\%+2700\times 41.67\%+3000\times 8.33\%)=3274.99$（元/m²）

该项目造价

$= 13334\times 3274.99 + 60000\times 3800 + 50000\times 2700 + 10000\times 3000$

$= 436668716.72$（元）

土地取得成本 $= 60000$ 万元，财务费用 $= 8000$ 万元

当盈亏平衡时：

销售收入 $-$ 销售税费 $=$ 土地取得成本 $+$ 该项目造价 $+$ 财务费用 $+$ 销售费用

$120000A - 7800A = 60000\times 10000 + 436668716.72 + 8000\times 10000 + 2400A$

$A = 10170.02$（元/m²）

盈亏平衡加权销售均价为 10170.02（元/m²）

预计加权销售均价

$$=9500×50\%+12000×41.67\%+26000×8.33\%$$
$$=11916.2(元/m^2)$$

盈亏平衡加权销售均价与预计加权销售均价的比率为：
$$\frac{10170.02}{11916.2}=85\%$$

五、指错题

1. 一次评估只能有一个估价目的。
2. 估价时间用词错误，应为价值时点。
3. 价值时点应具体到某一日。
4. 估价结果报告缺价值类型。
5. 缺少估价的假设和限制条件。
6. 结果报告中缺少成本法和比较法的定义。
7. 成本法公式错误，缺少管理费用和销售费用。
8. 缺少实地查勘期和估价作业期。
9. 市场背景分析中其整体转让的市场将没有限制表达不妥。
10. 没有逐一分析比较法、收益法、成本法、假设开发法等估价方法对估价对象的适用性。
11. 可比实例A用途为营业表达不准确，营业是经营状态。
12. 可比实例B、C的用途是商住房，虽然大类与估价相同，但估价对象是商业与办公的综合，应选取小类也相同的商业与办公实例。
13. 可比实例B、C的建筑面积太小，建筑规模与估价对象不相当，不应选取为可比实例。
14. 可比实例B、C的交易日期距价值时点间隔超过1年，不宜作为可比实例。
15. 未说明建设管理费费率确定为2.5%的理由或依据。
16. 投资利息应该用复利计算，而不是单利。
17. 没有明确利润率是哪种利润率，不同类型的利润率计算基数是不同的。
18. 销售税费的计算基数应为销售收入或开发完成后房子的价值。
19. 缺少房产税、城镇土地使用税和保险费的计算。
20. 缺销售费用的计算。
21. 成本法测算评估总值应与比较法结果统一标准，一致取整，小数点后应四舍五入。
22. 没有列明不同估价方法的测算结果。
23. 估价技术报告最后缺附件。
24. 估价报告缺封面。

《房地产估价基础与实务》考前小灶卷（二）

一、**不定项选择题**（共15小题，每题1分。每题的备选答案中有1个或1个以上的选项符合题意，全部选对的，得1分；错选或多选的，不得分；少选且选择正确的，得0.5分）

1. 从屋顶到基础，全部构件部位均需设缝分开的变形缝是(　　)。
   A. 伸缩缝　　　　　　　　　B. 沉降缝
   C. 防震缝　　　　　　　　　D. 施工缝

2. 房产面积的测量精度分为(　　)级。
   A. 五　　　　　　　　　　　B. 二
   C. 三　　　　　　　　　　　D. 四

3. 下列哪项不是空调系统按空气处理的设置情况分类(　　)。
   A. 集中式系统　　　　　　　B. 分布式系统
   C. 半集中式系统　　　　　　D. 冷却系统

4. 邀请招标是一种非公开招标方式，被邀请参加投标的承包商通常在(　　)。
   A. 3个以上　　　　　　　　 B. 5~10个
   C. 5个以上　　　　　　　　 D. 3~10个

5. 竣工验收的工作程序一般分为三个阶段，下列(　　)是竣工验收工作程序的第一阶段。
   A. 单项工程验收　　　　　　B. 分部工程验收
   C. 综合验收　　　　　　　　D. 单位工程验收

6. 房地产开发项目的前期工作的主要内容包括(　　)。
   A. 获取土地使用权　　　　　B. 确定规划设计方案并获得规划许可
   C. 建设工程招标　　　　　　D. 建筑安装施工

7. 在房地产产品的生产过程中，承担开发建设用地规划方案设计、建筑设计等项工作的，一般是(　　)。
   A. 建筑师　　　　　　　　　B. 工程师
   C. 造价工程师　　　　　　　D. 估价师

8. 由于房地产具有明显的不可移动性和异质性，且市场集中度较低，因此房地产市场具有明显的(　　)特征。
   A. 完全竞争　　　　　　　　B. 垄断竞争
   C. 寡头垄断　　　　　　　　D. 完全垄断

9. 北京市甲级写字楼出售市场，是按房地产市场细分的(　　)标准划分的。
   A. 按区域范围细分　　　　　B. 按房地产用途细分
   C. 按增量存量细分　　　　　D. 按交易形式细分

10. 在下列房地产市场指标中，属于市场交易指标的有（　　）。
    A. 空置量　　　　　　　　　　　B. 房地产价格指数
    C. 平均建设周期　　　　　　　　D. 吸纳率

11. 假定企业将长期地以现时的形式和目标，不间断地经营下去，这属于（　　）假设。
    A. 会计主体　　　　　　　　　　B. 持续经营
    C. 会计分期　　　　　　　　　　D. 货币计量

12. 开发—销售模式主要适用于商品住宅开发项目和部分其他用途类型的开发项目，这种业务模式下的现金流入是（　　）。
    A. 销售收入　　　　　　　　　　B. 出租收入
    C. 利息收入　　　　　　　　　　D. 转售收入

13. 下列关于资产负债率的表述中，正确的是（　　）。
    A. 表明了负债占资产的比例
    B. 反映了项目的财务风险程度
    C. 资产负债率越高，则企业应变能力越强
    D. 属于长期偿债能力指标

14. 对某房地产项目进行敏感性分析，当地价、建造成本、贷款利率、资本化率分别降低10%时，项目开发利润的变化分别为27.31万元、55.04万元、10.16万元、88.33万元，则其中最敏感的因素是（　　）。
    A. 地价　　　　　　　　　　　　B. 建造成本
    C. 贷款利率　　　　　　　　　　D. 资本化率

15. 考查项目全部投资的盈利能力，为各投资方案比较建立共同的基础，需要编制（　　）。
    A. 项目投资现金流量表　　　　　B. 资本金现金流量表
    C. 投资者各方现金流量表　　　　D. 财务计划现金流量表

二、综合分析题（共10题，每题10分。每题的备选答案中有1个或1个以上的选项符合题意，全部选对的，得1.5分；错选或多选的，不得分；少选且选择正确的，选对1个得0.5分）

（一）

2020年1月1日，甲公司以其拥有的一幢总建筑面积为25000m²的综合楼申请了期限为1年的抵押贷款，该综合楼的市场价值和抵押价值经评估均为12亿元。2020年3月1日，甲公司再次为该综合楼申请了期限为2年的抵押贷款，经评估，该综合楼的市场价值为15亿元。截至该时点，2020年申请的抵押贷款余额为2亿元。当地同类房地产抵押贷款成数一般为50%。2021年7月1日，政府因公共利益需要，对该综合楼作出了征收决定并公告，经评估，该综合楼在完全产权状况下的市场价值为16亿元。甲公司尚未偿还的抵押贷款余额为4亿元。

1. 2020年3月1日该综合楼的再次抵押价值为（　　）亿元。
    A. 10　　　　　　　　　　　　　B. 11

C. 13　　　　　　　　　　　　　　D. 15

2. 2021年7月1日该综合楼的被征收价值为（　　）亿元。
A. 12　　　　　　　　　　　　　　B. 14
C. 15　　　　　　　　　　　　　　D. 16

3. 征收补偿时，该综合楼室内装饰装修价值和停产停业损失应（　　）。
A. 委托房地产估价机构评估确定
B. 由征收部门根据甲公司提供的发票、完税凭证等确定
C. 由征收当事人协商确定，协商不成的，可以委托房地产估价机构评估确定
D. 由征收部门根据甲公司提供的发票、完税凭证等，结合市场情况综合确定

4. 政府发布的征收决定公告中，一般不包括的内容为（　　）。
A. 征收补偿方案　　　　　　　　　B. 行政诉讼权利
C. 行政复议权利　　　　　　　　　D. 搬迁期限

5. 房屋征收的价值内涵为（　　）。
A. 被征收房屋及其占用范围内的土地使用权在正常交易情况下，由熟悉情况的交易双方以公平交易方式在价值时点自愿进行交易的金额，但不考虑被征收房屋租赁、抵押、查封等因素的影响
B. 评估对象由熟悉情况的交易双方以公平交易方式在评估时点自愿进行交易的金额，但政府对评估对象定价有特别规定的除外
C. 为房屋征收部门与被征收人确定被征收房屋价值的补偿提供依据，评估被征收房屋的价值
D. 为房屋征收部门与被征收人计算被征收房屋价值与用于产权调换房屋价值的差价提供依据，评估用于产权调换房屋的价值

（二）

甲公司于3年前以出让方式取得一宗商业用地使用权，土地使用期限为40年，约定不可续期。经批准规划建设方案为：容积率为12，设计高度为150m，设计用途为酒店。该项目基础工程完成时，因城市规划调整，酒店设计高度降为120m。酒店现已按期竣工，为确定规划调整给该开发项目造成的损失，甲公司委托乙房地产估价机构进行评估。经分析测算，规划调整导致该酒店建造成本较同类酒店高出1020万元，使用成本年均高出2万元，功能缺陷导致年均收益损失50万元，报酬率为7%。

6. 在损害赔偿估价中，可以采用以下哪种估价方法（　　）。
A. 损失资本化法　　　　　　　　　B. 基准房屋价值修正法
C. 个案估价法　　　　　　　　　　D. 基准地价修正法

7. 对可修复的被损害房地产价值减损和房地产损害中可修复的部分，宜采用（　　）作为价值减损额。
A. 成本法测算房屋重置价格
B. 损失资本化法测算房地产效益的减损值
C. 修复成本法测算其修复成本
D. 价差法测算损害前后市场价值之差

8. 对该酒店进行损害赔偿估价，不适宜采用的估价方法为（　　）。
   A. 修复费用法　　　　　　　　B. 损失资本化法
   C. 赔偿实例比较法　　　　　　D. 损失前后差价法
9. 规划调整该开发项目造成的损失不包括（　　）。
   A. 投资利息损失　　　　　　　B. 土地价值减损
   C. 前期工程费损失　　　　　　D. 酒店品质受损造成经营收益损失
10. 规划调整给该酒店造成的价值减损额为（　　）万元。
   A. 655.85　　　　　　　　　　B. 682.08
   C. 1675.85　　　　　　　　　 D. 1702.08

三、问答题（共2题，每题10分。请将答案写在答题纸对应的题号下。本题总共20分）

（一）

某房地产估价机构接受委托，评估位于某历史文化街的一沿街小型商铺的市场价值。该商铺形状方正，权利状况完整。注册房地产估价师张某对该商铺进行实地查勘后，拟选用比较法作为主要的估价方法，但仅搜集到A、B、C、D 4个交易实例。实例A交易时带有3年尚未到期的租约，合同租金明显低于市场租金；实例B系兄弟之间转让；实例C系相邻商铺的业主购买后扩大经营规模；实例D平面形状为"L"形，系业主将原为矩形的商铺临街面二分之一宽度、三分之一深度的部分转让给某银行安装自动取款机所致。除以上情况外，4个交易实例与估价对象均具有较好的可比性。

1. 4个交易实例是否可以选作可比实例？
2. 4个交易实例中若有可以选作可比实例的，应如何对它们的成交价格进行修正或者调整？

（二）

某正常营业中的酒店有多种功能用房，其中，客房、餐厅、会议中心等由该酒店业主自行经营，娱乐中心、商场对外出租。某房地产估价机构接受委托评估该酒店房地产的市场价值。注册房地产估价师进行了实地查勘和市场调查，拟选用收益法作为主要的估价方法之一。

针对上述情况，请分别说明该酒店各类功能用房收益测算的技术思路。

四、计算题（2个计算题目，共20分。要求列出算式、计算过程；需按公式计算的，要写出公式；只有计算结果而无计算过程的，不得分。计算结果保留小数点后2位）

（一）

某房地产开发企业于2020年3月末以20000万元购得一宗用途为商品住宅的土地。项目于2020年6月末动工建设，建设投资中有12000万元为年利率7.5%、按季计息、分三期发放的银行贷款：第一笔贷款为4000万元，发放时间为2020年6月末；第二笔贷款为6000万元，发放时间为2020年9月末；第三笔贷款为2000万元，发放时间为2020年12月末。

借款合同约定的还款方式是：2021年6月前只计息不还款；2021年6月起在每期末支付当期利息；本金于2022年3月末归还5000万元，2022年6月末一次归还所剩本金和利息。请计算该项目各期借款的还本付息额。完成下面项目各期还本付息表。

项目各期还本付息表（单位：万元）

期末	2020.6	2020.9	2020.12	2021.3	2021.6	2021.9	2021.12	2022.3	2022.6
期初借款本息累计									
本期借款增加									
本期应计利息									
本期还本									
本期付息									
期末借款本息累计									

（二）

某购物中心开发项目规划建设用地面积为10000m^2，总建筑面积为15000m^2。预计项目开发建设周期为2年，总投资为13500万元（不包括贷款利息）。项目第1年投资8100万元，其中资本金（自有资金）为5400万元，其余为甲银行贷款；项目第2年投资5400万元，全部为甲银行贷款；甲银行贷款年利率为9.0%，按年复利计息，项目竣工时一次性还清本息。项目竣工后开发商将购物中心用于出租经营，且立即向乙银行申请抵押贷款以偿还甲银行贷款本息，乙银行贷款期限为3年、年利率为7%，按年付息、到期还本。

购物中心的可出租面积为总建筑面积的70%，采用基础租金加百分比租金形式出租，基础租金不随时间变化，百分比租金为超额营业额的10%。预计购物中心的出租率为95%，年超额营业额为10000万元。购物中心的运营成本为毛租金收入的35%。开发商于项目运营3年后整体转售，净转售收入是年净经营收入的9.5倍。假设投资和贷款发生在年初，收入、运营成本和还款均发生在年末，不考虑所得税及其他税收。请回答下列问题：

（1）若开发商要求的自有资金目标收益率为20%，则购物中心的年最低基础租金为多少元/m^2（精确到个位）？

（2）在该最低基础租金水平下，设项目全部投资的目标收益率为13%，该项目全部投资的内部收益率是多少（精确到小数点后2位）？

五、指错题（房地产估价报告存在多处错误，请指明其中的10处，每指明1处错误得3分，本题全对得30分）

房地产抵押估价报告
致估价委托人函

某市某商厦：

某房地产评估咨询有限公司接受贵方委托，根据委托的内容和特定的评估目的，遵循客观、公正、实事求是的原则，按照《房地产估价规范》GB/T 50291和公允的技术标准，对坐落在某路某号的委托估价房地产进行了现场勘察和评定估算，现将评估结果通知如下：

委托估价房地产共一处，建筑结构为钢混结构，用途为商业服务用房，总建筑面积11055.40m²，在评估基准日2020年11月20日所评估总值为人民币4794万元（大写：人民币肆仟柒佰玖拾肆万元整）

特此通告！

某房地产评估咨询有限公司（公章）

法人代表（签字）

2005年11月20日

注册房地产估价师声明（略）

估价的假设和限制条件（略）

某商厦房地产估价结果报告

一、估价委托人（略）

二、房地产估价机构（略）

估价资格等级：房地产估价B级资质

三、估价对象

某商厦位于某路某号，所处地段优越，交通十分便利。功能齐全，设施先进，商业价值极高，发展前景良好。该商厦是一家三星级旅游涉外酒店，拥有标准房、套房、豪华套房共125间。配有中央空调、程控电话、闭路电视、视听系统、烟感报警等设施，还配有中西餐厅15间。另外配有舞厅、休闲厅、美容厅、商务中心、小卖部。主楼1层为大堂及购物中心、保龄球馆等；2层为中西餐厅、休闲厅、美容厅、商务中心、小卖部。3～12层酒店客房；另有3套锅炉、配电、供冷暖等配套房产。酒店大堂高6m，标准层高为3m，中庭两部电梯可直达14层。2010年11月建造使用及2010年再进行装修，整幢房屋总建筑面积11011.22m²，其中主楼10689.51m²，锅炉、配电、供冷暖等配套房产321.71m²。低层主体为大堂及购物中心、大餐厅、棋牌室等，现浇钢筋混凝土柱、梁、门厅用进口大理石包柱，无框地弹簧玻璃门，地坪上铺贴进口大理石；2层餐厅为各式包厢，水泥地坪上铺贴木地板，夹板软、硬包护墙，切片板窗门套，切片板凹凸双木门。3～12层为宾馆客房部，按三星级宾馆要求进行装修，整体结构为框架。

四、估价目的

为确定房地产抵押贷款额度提供参考依据而评估房地产抵押价值。

五、价值时点

2020年11月20日。

六、价值定义

本次估价采用公开市场价值标准。

七、估价依据

1. 《房地产估价规范》GB/T 50291—2015。
2. 估价委托人提供的固定资产明细表。
3. 估价委托人提供的房屋所有权证等有关材料。
4. 评估人员现场勘察和掌握的资料。

5. 有关法律法规规定。

八、估价原则
遵循合法原则、最高最佳使用原则、价值时点原则和替代原则。

九、估价方法
根据评估目的，结合房屋用途，确定该房产采用收益法评估较为适宜。

从某大厦的建筑形象投资、功能、结构材料、装修材料、设备等方面考查，本大厦为本市最高水平、属三星级宾馆，目前市场上尚无此类交易案例，所以采用市场比较法无法评估其市场价值。

某大厦从使用功能方面划分，可以分为商场、餐厅、酒店客房、会议厅、娱乐5个部门。经过分析、比较，对某大厦价值的评估，宜采用收益还原法进行分部评估，另外采用成本法（土地部分用市场比较法）进行校核。

十、评估结果
委估房地产共一处，属钢混结构商业用房，总建筑面积 11055.40m²，在评估基准日 2020 年 11 月 20 日的评估总值为人民币 4774 万元（大写：人民币肆仟柒佰柒拾肆元整）

十一、注册房地产估价师（表1）

注册房地产估价师情况表　　　　　表1

姓名	估价资格	估价师证书号
略	房地产估价师	略
略	房地产估价师	略
略	房地产估价师	略
略	房地产估价师	略

十二、估价作业日期
2020 年 11 月 13 日至 2020 年 11 月 20 日

十三、估价报告应用的有效期
根据现行规定，评估报告有效期为评估基准日后一年。即本报告评估结果有效期为 2020 年 11 月 20 日至 2021 年 11 月 20 日。超过一年使用，需重新进行评估。

十四、市场风险提示（略）

十五、评估说明
1. 权属的界定以房屋所有权为准。房屋的建筑面积以权属登记测量结果为依据，经实地核对，取其确认的合法面积。
2. 本次评估价值中房地产附属物的价值适当考虑。
3. 本次评估结果仅供确定其抵押贷款价值时参考。

房地产估价技术报告

一、估价对象实物状况描述与分析（略）
二、估价对象权益状况描述与分析（略）
三、估价对象区位状况描述与分析（略）
四、市场背景描述与分析（略）

五、估价方法适用性分析

根据评估目的，结合房屋用途，确定该房产采用收益法评估较为适宜。

某大厦从使用功能方面划分，可以分为商场、餐厅、酒店、会议厅、娱乐5个部分。经过分析、比较，对某大厦市值的评估，宜采用收益还原法进行分部评估，另外采用成本法（土地部分用市场比较法）进行校核。

六、估价测算过程

（一）以收益还原法进行分部评估

1. 计算公式

$$V = V_1 + V_2 + V_3 + V_4 + V_5 = (a_1 + a_2 + a_3 + a_4 + a_5)/r = A/r$$

式中 V——整个大厦现时房地产评估价格；

V_1——商场部分房地产的现时评估价格；

V_2——餐厅部分房地产的现时评估价格；

V_3——酒店客房部分房地产的现时评估价格；

V_4——会议厅部分房地产的现时评估价格；

V_5——娱乐部分房地产的年纯收益；

a_1——商场部分房地产的年纯收益；

a_2——餐厅部分房地产的年纯收益；

a_3——酒店客房部分房地产的年纯收益；

a_4——会议厅部分房地产的年纯收益；

a_5——娱乐部分房地产的年纯收益；

r——正常还原利率，以目前银行一年期贷款利率，加上必要的风险利率后确定。

2. 年纯收益 A 的确定

该大厦年纯收益 A＝年总收益（3年来平均）－年总支出（包括3年来平均房产及家具的折旧＋管理人员的工资＋各种增值税及管理费等）

以下收益和支出的测算均根据某商厦财务部提供的有关资料。

（1）商场部分房地产的年纯收益 a_1

年收益＝（按每天收入1万元计）1万元/天×30天/月×12月＝360万元

年支出＝工资及福利38万元＋房产及柜台折旧28万元＋税金8万元＋水电费5万元＋管理费5万元＋成本费用265万元＝349万元

年纯收益 a_1＝360－349＝11万元

（2）餐厅部分房地产的年纯收益 a_2

年收益＝（包厅12个×800元/次＋大厅28桌×600元/次＋宴会厅40桌×600元/次）×2次×30天×12个月×满客率41.3％＝50400万元/次×2次×30天/月×12月×满客率41.3％＝15000000元＝1500万元

年支出＝工资福利180万元＋房产及桌具折旧约60万元＋税金95万元＋水电费30万元＋管理费用85万元＋成本费用900万元＋物料消耗等40万元＝1390万元

年纯收益 a_2＝（1500－1390）万元＝110万元

（3）酒店客房部分房地产的年纯收益 a_3

年收益＝320元/(个·天)×客房125个×出租率60％×360天＝8640000元＝864

万元

年支出＝工资及福利195万元＋房产及床具折旧150万元＋税金55万元＋水电费80万元＋管理费用105万元＋物料消耗等50万元＝635万元

年纯收益a_3＝(864－635)万元＝229万元

(4) 会议厅部分房地产的年纯收益a_4

年纯收益＝出租10次/月×租金1500元/次×12月＝180000(元)＝18万元

年支出＝工资及福利3万元＋房产及桌具折旧2万元＋税金1.5万元＋水电费2万元＋管理费用0.50万元＝9万元

年纯收益a_4＝(18－9)万元＝9万元

(5) 娱乐部分房地产的年纯收益a_5

年收益＝舞厅1个7万元＋KTV包房(5个)36万元＋1000人茶座30万元＝73万元

年支出＝工资及福利10万元＋房产及桌具折旧5万元＋税金8万元＋水电费2万元＋管理费用1万元＋成本费用10万元＝36万元

年纯收益a_5＝(73－36)万元＝37万元

总之，$A = a_1 + a_2 + a_3 + a_4 + a_5$＝(11＋110＋229＋9＋37)万元＝396万元

还原利率r的确定：以目前银行一年期贷款利率7.13％计，再加上7.13％×30％＝2.14％的风险利率，即还原利率为9.27％。

整体某大厦房地产的现时评估价格为：

$V = A/r$＝397万元/9.27％＝4282.632万元

(二) 以成本法(土地部分用市场比较法)进行校核评估

1. 土地价格评估

整个大厦占地约12亩，50万元/亩(计算过程略)，土地价格＝12亩×50万元/亩＝600万元。

2. 建筑物价格评估

建筑物价格评估分为酒店和附属工程部分进行。

(1) 酒店部分：计算公式如下：

成本价＝重置价×成新率

重置价＝成本费用＋利息＋利润＋各项费用

1) 重置价：根据酒店财务部及后勤部提供的资料并经评估人员审核、调整，各重置价组成部分如下，A：成本费用3500万元(其中主体工程1300万元、专业费1700万元、前期工程费500万元)。B：利息200万元。C：利润350万元。D：各项税费300万元。

重置价：$A + B + C + D$＝4350万元。

2) 成新率：成新率用直线折旧法进行计算，由于主体工程部分和装修安装部分耐用年限并不相同，因此，应分别计算其成新率。主体工程部分耐用年限80年，残值率为0，到价值时点已使用10年，因此成新率为(80－10)÷80＝87.5％；装修安装部分耐用年限25年，70％为1998年重新装修，刚刚使用，尚可使用年限确定为17.5，残值率为10％，因此，其成新率为(1－10％)×17.5÷25＝73％。

3) 酒店成本价：重置价4350万元，装修安装投资1080万元，整个酒店的成本价可以分成主体和装修安装两部分，因此酒店成本价为：

4350×87.5％＋1080×73％＝4594.65（万元）

（2）附属工程部分：用同样的方法可评估出锅炉、配电、供冷暖等配套房产70万元（包括地面、围墙、大门等）。

（3）建筑物总价＝（4594.65＋70）＝4664.65（万元）

3．房地产总价

房地产总价格＝土地价格＋建筑物价格＝（600＋4664.65）＝5264.65万元

七、评估结果确定

用以上两种方法得出的评估价格分别为4282.632万元和5264.65万元。考虑到本次评估的目的是作为抵押贷款之用，我们选择二者的算术平均值4773.64万元，取整为4774万元，大写人民币：肆仟柒佰柒拾肆万元整。

附　件

1. 估价委托书
2. 估价对象位置示意图
3. 估价对象权属证明复印件
4. 估价机构资质证书和营业执照复印件
5. 估价师注册证书复印件
6. 估价中引用的其他专用文件资料

《房地产估价基础与实务》考前小灶卷（二）参考答案及解析

一、不定项选择题

1. B	2. C	3. D	4. A	5. A
6. ABC	7. A	8. B	9. ABD	10. BD
11. B	12. A	13. ABD	14. D	15. A

【解析】

1. B。沉降缝与伸缩缝的不同之处是除屋顶、楼板、墙身都要断开外，基础部分也要断开。

2. C。房产测量中以中误差作为评定精度的标准，以两倍中误差作为限差。房产面积的测量精度分为三级，各级的限差和中误差不得超过规定值。

3. D。冷却系统不属于按照空气处理设备的设置情况分类。

4. A。邀请招标是非公开招标方式的一种。实行邀请招标的项目应符合国家招标投标法有关规定并经相关审批部门核准，进行邀请招标时，可由开发商或其委托的招标代理机构向具备承担项目的能力、资信良好的特定的法人或者其他组织发出投标邀请书。被邀请参加投标的承包商通常在3个以上。

5. A。竣工验收的工作程序一般分为三个阶段：单项工程验收（开发商或业主）→综合验收（所有工程参与方和政府部门联合验收）→竣工验收备案。

6. ABC。前期工作阶段包括：获取土地；项目核准和备案；确定规划设计方案并获得规划许可；工程建设招标；开工申请与审批，其他前期工作。

7. A。建筑师一般承担开发建设用地规划方案设计、建筑设计等工作。

8. B。由于房地产具有明显的不可移动性和异质性，且市场集中度偏低，因此房地产市场具有明显的垄断竞争特征。

9. ABD。按照关键词来划分，北京市属于按区域范围划分；甲级属于按照目标市场划分；写字楼属于按照用途划分；出售属于按照交易方式划分。

10. BD。市场交易指标包括：销售量、出租量、吸纳量、吸纳率、吸纳周期、预售面积、房地产价格、房地产租金、房地产价格指数。选项AC属于供给指标。

11. B。持续经营是指会计主体在可以预见的将来，将根据企业既定的经营方针和目标不断地经营下去，即在可以预见的未来，企业不会被宣告破产或进行清算，持有的资产将正常运营，负债将继续进行清偿。

12. A。开发—销售模式下的现金流出包括土地成本、建造成本、开发费用（管理费用、销售费用和财务费用）、增值税和税金及附加，现金流入是销售收入。

13. ABD。选项C，资产负债率高，企业资本金不足，对负债依赖性强，应变能力差。

14. D。要看利润的变化率，不是看利润的数值是多少。本题中由于计算利润的变化率，分母（基准利润）都相同，所以分子大的利润变化率大，即资本化率的利润变化率最大。

15. A。项目投资现金流量表考查项目全部投资的盈利能力，为各个投资方案（不论其资金来源及利息多少）进行比较建立共同的基础。而投资者各方现金流量表是以投资者各方的出资额作为计算基础，用以计算投资者各方财务内部收益率、财务净现值等评价指标，反映投资者各方投入资本的盈利能力。

二、综合分析题

1. B	2. D	3. C	4. D	5. A
6. A	7. C	8. A	9. B	10. D

【解析】

1. B。房地产价值 15 亿元，抵押余额 2 亿元，抵押成数 0.5，则再次抵押价值＝15－2/0.5＝11（亿元）。

再次抵押价值为房地产的价值大于已担保的债权的余额部分，即房地产的再次抵押价值不得超过该房地产价值与它已担保债权价值的正值算术差。

2. D。被征收价值在《国有土地上房屋征收评估办法》中规定：对居住房屋价值补偿，不得低于房屋征收决定公告之日同区位新建普通商品房的市场价格，对非居住用房价值补偿不得低于房屋征收决定公告之日类似房屋的房地产市场价格。

因此该综合楼在完全产权状况下的市场价值为 16 亿元即为被征收价值。

无论是住宅还是商铺，都是房屋，都适用同一原则，就是市场价。

3. C。《国有土地上房屋征收评估办法》第十四条：被征收房屋室内装饰装修价值，机器设备、物资等搬迁费用，以及停产停业损失等补偿，由征收当事人协商确定；协商不成的，可以委托房地产价格评估机构通过评估确定。

4. D。《国有土地上房屋征收与补偿条例》第十三条：市、县级人民政府作出房屋征收决定后应当及时公告。公告应当载明征收补偿方案和行政复议、行政诉讼权利等事项。

5. A。房屋征收的价值内涵是：被征收房屋及其占用范围内的土地使用权在正常交易情况下，由熟悉情况的交易双方以公平交易方式在价值时点自愿进行交易的金额，但不考虑被征收房屋租赁、抵押、查封等因素的影响。

6. A。损害赔偿估价通常采用修复成本法、损失资本化法、价差法。

7. C。对可修复的被损害房地产价值减损和房地产损害中可修复的部分，宜采用修复成本法测算其修复成本作为价值减损额；对不可修复的被损害房地产价值减损，应根据估价对象及其所在地的房地产市场状况，分析损失资本化法、价差法等方法的适用性，从中选用适用的方法进行评估。

8. A。该酒店损害是永久性的，不可修复。

9. B。因为有规划调整，整个工程会推迟竣工，相当于增加一个"前期"，已付的价款及其他投资也会有利息损失；对建设设计的变更及规划的重新许可等，会引起各种前期合同的变化，由此带来的违约、赔偿等损失属于前期开发损失。由于酒店品质受到高度降低的影响，会带来经营收益的损失。

10. D。采用超额费用资本化法和收益损失资本化法进行估价。规划调整给该酒店造成的价值减损额＝1020＋(50＋2)/7%×[1－1/(1＋7%)^{37}]＝1020＋682.08＝1702.08(万元)，要假设建筑物剩余经济寿命晚于土地使用权剩余年限结束，且出让合同约定建设用地使用权期间届满需要无偿收回建设用地使用权时，建筑物也无偿收回。

三、问答题

(一)

1. 四个交易实例与估价对象均具有较好的可比性，可以选作可比实例，但要进行可比实例系数修正。

2. 需要进行的修正和调整：

(1) 实例 A，要用市场租金，对实例 A 合同租金价格进行调整，应调高达到市场租金标准。

(2) 实例 B，属于利害关系人之间的交易，价格低于正常市场价格，需要进行交易情况修正，将价格调高。

(3) 实例 C，相邻房地产的合并交易，价格高于正常市场价格，也是需要进行交易情况修正，将价格调低。

(4) 实例 D，房地产形状是 L 形，需要进行房地产状况修正，将增加的价格部分调低。

(二)

1. 对于酒店自营的功能用房可基于营业收入测算净收益，对于出租的功能用房可以基于租赁收入测算净收益。具体技术思路如下：基于租赁收入测算净收益的基本公式为，净收益＝潜在毛租金收入－空置和收租损失＋其他收入－运营费用＝有效毛收入－运营费用；基于营业收入测算净收益，净收益为营业收入扣除营业成本、经营费用、增值税及附加、管理费用、财务费用、商业利润。

2. 对于包含多种收益类型的综合房地产，其净收益视具体情况采用下列三种方式之一求取：

(1) 把费用分为变动费用和固定费用，将测算出的各种类型的收入分别减去相应的变动费用，予以加总后减去总的固定费用。如客房部分的变动费用是与入住客人多少直接相关的费用，会议室部分的变动费用是与使用会议室的次数直接相关的费用，餐饮部分的变动费用是与用餐人数直接相关的费用，商场部分的变动费用是与商品销售额直接相关的费用，等等；固定费用是指人员工资、固定资产折旧费、房地产税、保险费等，不管客房是否有客人入住、会议室是否有人租用、餐厅是否有人就餐、商场是否有人购物等，都要发生的费用。

(2) 首先测算各种类型的收入，然后测算各种类型的费用，再将总收入减去总费用。

(3) 把混合收益的房地产看成是各种单一收益类型房地产的简单组合，先分别根据各自的收入和费用求出各自的净收益，然后将所有的净收益相加。

3. 酒店的大堂、管理用房等的价值是通过其他用房的收益体现出来的，其净收益不要单独计算，否则就重复了。

4. 对于娱乐中心、商场还要看是否有租约，如有租约，首先分析判断租约是否正常合理，如正常合理则在租约期内采用租约租金，在租约期外采用市场租金；如不正常、不合理，则采用市场租金测算。另外，对未出租部分采用市场租金测算。

四、计算题

（一）

项目各期还本付息表（单位：万元）

期末	2020.6	2020.9	2020.12	2021.3	2021.6	2021.9	2021.12	2022.3	2022.6
期初借款本息累计	0	4000	10075	12263.91	12493.86	12493.86	12493.86	12493.86	7493.86
本期借款增加	4000	6000	2000	0	0	0	0	0	0
本期应计利息	0	75	188.91	229.95	234.26	234.26	234.26	234.26	140.51
本期 还本	0	0	0	0	0	0	0	5000	7000
本期 付息	0	0	0	0	234.26	234.26	234.26	234.26	634.37
期末借款本息累计	4000	10075	12263.91	12493.86	12493.86	12493.86	12493.86	7493.86	0

其中：

2020年第三季度（6~9月）应计利息：$4000 \times 7.5\%/4 = 75$（万元）

2020年第四季度（9~12月）应计利息：$(4075+6000) \times 7.5\%/4 = 188.91$（万元）

2021年第一季度（1~3月）应计利息：$12263.91 \times 7.5\%/4 = 229.95$（万元）

2021年第二季度（4~6月）应计利息：$12493.86 \times 7.5\%/4 = 234.26$（万元）

2022年第二季度（4~6月）应计利息：$7493.86 \times 7.5\%/4 = 140.51$（万元）

2022年第二季度（4~6月）应付利息：$75+188.91+229.95+140.51 = 634.37$（万元）

（二）

【第（1）题解析】

1. 现金流出项目的计算

（1）第1年初：投资8100万元，其中自有资金为5400万元，贷款为2700万元。

（2）第2年初：投资5400万元，全部为贷款。

（3）到第2年末，一次性本利还清 $F = 2700 \times (1+9\%)^2 + 5400 \times (1+9\%) = 9093.87$（万元）。

由于项目全部出租经营，没有销售收入，所以偿还甲银行的本利总计9093.87万元的贷款，必须全部通过向乙银行申请抵押贷款来偿还，所以在第3年初向乙银行申请的贷款本金为9093.87万元。

（4）乙银行贷款期限为3年，年利率为7%，按年付息，到期还本。

第三、四年末的付息额：$9093.87 \times 7\% = 637$（万元）

第五年末的还本付息额：$9093.87 + 636.57 = 9730$（万元）

2. 现金流入项目的计算

设年最低基础租金为 A 万元/m²

年基础租金：$15000 \times 70\% \times 95\% \times A = 9975A$（万元）

年百分比租金：$10000 \times 10\% = 1000$（万元）

第3、4、5年末的净经营收入 $=(1000+9975A) \times (1-35\%) = 650+6483.75A$（万元）

3. 第5年末的转售收入

$9.5 \times (650+6483.75A) = 6175+61595.63A$（万元）

自有资金现金流量表（常规表示方法）

年末	0	1	2	3	4	5
1. 现金流入						
出租净收入（已减去运营费用）				$650+6483.75A$	$650+6483.75A$	$650+6483.75A$
转售收入						$6175+61595.63A$
2. 现金流出						
自有资金	5400					
还本付息			0	636.57	636.57	9730.44
自有资金净现金流量	-5400	0	0	$6483.75A+13.43$	$6483.75A+13.43$	$68079.38A-2905.44$

第2年末偿还第一次贷款本息合计为9093.87万元，但由于全部用第二次贷款的金额来偿还，没有现金还款部分，故第2年末的还本付息额应为0。

当净现值为零时，可求出年最低基础租金 A 的值，折现率就用自有资金目标收益率20%。

$NPV = -5400+(6483.75A+13.43)/(1+20\%)^3+(6483.75A+13.43)/(1+20\%)^4$
$+(68079.38A-2905.44)/(1+20\%)^5 = 0$

$-5400+(3752.17A+7.77)+(3126.81A+6.48)+(27359.58A-1167.63)=0$

$6553.38 = 34238.56A$

$A = 0.1914$ 万元$/m^2$

即 1914 元$/m^2$

【第（2）题解析】

年末	0	1	2	3	4	5
1. 现金流入						
出租净收入（已减去运营费用）				$650+6483.75A$	$650+6483.75A$	$650+6483.75A$
转售收入						$6175+61595.63A$
2. 现金流出						
全部投资	8100	5400				
3. 净现金流量	-8100	-5400	0	$650+6483.75A$	$650+6483.75A$	$6825+68079.38A$

将 $A=0.1914$ 万元$/m^2$ 代入表中

全部投资现金流量表

年末	0	1	2	3	4	5
1. 现金流入						
出租净收入（已减去运营费用）				1891.00	1891.00	1891.00
转售收入						17964.40
2. 现金流出						
全部投资	8100	5400				
3. 净现金流量	−8100	−5400	0	1891.00	1891.00	19855.39

已知全部投资的目标收益率为13%。

$i=13\%$ 时

$NPV_1=-8100-5400/(1+13\%)+1891/(1+13\%)^3+1891/(1+13\%)^4+19855.39/(1+13\%)^5=368.30$（万元）

$i=14\%$ 时

$NPV_2=-8100-5400/(1+14\%)+1891/(1+14\%)^3+1891/(1+14\%)^4+19855.39/(1+14\%)^5=-128.57$（万元）

$IRR=13\%+(14\%-13\%)\times 368.30/(368.30+128.57)=13.74\%$

五、指错题

1. 估价报告缺少封面。

2. 估价报告缺少目录。

3. 致委托方函中缺少估价目的。

4. 对于抵押目的估价，致委托方函中应披露在价值时点未设定法定优先受偿款权利下的价值、估价师所知悉的法定优先受偿款。

5. 结果报告与致函中的总建筑面积不一致。

6. 致函中的估价结果总价与结果报告和技术报告的总价不一致。

7. 估价机构资质等级表述错误，应为二级，而不是B级。

8. 估价对象缺土地的权属状况介绍。

9. 对周边环境未作明确介绍。

10. 估价结果报告缺第13、14层的使用和装修情况。

11. 价值定义描述错误，应为"抵押价值是在估价时假定未设立优先受偿权利下的市场价值（或有限市场价值）扣除法定优先受偿款后的余额"。

12. 估价依据缺《房地产抵押估价指导意见》。

13. 估价原则缺谨慎原则。

14. 评估结果内容中缺少单价。

15. 估价报告应用有效期自2020年11月20日至2021年11月20日错误，应为2020年11月20日至2021年11月19日。

16. 估价结果报告缺变现能力分析。

17. 估价结果报告中的估价方法中缺方法定义。

18. 收益还原法中，大厦不同的部分采用了相同的报酬率。

19. 纯收益中没有扣除经营利润，以及估价对象本身是否存有超额利润。

20. 安全利率选择错误，应选一年期定期存款利率或一年期国债利率，而不能选一年期贷款利率。

21. 风险利率的确定缺乏依据。

22. 纯收益中不应扣除房产折旧。

23. 收益法的评估不应根据实际收益和实际支出，应采用社会的客观平均收益。

24. 收益法采用的计算公式（$V=a/r$）错误，应选择有限年期的计算公式。

25. 计算现时评估价格中的 397 万元数字不对。

26. "整个酒店占地约 12 亩"的语义含糊。

27. 主体工程耐用年限（80 年）确定错误。

28. 装修安装部分成新率的计算式错误。

29. 附件缺法定优先受偿权利等情况的书面查询资料。

30. 附件缺估价对象内外部状况以及周围环境和景观的照片。

《房地产估价基础与实务》考前小灶卷（三）

一、不定项选择题（共15小题，每题1分。每题的备选答案中有1个或1个以上的选项符合题意，全部选对的，得1分；错选或多选的，不得分；少选且选择正确的，得0.5分）

1. 下列关于建筑制图有关要求的说法中，错误的是( )。
   A. 图纸幅面内应有标题栏和会签栏
   B. 结构施工图主要表明建筑结构专业的设计内容
   C. 凡承重墙、柱子、大梁或屋架的位置必须画上轴线并编上轴线号
   D. 标高的单位用mm计

2. 对在项目实施过程中可能发生难以预料的支出，需要事先预留的工程造价部分是( )。
   A. 暂定金额　　　　　　　　　　B. 基本预备费
   C. 涨价预备费　　　　　　　　　D. 工程建设其他费用

3. 民用建筑一般由( )、门窗、楼板和地面、楼梯六大部分组成。
   A. 基础　　　　　　　　　　　　B. 墙、柱
   C. 屋顶　　　　　　　　　　　　D. 吊车梁

4. 在政府授权开发商负责实施土地开发时，由( )负责筹措资金，办理规划、项目核准、土地征收、房屋拆除和大市政建设等手续并组织实施。
   A. 开发商　　　　　　　　　　　B. 土地储备机构
   C. 建筑商　　　　　　　　　　　D. 土地一级开发企业

5. 某开发商所开发的物业质量与市场领导者的物业质量相近，如果定价比市场领导者的定价低，则其采用的是( )。
   A. 领导定价法　　　　　　　　　B. 挑战定价法
   C. 随行就市定价法　　　　　　　D. 价值定价法

6. 某写字楼月潜在毛租金收入为100万元，月平均运营费用为60万元，月平均空置率为5%，月平均租金损失率为2%，月平均其他收入为潜在毛租金收入的3%，则该写字楼的月净经营收入是( )万元。
   A. 33.00　　　　　　　　　　　 B. 33.10
   C. 36.00　　　　　　　　　　　 D. 36.10

7. 房地产价格指数是反映房地产价格各期相对涨跌幅度的指数，可用于判断短期价格活动和长期价格趋势。具体包括( )。
   A. 新建商品住宅价格指数　　　　B. 二手住宅价格指数
   C. 居民用地价格指数　　　　　　D. 政府信心指数

8. 按增量存量细分，通常将房地产市场划分为三级市场，其中二级市场包括( )。

A. 土地使用权出让市场
B. 土地使用权转让市场
C. 二手房买卖市场
D. 新建商品房租售市场

9. 2020年末,某市住房存量为5000万m^2,其中经济适用住房400万m^2、商品住房3750万m^2,同期住房空置量为750万m^2,其中经济适用住房为50万m^2、商品住房为450万m^2,则该市2020年末的住房空置率是( )。
A. 9%
B. 12%
C. 12.5%
D. 15%

10. 某物业服务企业为了分析愿意到小区健身房锻炼的业主人数与包月费用之间的相关性,首先确定包月费用为50元/人,看有多少业主参加;再将包月费用降为30元/人,看有多少业主参加。这种调查方法是( )。
A. 观察法
B. 访问法
C. 问卷法
D. 实验法

11. 下列选项属于会计要素的是( )。
A. 资产
B. 负债
C. 收入
D. 债权人权益

12. 甲、乙两人分别向银行贷款,贷款金额、利率、期限均相同,贷款期限为1年,甲的偿还方式为按月付息到期一次偿还本金,乙的偿还方式为按月计息到期一次还本付息。甲实际支付的利息额$I_甲$和乙实际支付的利息额$I_乙$之间的关系为( )。
A. $I_甲 > I_乙$
B. $I_甲 < I_乙$
C. $I_甲 = I_乙$
D. $I_甲 \geq I_乙$

13. 下列房地产投资业务模式中,现金流出包括土地成本的有( )。
A. 购买—持有—出租—出售
B. 购买—更新改造—出售
C. 开发—持有—出租—出售
D. 开发—销售

14. 房地产投资方案比选通常是在( )之间进行。
A. 独立方案
B. 互斥方案
C. 相关方案
D. 相容方案

15. 下列房地产投资评价指标中,属于房地产置业投资清偿能力指标的有( )。
A. 投资回收期
B. 流动比率
C. 借款偿还期
D. 资产负债率

二、综合分析题(共10题,每题1.5分。每题的备选答案中有1个或1个以上符合题意,全部选对的,得1.5分;错选或多选的,不得分;少选且选择正确的,选对1个得0.5分)

(一)

某工厂有甲、乙两个厂区,两个厂区的土地均以划拨方式取得。目前甲厂区已补交土地使用权出让金,办理了出让手续,并整体出租给另一企业使用,租赁合同尚未到期。现该工厂因发展需要,决定转让甲厂区房地产,抵押乙厂区房地产,用筹得的资金在乙厂区扩建厂房，为此委托某房地产估价机构同时对两个厂区进行评估。

1. 针对上述情况，在估价时最恰当的做法是（　　）。
   A. 因估价委托人相同，应当将两个厂区一并估价，出具一份估价报告
   B. 因价值时点相同，应当将两个厂区一并估价，出具一份估价报告
   C. 因权属状况不同，应当将两个厂区分别估价，并分别出具估价报告
   D. 因估价目的不同，应当将两个厂区分别估价，并分别出具估价报告
2. 评估甲厂区房地产市场价值时，应当优先考虑选用的估价方法是（　　）。
   A. 成本法　　　　　　　　　　　B. 收益法
   C. 假设开发法　　　　　　　　　D. 基准地价修正法
3. 评估乙厂区土地市场价值时，最适宜的估价思路是（　　）。
   A. 采用比较法按照出让土地使用权评估其公开市场价值
   B. 采用假设开发法按照出让土地使用权评估其公开市场价值
   C. 按照出让土地使用权评估其市场价值，再扣除应缴纳的土地使用权出让金
   D. 采用成本法评估乙厂区房地产市场价值，再扣除应缴纳的土地使用权出让金
4. 采用假设开发法评估待开发房地产假定未设立法定优先受偿权下的价值，应选择（　　）前提进行估价。
   A. 业主自行开发　　　　　　　　B. 被迫转让开发
   C. 自愿转让开发　　　　　　　　D. 主动转让开发
5. 下列房地产可以抵押的是（　　）。
   A. 学校所拥有的房地产　　　　　B. 土地所有权
   C. 以出让方式取得的土地使用权　D. 已依法列入征收范围的房地产

（二）

某公司有一钢筋混凝土结构厂房，于2011年12月31日建成投入使用，经济寿命为50年。经批准，该公司于2019年12月将该厂房改为二手汽车交易市场，并在办理二手汽车交易市场手续时补交了土地使用权出让金，将土地转变为出让商业用地，土地使用期限为40年，自2019年12月31日起至2059年12月30日止，不可续期。2021年6月30日，该公司与他方合资，以该二手汽车交易市场的房地产作价出资。

6. 下列属于影响商业房地产价格区位因素的是（　　）。
   A. 地段繁华程度　　　　　　　　B. 面积
   C. 内部格局　　　　　　　　　　D. 装饰装修
7. 若评估二手汽车交易市场房地产的作价出资价格，下列说法中正确的是（　　）。
   A. 作价出资价格应为二手汽车交易市场房地产的原始价值
   B. 作价出资价格应为二手汽车交易市场房地产的账面价值
   C. 作价出资价格评估应采用公开市场价值标准
   D. 作价出资价格应比评估出的价值低
8. 如果采用成本法估价，且建筑物的经济寿命等于其自然寿命，应按（　　）年计算建筑物的折旧。
   A. 38.5　　　　　　　　　　　　B. 40.5

C. 48.0 D. 50.0

9. 如果采用收益法估价，经调查，在价值时点该二手汽车交易市场房地产的客观年净收益为 300 万元，且未来每年不变，报酬率为 7.5%，则收益价格为（　　）万元。

A. 3752.92 B. 3786.20
C. 3875.70 D. 3892.44

10. 若合资期限约定为 20 年，合资结束后的净资产按出资比例在出资各方间分配，则下述描述中最准确的是（　　）。

A. 业主方的作价出资额为二手汽车交易市场房地产现值
B. 业主方的作价出资额为二手汽车交易市场房地产现值扣减 20 年后房地产剩余价值的折现值
C. 业主方的作价出资额为二手汽车交易市场房地产的评估价值扣减在合资中需要投入的更新改造费用
D. 业主方的作价出资额在合资期限内应随二手汽车交易市场房地产的市场价格变动而适时调整

三、问答题（共 2 题，每题 10 分。请将答案写在答题纸对应的题号下。本题总共 20 分）

（一）

甲上市公司为收购其大股东某处空置的商业用房，委托乙评估机构对该商业用房进行估价。由于甲上市公司要求出具评估报告的时间短，乙评估机构未能对该商业用房进行实地查勘，但要求甲上市公司提供了该商业用房的全面详细状况，并询问了其评估期望值。估价中选用收益法为主要的估价方法，搜集了 3 宗类似房地产，分别测算得到该商业用房的月租金为 280 元/m²、300 元/m² 和 350 元/m²，然后根据最高最佳利用原则选取 350 元/m² 作为该商业用房的有效毛收入，扣除 30% 的运营费用后，求出年净收益为 2940 元/m²，再选用银行贷款利率为折现率测算出了该商业用房的市场价值。

请问：上述估价工作中有哪些错误或不当之处。

（二）

张某计划用自有闲置资金 100 万元购买一套房屋用于长期投资，拟持有一段时间后转售。某房地产经纪机构向其推荐了市场价格均为 100 万元的两套房屋，一套为普通住宅，另一套为酒店式公寓。经了解，普通住宅的市场租金为 5000 元/月，酒店式公寓按 70000 元/年的固定收益委托经营。张某认为，普通住宅的投资回报率是（5000×12）/1000000 ＝6%，而酒店式公寓的投资回报率是 70000/1000000＝7%，所以选择购买酒店式公寓。

请问：
1. 张某的选择是否正确？
2. 针对两类物业不同的投资经营特点，注册房地产估价师可以从哪些方面为张某投资决策提供专业建议？

四、计算题（2 个计算题目，共 20 分。要求列出算式、计算过程；需按公式计算的，要写出公式；只有计算结果而无计算过程的，不得分。计算结果保留小数点后 2 位）

（一）

某市拟拍卖一宗面积为 13.33 万 m^2、容积率为 2.56 的商品住宅用地，土地交易契税税率为 4%、项目要求配置 3 万 m^2 的公共租赁住房，政府以 6000 元/m^2 的价格回购，某房地产开发企业欲参与该项目的竞买，经市场调研和测算，预计该项目的建造费用为 3800 元/m^2，期间费用为 5500 万元，商品住房的销售均价为 8500 元/m^2，增值税金及附加为销售收入的 5.5%（配建的公共租赁住房免征增值税及附加），如果该房地产开发企业对项目要求的税前最低利润为 8000 万元，请计算该企业能接受的最高楼面地价水平。

（二）

某房地产开发企业拟以 20000 万元购得一宗占地面积为 12000m^2 的开发项目用地使用权，建筑容积率 5.0。预计该项目的建造期为 2 年，建造费用为 4200 元/m^2，其他工程费为 450 万元，管理费用为土地费用、建造费用、其他工程费之和的 5%，销售费用为销售收入的 4%，预计建成后售价为 15000 元/m^2，项目土地费用假设发生在期初，建安成本和其他费用（其他工程费、管理费用和销售费用）在每季度均匀投入，建造费用和其他费用（其他工程费、管理费用和销售费用）投入比例如下表所示，若银行贷款年利率为 12%，按季度计息，融资费用为利息的 8%，增值税及附加按销售收入的 6% 估算，请完成下表，在空白处写出计算过程，并计算该项目的成本利润率和销售利润率。（计算过程及结果保留三位小数，以万元为单位）。

季度（末）	0	1	2	3	4	5	6	7	8
土地费用									
建安成本与其他费用投入比例		3%	12%	10%	15%	15%	20%	15%	10%
建造费用									
其他费用之和									
利息									
融资费用									
合计									
累计									

五、指错题（房地产估价报告存在多处错误，请指明其中的 10 处，每指明 1 处错误得 3 分，本题全对得 30 分）

封面（略）

致估价委托人函（略）

××有限公司：

受贵公司委托，我们对贵公司拥有的位于××市××街××号一层（房屋所有权证号：××字第××号，建筑面积为 339.29m^2）商业用房的抵押价值进行评估，为贵公司向金融机构申请抵押贷款确定房地产抵押贷款额度提供价值参考依据。

我公司派注册房地产估价师到估价对象所在地进行实地查看和市场调查，估价人员在结合有关资料的基础上，遵循估价原则，按照估价程序，运用科学的估价方法，分析了影响房地产价格的各项因素，经过测算并结合估价人员经验，确定估价对象于价值时点2021年4月21日满足本报告估价"假设和限制条件"下的抵押价值如下（见表1）：

估价对象估价结果一览表 表1

		房屋坐落	房屋所有权证号	用途	面积/m²	评估单价/（元/m²）	评估总价/万元
假定未设立法定优先受偿权下的价值		××市××街××号	××字第××号	商业	339.29	14478.96	491.26
房地产估价师知悉的法定优先受偿款		工程款优先受偿权价值		—		0	0
		已抵押担保债权价值		—		0	0
		其他		—		0	0
		合计		—		0	0
抵押价值	小写					14478.96	491.26
	大写	人民币肆佰玖拾壹万贰仟陆佰元整					

注：估价对象抵押价值＝估价对象假定未设立法定优先受偿权下的价值－房地产估价师知悉的法定优先受偿款。

××房地产估价有限公司（盖章）

法人代表：×××

二〇二一年五月二十二日

目录（略）
注册房地产估价师声明（略）
估价的假设和限制条件（略）
房地产估价结果报告

一、估价委托人（略）

二、估价机构（略）

三、估价对象

（一）实物状况

估价对象所处房地产是一幢集商铺、酒楼、茶楼、客房、办公用房于一体的综合性大楼，该建筑于2019年建成并投入使用，为钢筋混凝土结构，共5层，其中一～二层为商铺和酒楼，三层为茶楼，四～五层为客房及办公用房。大楼外墙粉色墙砖，一～三层为大面积玻璃窗，四～五层为玻璃幕墙；内部设备有中央空调、自动喷淋系统、一部电梯、两部消防楼梯。估价对象位于大楼的第一层，建筑面积为339.29m²，层高为5.4m。目前出租用作酒楼，餐区及操作间地面铺地砖，墙面刷合成树脂乳液涂料。经估价人员实地查看，估价对象房屋主体结构完好，基础设施完备，维护保养较好，处于正常使用状态。

（二）权益状况

估价对象为××有限公司拥有的位于××市××街××号一层的商业用房。

估价委托人提供的《房屋所有权证》记载内容为：房屋所有权证号：××字第××号；房屋所有权人：××有限公司；房屋坐落：略；产别：私产；幢号：××；房号：×

××；结构：框架；房屋总层数：5层；所在层数：一层；建筑面积：339.29m²；设计用途：商业；登记日期：2019年6月6日。

估价委托人提供的整栋商业楼《国有土地使用证》记载内容为：土地证号：第××号；土地使用者：××有限公司；坐落：略；地号：略；地类（用途）：商业用地；使用权类型：出让；使用权面积：3065.30m²；终止日期：2058年4月20日；登记日期：2018年4月21日。至价值时点估价对象土地使用权剩余年限为37年。依据估价对象委托人提供的资料及估价人员实地查看情况，至价值时点，估价对象已出租用作酒楼，除此以外无其他项权利限制。

四、区位状况（略）

五、估价目的

为确定房地产抵押贷款额度提供参考依据而评估房地产抵押价值。

六、价值时点

2021年4月21日。

七、价值定义

本报告所称抵押价值是指估价对象假定未设立法定优先受偿权利下的价值。

八、估价依据（略）

九、估价原则（略）

十、估价方法（略）

十一、估价结果

经过综合分析，确定估价对象的抵押价值为总价人民币491.26万元，单价14478.96元/m²。

十二、估价对象变现能力分析（略）

十三、估价人员（略）

十四、估价作业日期

2021年4月21日至2021年5月22日

十五、估价报告应用的有效期（略）

××房地产估价有限公司

2021年5月22日

附　件（略）
房地产估价技术报告

一、个别因素分析（略）

二、区域因素分析（略）

三、市场背景分析（略）

四、最高最佳利用分析（略）

五、估价方法选用（略）

六、估价测算过程

1. 收益法

收益法是基于预期原理，选用适当的报酬率将预期的估价对象房地产未来各年的正常收益折算到价值时点的现值，求其之和得出估价对象房地产价格的一种估价方法。其基本计算公式为：

$$V = \sum_{i=1}^{n} \frac{A_i}{(1+Y)^i}$$

式中　V——收益价格；
　　　A_i——相对于价值时点而言的未来第i期末的净收益；
　　　Y——房地产的报酬率（折现率）。

1）确定房地产收益
（1）租约期内房地产收益

估价对象已出租，租约期至2025年4月20日。根据估价对象租赁合同，从价值时点起算，租约期内房地产年有效毛收入见表2。

租约期内年有效毛收入一览表（单位：元/m²）　　　　表2

时间	有效毛收入
2021.4.21～2022.4.20	50×12＝600
2022.4.21～2023.4.20	55×12＝660
2023.4.21～2024.4.20	60×12＝720
2024.4.21～2025.4.20	60×12＝720

注：租金按建筑面积计算，收入均为年末取得。

（2）租约期外房地产收益

根据市场行情测算，目前估价对象按建筑面积计算的正常市场租金为70～75元/(m²·月)（计算过程略），且租金水平呈逐年递增趋势，递增比率为每年2%～5%，由此，预测估价对象租约期外第一年的客观毛租金为100元/(m²·月)，且按每年3%的比率递增。根据当地市场一般情况，空置率取2%，假设上述收益变化趋势在未来使用年限里相对稳定。则租约期外第一年的有效毛收入为100×12×(1－2%)＝1176（元/m²）。

2）确定年运营费用

运营费用包括：管理费、维修费、保险费、税金，计算结果见表3（计算过程略）。

3）确定年净收益

计算公式：估价对象年净收益＝年有效毛收入－年运营费用，则估价对象年净收益见表3。

估价对象年净收益计算一览表（单位：元/m²）　　　　表3

时间	年有效毛收入①	管理费用②	维修费③	保险费④	税金⑤	年运营费用⑥＝②+③+④+⑤	年收益⑦＝①－⑥
2021.4.21～2022.4.20	600	18	18	1.2	105.6	142.8	457.2
2022.4.21～2023.4.20	660	19.8	18	1.2	116.16	155.16	504.84

续表

时间	年有效毛收入①	管理费用②	维修费③	保险费④	税金⑤	年运营费用⑥=②+③+④+⑤	年收益⑦=①-⑥
2023.4.21~2024.4.20	720	21.6	18	1.2	126.72	167.52	552.48
2024.4.21~2025.4.20	720	21.6	18	1.2	126.72	167.52	552.48

4）确定报酬率

综合考虑，确定报酬率为7%（计算过程略）。

5）确定估价对象收益价格为：

$$V=\frac{457.2}{(1+7\%)}+\frac{504.84}{(1+7\%)^2}+\frac{552.48}{(1+7\%)^3}+\frac{552.48}{(1+7\%)^4}$$
$$+\frac{1176}{(1+7\%)^5\times(7\%-3\%)}\times\left[1-\left(\frac{1+3\%}{1+7\%}\right)^{33}\right]$$
$$=16740.50(元/m^2)。$$

2. 比较法

比较法是将估价对象与近期发生交易的类似实例进行对照比较，对已发生交易的类似实例的已知价格加以修正，得出估价对象最可能实现的合理价格的估价方法。其基本计算公式为：比较价值＝可比实例房地产的价格×交易情况修正系数×交易日期修正系数×区域因素修正系数×个别因素修正系数。

1）可比实例相关情况可比实例比较因素一览表见表4

可比实例比较因素一览表　　表4

项目	估价对象	可比实例1	可比实例2	可比实例3
地址	××街××号	××街××号	××街××号	××街××号
交易情况	正常交易	正常交易	正常交易	正常交易
交易日期	2021.4.21	2021.3.15	2020.12.30	2021.2.22
建成年代（年）	2017	2018	2018	2018
建筑结构	框架	混合	混合	混合
建筑总层数	5	2	1	1
所占层数	1	1	1	1
层高/m^2	5.4	5.4	4.5	4.5
装修情况	中档装修	清水房	清水房	清水房
面积/m^2	339.29	130	220	248
他项权利限制	租赁权	无	无	无
受益年限（年）	37	36.5	36	36
成交总价/万元	/	162	270	300
成交单价（元/m^2）	/	12461.54	12272.73	12096.77
币种	人民币	人民币	人民币	人民币

2）建立可比价格基础（略）

3）选取比较因素及因素条件说明

根据《房地产估价规范》GB/T 50291及项目特点，本次比较因素选择交易情况、交易日期、区域因素和个别因素。

（1）交易情况

交易情况是指交易行为中是否包含特殊因素，是否为正常交易。

（2）交易日期

交易日期是指可比实例成交时间，由于房地产市场的波动，不同成交时间的类似房地产，其成交价格存在差异。

（3）区域因素和个别因素

估价对象为商业房地产，根据目前房地产市场特点，本次选取的区域因素包括繁华程度、交通条件、城市规划限制和环境等。个别因素包括临街状况、距区域商业中心距离、距公交站点距离、层高、面积、形状、开间、成新率等。

（4）估价对象与可比实例比较因素情况见表5

估价对象与可比实例比较因素情况　　　　　　　　　表5

影响因素			估价对象	可比实例1	可比实例2	可比实例3
交易情况			正常	正常	正常	正常
交易日期			2021.4.21	2021.3.15	2020.12.30	2021.2.22
区域因素	繁华程度	商业区域	小区级	小区级	小区级	小区级
		商业设施聚集状况	小区级综合专业商场	小区级综合专业商场	小区级综合专业商场	小区级综合专业商场
	交通条件	公交便捷程度	1～2路公交线	1～2路公交线	1～2路公交线	1～2路公交线
		交通通达程度	双向二车道	双向二车道	双向二车道	双向二车道
	城市规划限制	功能分区	商业、住宅	商业、住宅	商业、住宅	商业、住宅
	环境	区域环境	环境欠整洁，但经营气氛良好	环境欠整洁，但经营气氛良好	环境欠整洁，但经营气氛良好	环境欠整洁，但经营气氛良好
个别因素	临街状况	临街道路类型	城市主、次干道	城市主、次干道	城市主、次干道	城市主、次干道
		临街位置	城市主、次干道	城市主、次干道	城市主、次干道	城市主、次干道
	距区域、商业中心距离		100～500m	100～500m	100～500m	100～500m
	距公交站点距离		小于50m	小于50m	小于50m	小于50m
	层高		5.4m	5.4m	4.5m	4.5m
	面积		面积适中，对现实用途无影响，同时也利于未来用途改变			
	形状		形状规则	形状规则	形状规则	形状规则
	开间（宽度与进深比）		1∶1.2	1∶1	1∶0.8	1∶0.8
	成新率		八至九成新	七至八成新	七至八成新	七至八成新

根据估价对象与可比实例比较因素情况表,建立估价对象与可比实例因素修正系数,见表6。

估价对象与可比实例因素修正系数 表6

影响因素		估价对象	可比实例1	可比实例2	可比实例3
区域因素	繁华程度	商业区级别	0	0	0	0
		商业设施聚集度	0	0	0	0
	交通条件	公交便捷程度	0	0	0	0
		交通通达程度	0	0	0	0
	城市规划限制	功能分区	0	0	0	0
	环境	区域环境	0	0	0	0
	小计		0	0	0	0
个别因素	临街状况	临街道路类型	0	0	0	0
		临街位置	0	0	0	0
	距区域商业中心距离		0	0	0	+1.5
	距公交站点距离		0	0	0	0
	层高			−1	−1	−1
	面积		0	0	0	0
	开间(宽度与进深比)			+1	+2	+2
	成新率			−1	−1	−1
	小计		0	0	0	1.5

(5) 建立可比实例体系

上述修正因素比较为间接修正,现将可比实例的交易情况、交易日期、区域因素、个别因素与估价对象相比较,建立直接比较关系,见表7。

比较因素修正 表7

项目	可比实例1	可比实例2	可比实例3
单价/(元/m²)	12461.54	12272.73	12096.77
交易情况修正系数	100/100	100/100	100/100
交易日期修正	100/100	100/100	100/100
区域因素	100/100	100/100	100/100
个别因素	100/100	100/100	100/101.5
比较价值/(元/m²)	12461.54	12272.73	11918.00

取上述可比实例比较价值的平均值作为比较法的比较结果,即估价对象比较价值为:(12461.54+12272.73+11918.00)/3=12217.42(元/m²)。

3. 估价结果确定

综合考虑收益法、比较法的测算结果,结合估价人员经验,决定采用两种方法测算结

果的简单算术平均值作为估价对象的房地产市场价值评估结果,即:

评估单价=(16740.50+12217.42)/2=14478.96(元/m²)。

评估总价=14478.96×339.29=491.26(万元)。

总价大写:人民币肆佰玖拾壹万贰仟陆佰元整。

二〇二一年五月二十二日

《房地产估价基础与实务》考前小灶卷（三）参考答案及解析

一、不定项选择题

1. D	2. B	3. ABC	4. A	5. B
6. C	7. ABC	8. BD	9. D	10. D
11. ABC	12. B	13. CD	14. B	15. BCD

【解析】

1. D。选项 D 错误。标高的单位用米（m）记，按国标规定，标高数字写到小数点后面第三位。

2. B。基本预备费是针对在项目实施过程中可能发生难以预料的支出，需要事先预留的费用，又称不可预见费用，主要是指设计变更及施工过程中可能增加工程量的费用。

3. ABC。民用建筑一般由基础、墙或柱、楼板与地面、楼梯、屋顶和门窗等部分组成。这些构件处在不同的部位，发挥各自的作用。

4. A。土地储备机构负责实施土地开发时，由土地储备机构负责筹措资金，办理规划、项目核准、土地征收、房屋拆除及基础设施建设等手续并组织实施。在政府授权开发商负责实施土地开发时，由开发商负责筹措资金，办理规划、项目核准、土地征收、房屋拆除和大市政建设等手续并组织实施。

5. B。挑战定价法的定价比市场领导者的定价稍低或低得较多，但其所开发的物业在质量上与市场领导者的相近。

6. C。有效毛收入＝潜在毛租金收入－空置和收租损失＋其他收入＝100－100×（5%＋2%）＋100×3%＝96（万元）

净经营收入＝有效毛收入－运营费用＝96－60＝36（万元）。

7. ABC。房地产价格指数是反映房地产价格各期相对涨跌幅度的指数，可用于判断短期价格活动和长期价格趋势。具体包括新建商品住宅价格指数、二手住宅价格指数、居民用地价格指数、租赁价格指数。

8. BD。一级市场（国有土地使用权出让市场）、二级市场（土地使用权转让、新建商品房租售市场）、三级市场（存量房地产交易市场）。

9. D。空置率＝报告期期末空置房屋/同期房屋存量＝750/5000＝15%。

10. D。实验法是指将调查范围缩小到一个比较小的规模上，进行试验后得出一定结果，然后再推断出样本总体可能的结果的调查方法。

11. ABC。会计要素是会计核算对象的基本分类，是设定会计报表结构和内容的依据，也是进行确认和计量的依据。会计要素主要包括资产、负债、所有者权益、收入、费用和利润6大类。

12. B。甲的本质是单利计息，乙的本质是复利计息。甲是单利计息方式，乙是复利计息方式，设年利率为 r，则：$I_甲=Pr$，$I_乙=P[(1+r/12)^{12}-1]$，根据常识可推断出 $I_甲<I_乙$。

13. CD。购买型是直接购买已建成的物业，所以只有购买成本，只有开发型的项目才需要购买土地。

14. B。房地产投资项目经济评价中宜对互斥方案和可转化为互斥方案的方案进行比选。

15. BCD。房地产开发投资清偿能力指标包括借款偿还期、利息备付率、资产负债率。房地产置业投资清偿能力指标包括借款偿还期、偿债备付率、资产负债率、流动比率、速动比率。

二、综合分析题

1. D	2. B	3. C	4. B	5. C
6. A	7. C	8. C	9. A	10. A

【解析】

1. D。由于估价目的不同，不能合并出具估价报告。一个估价报告只能有一个估价目的，可以有多个估价对象。

2. B。因为甲厂区有出租收益，有收益或类似房地产有收益的应把收益法作为一种估价方法，因此应优先采用收益法估价。

3. C。由于题意是评估土地市场价值，而且乙厂区土地使用权类型是划拨，因此选项 C 最合适。选项 D 得出的结果是乙厂区房地产市场价值。

4. B。评估待开发房地产假定未设立法定优先受偿权下的价值采用假设开发法的，应选择被迫转让开发前进行估价。

5. C。本题考查可以设定以及不得设定抵押的房地产范围。用于教育、医疗、市政等公共福利事业的房地产不得抵押。土地所有权不得抵押。已依法公告列入征收范围的房地产不得抵押。

6. A。影响商业房地产价格的区位因素包括地段繁华程度、交通条件、临街状况、楼层。BCD 3 个选项属于影响商业房地产价格的实物状况。

7. C。应当评估该房地产的公开市场价值，ABD 属于干扰项。

8. C。建筑物的经济寿命实际经过了 9.5 年，加土地剩余年限 38.5 年，总计 48 年。

9. A。$V=300\div 7.5\%\times[1-1\div(1+7.5\%)^{38.5}]=3752.92$（万元）。

10. A。根据已知条件"合资结束后的净资产按出资比例在出资各方间分配"，当合资期限到达时，房地产的价值由于折旧等原因会发生价值上的改变，应当用 20 年后的房地产价值折现值作为业主方的作价出资额。

三、问答题

(一)

(1) 乙评估机构未能对该商业用房进行实地查勘。
直接根据甲上市公司提供的该商业用房的全面详细状况进行评估不当，估价师必须进行实地踏勘，了解房地产的实际状况、周边环境、市场氛围，才能准确估价。直接使用甲公司提供的资料，是一个实际价值，而估价应该采用市场价格平均水平。

(2) 租金的选取根据最高最佳利用原则选取 350 元/m^2，不正确。

应该给出使用简单算术平均值或加权平均值的依据，而且3个比较实例的月租金差异较大。

(3) 计算有效毛收入时没有考虑空置率。

(4) 选用银行贷款利率为折现率。

收益法的计算是选用报酬率，报酬率不能等同于折现率，不能用银行贷款利率。

(二)

1. 张某的选择不一定正确。理由：

第一，如按资本化率考虑，酒店式公寓投资回报率高于普通住宅的收益率；如按报酬率考虑，张某的选择可能不正确，因为酒店式公寓收益年限可能短于普通住宅的收益年限。第二，应该考虑两套房屋本身未来增值速度和增值能力的差异。第三，还应考虑两套房屋变现能力大小，普通住宅的变现能力较好。要在综合考虑上述情况基础上作出判断。

2. 如选择酒店式公寓，一是尽量选择70年产权的公寓，二是区位选择非常重要，三是配套服务设施要齐全，四是选择专业品牌物业服务很重要。如选择普通住宅，除考虑投资回报率外，重点要关注它的升值空间大小。

四、计算题

(一)

假设企业能接受的最高楼面地价为 A 元/m^2（不包括契税）

1. 建筑面积＝13.33×2.56＝34.1248（万 m^2）

2. 销售净收入由两部分组成：

商品住房销售净收入＋配套公租房回购净收入
＝(34.1248－3)×8500×(1－5.5%)＋3×6000＝268009.956(万元)

3. 总成本＝34.1248×(1.04A＋3800)＋5500＝35.489792A＋135174.24(万元)

4. 利润＝销售收入－总成本

8000＝268009.956－35.489792A－135174.24

A＝3517.51(元/m^2)

(二)

1. 项目总开发价值

(1) 项目建筑面积：12000×5.0＝60000（m^2）

(2) 项目总销售收入：60000×15000/10000＝90000（万元）

(3) 增值税及附加：90000×6%＝5400（万元）

项目总开发价值：90000－5400＝84600（万元）

2. 项目总开发成本

(1) 土地费用：20000（万元）

(2) 建造费用：60000×4200/10000＝25200（万元）

(3) 其他工程费用：450（万元）

(4) 管理费用：(20000＋25200＋450)×5%＝2282.500（万元）

(5) 销售费用：90000×4%＝3600（万元）

(6) 其他费用之和：2282.500＋3600＋450＝6332.500（万元）

(7) 利息及融资费用

第1季度利息：[20000＋(756＋189.975)/2]×12%/4＝614.190（万元）

第1季度融资费用：614.190×8%＝49.135（万元）

第2季度利息：[20000＋756＋189.975＋614.19＋49.135＋(3024＋759.9)/2]×12%/4＝705.038（万元）

第2季度融资费用：705.038×8%＝56.403（万元）

第3季度～第8季度计算方法以此类推

项目总开发成本：61173.937万元

3. 成本利润率＝(84600－61173.937)/61173.937＝38.294%

销售利润率＝(84600－61173.937)/90000＝26.029%

季度（末）	0	1	2	3	4	5	6	7	8
土地费用	20000								
建安成本与其他费用投入比例		3%	12%	10%	15%	15%	20%	15%	10%
建造费用		756	3024	2520	3780	3780	5040	3780	2520
其他费用之和		189.975	759.900	633.250	949.875	949.875	1266.500	949.875	633.250
利息		614.190	705.038	831.938	977.140	1150.695	1353.523	1562.923	1731.809
融资费用		49.135	56.403	66.555	78.171	92.056	108.282	125.034	138.545
合计	20000	1609.300	4545.341	4051.743	5785.186	5972.626	7768.305	6417.832	5023.604
累计	20000	21609.300	26154.641	30206.384	35991.570	41964.196	49732.501	56150.333	61173.937

五、指错题

1. 致委托方函缺估价报告应用的有效期。

2. 估价对象实物状况描述不全面。

3. 估价对象权益状况描述不全面。

4. 价值定义中抵押价值含义表达错误。

5. 估价结果报告的估价结果没有大写金额。

6. 缺风险提示（或说明）内容。
7. 附件应放在技术报告之后。
8. 客观毛租金收益（100元/m²·月）确定有误。
9. 租约期外租金构成内涵不清。
10. 租约期外租金面积内涵不清。
11. 租约期外收益变化趋势在未来使用年限相对稳定的假设缺乏依据，不符合谨慎原则。
12. 租约期外的有效毛收入中未考虑其他收入，如押金收入等。
13. 租约期外净收益确定有误，未扣除运营费用。
14. 空置率取2%的依据不充分。
15. 等比递增计算中租约期外的折现期是错误的（不应为5年，应为4年）。
16. 表4中的可比实例成交价未说明付款方式。
17. 可比实例1与估价对象面积差异过大，不宜作为可比实例。
18. 可比实例与估价对象结构是不同的，没有作修正。
19. 比较、修正项目不全面。
20. 距区域商业中心距离和距公交站点的距离应为区域因素。
21. 表6中修正系数的表达形式错误。
22. 表6中修正系数的确定缺乏理由。
23. 估价技术报告结果中未计算抵押价值，未考虑法定优先受偿款。
24. 比较结果采用三个可比实例价格的简单算术平均值缺乏理由。
25. 估价结果取两种估价方法测算结果的简单算术平均值缺乏理由。

《土地估价基础与实务》考前小灶卷（一）

微信扫码　免费听课

一、不定项选择题（共15题，每题1分。每题的备选答案中有1个或1个以上的选项符合题意，全部选对的，得1分；错选或多选的，不得分；少选且选择正确的，得0.5分）

1. 总体来说，我国土地估价实务根据需求，可概括为以下（　　）等类型。
   A. 为市场交易价格提供依据和参考
   B. 为政府公示价格及资产管理提供技术支撑和价格参考
   C. 为市场经济行为提供价格咨询与参考
   D. 为计划经济行为提供价格咨询与参考

2. 对土地估价师的专业能力要求包括（　　）。
   A. 专业知识　　　　　　　　　B. 调查的能力
   C. 判断推理的能力　　　　　　D. 熟练的经验

3. 土地估价（　　）对估价工作起着决定性作用。
   A. 相关法律法规　　　　　　　B. 估价技术规程与规范
   C. 规范性文件　　　　　　　　D. 实施细则

4. 确定估价基本事项是估价工作方案的一项内容，从专业上看，也是一些技术工作的基础，主要包括（　　）。
   A. 估价目的的确定　　　　　　B. 估价对象的范围的确定
   C. 估价期日的确定　　　　　　D. 土地价值内涵与性质的设定和界定

5. 土地估价期日的类型有（　　）。
   A. 当前价值时点　　　　　　　B. 既往价值时点
   C. 特殊价值时点　　　　　　　D. 未来价值时点

6. 从一般意义上说，土地估价具有的功能是（　　）。
   A. 价值信息披露　　　　　　　B. 投资参考
   C. 投资咨询　　　　　　　　　D. 价值鉴证

7. 房地产估价师的继续教育学时需要（　　），如果无理由不完成继续教育学时会受到行业处罚。
   A. 注册　　　　　　　　　　　B. 备案
   C. 登记　　　　　　　　　　　D. 公示

8. 为了保证估价机构的（　　），政府会对估价机构的建立提出一定的要求。
   A. 专业性　　　　　　　　　　B. 中立性
   C. 营利性　　　　　　　　　　D. 社会性

9. 土地实体主要包括（　　）。
   A. 地上空间　　　　　　　　　B. 地表层

C. 地下层 D. 土地定着物

10. 下列属于土地权利基本种类的是（　　）。
A. 所有权 B. 使用权
C. 出租权 D. 抵押权

11. 土地的自然特性包括（　　）。
A. 位置固定性 B. 面积有限性
C. 质量差异性 D. 可更新性

12. 现阶段地籍管理的主要内容包括（　　）。
A. 土地调查 B. 土地登记
C. 土地统计 D. 土地级别确定

13. 需要开展地籍总调查的情形包括（　　）。
A. 未开展过总登记或总调查的 B. 已有地籍资料陈旧散乱的
C. 国家或地方有新的需求的 D. 新设不动产单元的

14. 《不动产登记暂行条例》规定，不动产以（　　）为基本单位进行登记。
A. 栋 B. 不动产单元
C. 单体建筑物 D. 组团建筑物

15. 地籍图包括（　　）。
A. 分幅地籍图 B. 不动产单元图
C. 地籍索引图 D. 分丘图

二、综合分析题（共10题，每题1.5分。每题的备选答案中有1个或1个以上的选项符合题意，全部选对的，得1.5分；错选或多选的，不得分；少选且选择正确的，选对1个得0.5分）

（一）

某大学附属医院为提升医疗服务功能，实施了更新改造工程。该项目于2018年6月开始启动，2018年底完成了规划设计等前期准备工作。通过进行招标投标，最终确定了A施工企业作为最后的中标人。从2019年初开始进行施工，2019年底完成了一个单项工程建设，全部工程于2021年底全部完成。

1. 下列属于房屋组成的是（　　）。
A. 基础 B. 地基
C. 墙体和柱 D. 屋顶

2. 在招标投标过程中，采用了工程量清单计价方式，工程量清单中包括的费用有（　　）。
A. 分部分项工程费 B. 措施项目费
C. 其他项目费 D. 规费和税金

3. 建筑安装工程费由（　　）组成。
A. 直接费 B. 间接费
C. 利润 D. 税金

（二）

某房地产开发公司通过出让方式获得了一块建设用地，准备开发一个大型购物中心项目，并安排了市场部门的工作人员进行市场调查，经过对市场的详细调查、分析和财务评价，认为项目在技术上和财务上都可行，最终决定予以开发。

4. 我国国有建设用地使用权出让可以采取（　　）方式。
   A. 协议　　　　　　　　　　B. 招标
   C. 拍卖　　　　　　　　　　D. 挂牌

5. 土地出让合同的特征是（　　）。
   A. 土地使用权出让合同是当事人之间设立、变更土地使用权法律关系的协议
   B. 土地使用权出让是无年限的
   C. 土地使用权出让合同中的受让方，一般为境内外的企业法人
   D. 土地使用权出让合同是订立土地使用权转让合同的前提条件

6. 影响商业用途土地价格的关键因素是（　　）。
   A. 区位　　　　　　　　　　B. 商业聚集规模
   C. 交通方便度　　　　　　　D. 经济位置

7. 根据竞争的充分程度，市场可分为（　　）。
   A. 完全竞争市场　　　　　　B. 垄断竞争市场
   C. 寡头市场　　　　　　　　D. 垄断市场

8. 通常认为不动产市场属于（　　）。
   A. 完全竞争市场　　　　　　B. 垄断竞争市场
   C. 寡头市场　　　　　　　　D. 垄断市场

9. 本项目进行财务评价时，可以采用的评价指标有（　　）。
   A. 现值　　　　　　　　　　B. 净现值
   C. 内部收益率　　　　　　　D. 净产值

10. 不动产估价中常采用（　　）等统计方法。
    A. 抽样调查　　　　　　　　B. 重点调查
    C. 典型调查　　　　　　　　D. 统计报表

三、计算题（2个计算题目，共20分。要求列出算式、计算过程；需按公式计算的，要写出公式；只有计算结果而无计算过程的，不得分。计算结果保留小数点后2位）

（一）

某房地产开发商拟购入200亩建设用地开发居住小区，该小区规划允许建设的建筑面积是40万m^2，单位建筑面积的建造成本为3150元/m^2，小区内配套设施费为建造成本的13%，专业费用为建造成本的8%，开发成本均匀投入；销售税费为销售收入的5%，年利率为12%，采用单利计息方式，房地产开发商的直接成本利润率为20%，该居住小区计划2年开发完成，预计单位建筑面积楼价为9000元/m^2，试求该房地产开发商能承受的土地总价（万元）。

(二)

某经济开发区征用了总面积为 10km² 的集体土地，现已完成了一级开发，达到了"七通一平"，其中，经济开发区内道路、绿地及其他公共基础设施占地达到了 3km²。根据测算，该经济开发区土地进行征地、安置及青苗补偿费用为 12 亿元；征地结束后，土地"七通一平"的开发费用为 2 亿元/km²，开发周期为 2 年，第 1 年和第 2 年的投资额分别占总开发投资的 40% 和 60%，总开发投资利润率为 10%，土地增值收益率取 15%，年利率为 10%，按复利计息，土地还原率确定为 7%。

该经济开发区拟出让一宗工业建设用地，土地面积为 20000m²，出让年限为 50 年。试计算出该宗工业建设用地的单位面积价格（元/m²）和总价格（万元）。

四、问答题（共 10 题，每题 2 分。每题的备选答案中有 1 个或 1 个以上的选项符合题意，全部选对的，得 2 分；错选或多选的，不得分；少选且选择正确的，选对 1 个得 0.5 分）

(一)

某市人民政府准备征收一块农村集体经济组织所有的土地，按照规定的权限和程序开展征收的具体工作，为保障被征地农民的合法知情权，发布了征收土地预公告。经过半年的运作，最后完成了土地征收工作。

1. 下列属于土地征收程序的是（　　）。
A. 土地征收预公告　　　　　　B. 社会稳定风险评估
C. 征地听证　　　　　　　　　D. 土地变更登记

2. 征收土地预公告的内容主要包括（　　）。
A. 征收范围和土地现状　　　　B. 征收目的
C. 征地补偿安置公告　　　　　D. 土地现状调查

3. 土地征收的前提是（　　）。
A. 公共利益　　　　　　　　　B. 社会利益
C. 经济利益　　　　　　　　　D. 私人利益

4. 下列属于土地征收特征的是（　　）。
A. 公益性　　　　　　　　　　B. 强制性
C. 有偿性　　　　　　　　　　D. 合理性

5. 可以依法征收农民集体所有土地的情形有（　　）。
A. 军事用地　　　　　　　　　B. 外交用地
C. 能源用地　　　　　　　　　D. 商业用地

(二)

A 市人民政府准备出让一块居住用地，并且聘请了某土地估价机构对该居住用地进行评估，该机构安排了 2 名土地估价师按照相应的估价规范对该地块进行了评估，出具了土地估价报告，A 市人民政府根据评估结果最终确定了出让底价。

6. 针对该出让土地进行评估时，可以采用的估价方法有（　　）。

A. 市场比较法 B. 收益还原法
C. 成本逼近法 D. 长期趋势法

7. 下列属于土地估价报告构成的是（　　）。
A. 对估价目的的说明 B. 对价格影响因素的说明
C. 对估价过程的说明 D. 对估价结果的保证

8. 出让该居住用地使用权的最高年限是（　　）年。
A. 40 B. 50
C. 60 D. 70

9. 土地估价师在确定估价目的时，要明确的内容包括（　　）。
A. 估价结果的使用者
B. 估价结果的使用方向
C. 估价结果的具体用法或者效力
D. 估价报告的委托者

10. 该土地估价报告应采用的报告形式是（　　）。
A. 文字式 B. 表格式
C. 账户式 D. 多步式

五、指错题（共10题，每题3分。每题的备选答案中有2个或2个以上的选项符合题意，全部选对的，得3分；错选或多选的，不得分；少选且选择正确的，选对1个得0.5分）

土地估价技术报告
第一部分　总　述

一、估价项目名称
××县××工业园区A1号地块土地使用权出让价格评估

二、委托估价方（略）

三、受托估价方（略）

四、估价目的
根据委托方提供的资料，估价对象拟通过挂牌方式进行出让，本次评估价格即为确定该土地使用权挂牌出让的保留价。

五、估价依据
1.《中华人民共和国土地管理法》（1988年）
2.《中华人民共和国城市房地产管理法》
3. 关于发布实施《全国工业用地出让最低价标准》的通知（国土资发〔2006〕307号）
4. ××省、××市及××县等各级政府关于土地管理、地价管理的有关政策、法规；
5. ××县基准地价成果资料；
6. 委托方提供的估价对象规划控制指标等其他有关估价对象资料；
7. ××评估有限公司掌握的有关地价信息资料；
8. 评估人员实地踏勘及调查取得的资料。

六、估价期日

2017年6月

七、估价日期

2017年5月5日至2017年5月16日

八、地价定义

本次评估根据估价目的，将估价对象地价定义为待估宗地在估价期日2017年6月，设定用途为工业用地，设定使用年限为其最高使用年限60年，设定土地开发程度为宗地红线外"三通"（通路、通电、通水）及红线外场地平整待建设的国有土地使用权价格。

九、估价结果

土地单价：126元/m^2

总地价：352.29万元

估价结果详见表1《土地估价结果一览表》。

十、需要特殊说明的事项

（一）估价假设条件

1. 本次评估时，估价对象尚未进行开发建设，因此在精度允许范围内，本次评估涉及的一些用地指标等中间数据，以委托方提供的估价对象规划控制指标数据上限为依据，并参照区域一般情况来确定。

2. 估价对象与其他生产要素相结合，能满足今后生产、生活、经营的正常进行。

3. 在估价期日地产市场为公开、平等、自愿、感性的交易市场。

4. 任何有关估价对象的运作方式、程序符合国家、地方的有关法律、法规。

（二）报告使用的限制条件

1. 本报告结果仅为本次估价目的服务，不得用于任何与本次估价目的无关的其他事项；不得擅改报告及歪曲理解报告有关内容。

2. 估价报告和估价结果的使用权归委托方所有，本评估报告由××评估有限公司负责解释。

3. 本报告必须完整使用，对仅使用报告中的部分内容所导致的有关损失，受托估价机构不承担责任。

4. 本报告的技术报告未经许可，不得随意查阅、转用、发表。

（三）土地估价结果有效条件

1. 在地产市场不发生突发变化情况下，本报告估价结果有效期为半年。

2. 本报告估价结果是在估价期日，本报告价格定义中设定的条件下的土地使用权权益价格。如果改变价格定义中的条件，本报告估价结果不成立。

3. 委托方提供的资料真实、有效。

（四）其他需要说明事项

1. 委托方对所提供资料的真实性负责，如因委托方提供资料有误，造成估价结果失真，受托方不承担责任。

2. 本次评估的估价报告分为"土地估价报告"和"土地估价技术报告"两部分，"土地估价技术报告"供委托方使用，"土地估价报告"仅供估价机构存档和提交当地行业主管部门审查。

3. 本报告所评估地块地下资源、地下埋藏物等所有权仍属国家，本报告评估价格不包含上述方面的价格。

十一、土地估价师签字

估价师姓名　估价师证号　签名

×××　　　　×××××

十二、土地估价机构

××评估有限公司（公章）

财务部门负责人签名

2017年5月16日

第二部分　估价对象描述及地价影响因素分析

一、估价对象描述

1. 土地登记状况

估价对象位于××县××工业园区，其四至为：东至××，南至××，西至××，北至××。地块总面积为27959.52m²，土地拟出让用途为商业用地，出让年限为工业用地法定最高出让年限50年。图号××。

2. 土地权利状况

根据委托方提供的资料，估价对象现状为国有待出让土地，拟以挂牌方式进行出让，拟出让用途为工业用地，出让年限为40年。根据估价目的，假定在估价期日估价对象无抵押、出租等他项权利存在。

3. 土地利用状况

根据委托方提供的资料及估价人员现场踏勘，估价对象内部现状为平整待开发土地。该估价对象主要规划技术指标为：总用地面积27959.52m²，建筑密度40%～60%，容积率≤1.4，绿地率＞85%。（以下略）

二、地价影响因素分析

1. 一般因素（略）

2. 区域因素

估价对象位于××县××工业园区。该工业园区为省级开发区，园区总体规划面积5km²，位于××县城工业用地级别的三级地范围内，属三级地内较好的区域。目前区域内对外交通主干道主要为××交通干道，交通便利。其他供水、供电等基础设施已达到"五通"配套。目前园区已引入多家资源型企业和汽摩配等非资源型企业，具有一定的工业集聚效应。园区作为全县工业经济发展的主攻方向和主要载体，发展潜力较大，工业用地需求量大，地价预期增长空间较大。

3. 个别因素（略）

第三部分　（略）
第四部分　（略）

1. 土地估价技术报告的总述中，存在描述错误的是（　　）。
   A. 估价目的　　　　　　　　B. 估价期日
   C. 估价项目名称　　　　　　D. 估价日期
   E. 土地估价机构

2. 估价依据构成中,存在错误的是( )。

A. 《中华人民共和国土地管理法》

B. 《中华人民共和国城市房地产管理法》

C. 缺少《城镇土地估价规程》

D. ××县基准地价成果资料

E. 评估人员实地踏勘及调查取得的资料

3. 地价定义描述中,存在错误的是( )。

A. 设定使用年限为其最高使用年限60年

B. 开发程度设定不全面

C. 价格类型定义不准确

D. 设定用途为工业用地

E. 红线外场地平整

4. 估价结果内容中,存在哪些错误( )?

A. 缺少币种
B. 缺少总地价大写

C. 土地单价的单位
D. 货币的单位

E. 缺表

5. 估价假设条件中,存在的错误有( )。

A. 在估价期日地产市场为公开、平等、自愿、感性的交易市场

B. 缺少了估价对象在估价期日土地利用现状的假设说明

C. 缺少了估价对象区位环境条件方面的假设说明

D. 缺少了要求谨慎评估的说明

E. 估价对象与其他生产要素相结合表述有误

6. 在需要特殊说明的事项内容中,存在描述错误的有( )。

A. 本报告结果仅为本次估价目的服务

B. 本报告估价结果有效期为半年

C. "土地估价技术报告"供委托方使用

D. "土地估价报告"仅供估价机构存档和提交当地行业主管部门审查

E. 本报告必须完整使用,对仅使用报告中的部分内容所导致的有关损失,受托估价机构不承担责任

7. 土地估价师签字和土地估价机构的内容中,存在的错误有( )。

A. 只有一个估价师
B. 缺少估价师的签字

C. 缺少估价机构负责人签字
D. 财务负责人签字

E. 盖了估价机构的公章

8. 土地登记状况中,存在的错误有( )。

A. 土地登记内容不全面

B. 土地拟出让用途为商业用地

C. 出让年限为工业用地法定最高出让年限50年

D. 缺地号

E. 图号

9. 土地权利和利用状况中，存在错误描述的是（　　）。
A. 估价对象现状为国有待出让土地，拟以挂牌方式进行出让
B. 出让年限为40年
C. 假定在估价期日估价对象无抵押、出租等他项权利存在
D. 建筑密度40%～60%
E. 绿地率＞85%

10. 下列提到的错误类型中，哪些属于本土地估价技术报告中存在的错误（　　）？
A. 报告有效期没有明确起算日
B. 三通表述不对
C. 地价影响因素分析没有包括一般因素
D. 两个报告的应用对象颠倒了
E. 开发程度描述前后矛盾

《土地估价基础与实务》考前小灶卷（一）参考答案及解析

一、不定项选择题

1. ABC	2. ABCD	3. A	4. ABCD	5. ABD
6. AD	7. C	8. AB	9. ABCD	10. ABCD
11. ABCD	12. ABCD	13. ABC	14. B	15. ABC

【解析】

1. ABC。总体来说，我国土地估价实务根据需求，可概括为以下三类：①为市场交易价格提供依据和参考；②为政府公示价格及资产管理提供技术支撑和价格参考；③为市场经济行为提供价格咨询与参考。

2. ABCD。土地估价实务技能包括：（1）专业能力要求：①专业知识；②调查的能力；③判断推理的能力；④熟练的经验；⑤丰富的常识。（2）职业道德要求：①尽职守责；②诚实守信；③客观公正；④廉洁；⑤保守秘密。

3. A。土地估价相关法律法规对估价工作起着决定性作用。

4. ABCD。确定估价基本事项是估价工作方案的一项内容，从专业上看，也是一些技术工作的基础，主要包括：估价目的、估价对象的范围、估价期日的确定，以及土地价值内涵与性质的设定和界定等。

5. ABD。土地估价期日有以下情况：①当前价值时点；②既往价值时点；③未来价值时点。

6. AD。从一般意义上说，土地估价具有价值信息披露和价值鉴证两大功能。

7. C。房地产估价师的继续教育学时需要登记，如果无理由不完成继续教育学时会受到行业处罚。

8. AB。估价机构从业也需要特许资格，为了获得一定的社会公信力，需要保持一种专业的、中立的社会形象。①专业性，这是公信力的基本要求；②中立性，这是公信力的关键所在。为了保证估价机构的专业性和中立性，政府会对估价机构的建立提出一定的要求。

9. ABCD。土地实体主要包括以下几个方面：①地上空间；②地表层；③地下层；④土地定着物。

10. ABCD。土地权利在最高层面是所有权，然后是使用权、出租权、抵押权，最后还有地役权等。

11. ABCD。土地的自然特性包括：①位置固定性；②面积有限性；③质量差异性；④可更新性。土地的经济特性包括：①土地供给的稀缺性；②土地利用方式的相对分散性；③土地利用方向的多宜性；④土地利用后果的外溢性。

12. ABCD。现阶段地籍管理的主要内容包括土地调查、土地登记、土地统计、土地级别确定、地籍档案管理等。

13. ABC。按照组织方式不同,地籍调查通常分为地籍总调查和日常地籍调查。要开展地籍总调查的情形包括:一是未开展过总登记或总调查的;二是已有地籍资料陈旧散乱的;三是国家或地方有新的需求的。需要开展日常地籍调查的情形包括:一是新设不动产单元的;二是不动产单元界址变化的;三是已有地籍材料现势性不强、不清晰、存在疑问或存在明显错误的;四是有必要开展不动产地籍调查的其他情形。

14. B。《不动产登记暂行条例》规定,不动产以不动产单元为基本单位进行登记,不动产单元具有唯一编码。

15. ABC。地籍图包括分幅地籍图、不动产单元图、地籍索引图等。

二、综合分析题

1. ACD	2. ABCD	3. ABCD	4. ABCD	5. ACD
6. ABC	7. ABCD	8. B	9. BC	10. ABC

【解析】

1. ACD。房屋由基础、墙体和柱、楼地层、屋顶、楼梯、门窗共六大构件组成。

2. ABCD。工程量清单计价是指投标人完成由招标人提供的工程量清单所需的全部费用,包括分部分项工程费、措施项目费、其他项目费、规费和税金。

3. ABCD。建筑安装工程费由直接费、间接费、利润和税金等组成。直接费由直接工程费和措施费组成。间接费包括规费和企业管理费。

4. ABCD。我国土地使用权出让可以采取协议、招标、拍卖和挂牌四种方式。

5. ACD。土地出让合同具有以下特征:一是土地使用权出让合同是当事人之间设立、变更土地使用权法律关系的协议;二是土地使用权出让是有年限的,最高出让年限由法律规定,实际出让年限则由土地使用权出让合同约定;三是土地使用权出让合同中的受让方,一般为境内外的企业法人;四是土地使用权出让合同是订立土地使用权转让合同的前提条件。国有土地使用权划拨具有公益性、无期限性和限制性。

6. ABC。相对位置是影响商业用途土地价格的关键因素。

7. ABCD。市场根据竞争的充分程度可分为完全竞争市场、垄断竞争市场、寡头市场和垄断市场。

8. B。不动产的供给在短期内难以有较大的调整,由于土地的有限性、不可再生性和所有权的排他性,不动产的供给难以形成完全竞争市场,通常认为不动产市场具有垄断竞争特性。

9. BC。现值和净产值都不是财务评价指标。

10. ABC。不动产估价中常采用抽样调查、重点调查、典型调查等方法。

三、计算题

(一)

根据题意,应采用剩余法计算,计算步骤如下:

(1) 设开发商能承受的地价为 V;

(2) 开发完成后的房地产总价值：
9000×40=360000（万元）
(3) 建造成本、专业费用及配套费用：
3150×40×（1+8%+13%）=152460（万元）
(4) 投资利息：
V×12%×2+152460×12%×2/2=0.24V+18295.2（万元）
(5) 销售税费：
360000×5%=18000（万元）
(6) 开发商利润：
(V+152460)×20%=0.2V+30492
(7) V=(2)-(3)-(4)-(5)-(6)
=360000-152460-0.24V-18295.2-18000-0.2V-30492
=140752.8-0.44V
则 V=97745.00（万元）

（二）

采用成本逼近法的计算步骤如下：
(1) 计算土地取得费用
$12×10^8 ÷ (10×10^6) = 120$（元/m²）
(2) 计算土地开发费用
$(2×10^8) ÷ (1×10^6) = 200$（元/m²）
(3) 计算投资利息
$120×[(1+10\%)^2-1]+200×40\%×[(1+10\%)^{1.5}-1]+200×60\%×[(1+10\%)^{0.5}-1]$
=25.20+12.30+5.86=43.36（元/m²）
(4) 计算投资利润
(120+200)×10%=32（元/m²）
(5) 计算土地增值收益
(120+200+43.36+32)×15%=59.30（元/m²）
(6) 计算土地价格
土地价格=土地取得费用+土地开发费用+投资利息+投资利润+土地增值收益
=120+200+43.36+32+59.30=454.66（元/m²）
(7) 进行可出让土地比率修正
经济开发区可出让土地比率
=（经济开发区总面积－不可出让土地面积）/经济开发区土地总面积×100%
=(10-3)/10×100%=70%
则可出让土地的平均单价=454.66/70%=649.51（元/m²）
(8) 进行土地使用权年期修正
以上求取的是土地无限年期的使用权价格，因此 50 年的土地使用价格为：649.51×$[1-1/(1+7\%)^{50}]$=627.46（元/m²）

(9) 计算土地总价格

627.46×20000＝1254.92（万元）

采用成本逼近法估算出的该宗工业建设用地的价格为：

(1) 单位面积价格为 627.46 元/m^2；

(2) 总价格为 1254.92 万元。

四、问答题

| 1. ABC | 2. AB | 3. A | 4. ABC | 5. AB |
| 6. ABC | 7. ABC | 8. D | 9. ABC | 10. A |

【解析】

1. ABC。土地征收的程序包括：（一）土地征收预公告；（二）土地现状调查；（三）社会稳定风险评估；（四）拟定征地补偿安置方案；（五）征地补偿安置公告；（六）征地听证；（七）征地补偿登记；（八）签订征地补偿协议。

2. AB。为保障被征地农民的合法知情权，《土地管理法实施条例》第二十六条规定："需要征收土地，县级以上地方人民政府认为符合《土地管理法》第四十五条规定的，应当发布征收土地预公告。"

征收土地预公告的内容主要包括征收范围和土地现状、征收目的、开展土地现状调查的安排，以及计算土地征收补偿的时间节点。

3. A。公共利益是土地征收的前提。国家动用征收权，征收农民集体土地，必须是为了公共利益的需要。

4. ABC。土地征收的特征有 5 个，具体包括公益性、强制性、有偿性、程序的合法性和行政主体唯一性。

5. AB。《土地管理法》第四十五条规定："为了公共利益的需要，有下列情形之一，确需征收农民集体所有的土地的，可以依法实施征收：（一）军事和外交需要用地的；（二）由政府组织实施的能源、交通、水利、通信、邮政等基础设施建设需要用地的；（三）由政府组织实施的科技、教育、文化、卫生、体育、生态环境和资源保护、防灾减灾、文物保护、社区综合服务、社会福利、市政公用、优抚安置、英烈保护等公共事业需要用地的；（四）由政府组织实施的扶贫搬迁、保障性安居工程建设需要用地的；（五）在土地利用总体规划确定的城镇建设用地范围内，经省级以上人民政府批准由县级以上地方人民政府组织实施的成片开发建设需要用地的；（六）法律规定为公共利益需要可以征收农民集体所有的土地的其他情形。"

6. ABC。针对该出让土地进行评估时，可以采用市场比较法、收益还原法、成本逼近法、剩余法和公示地价系数修正法。

7. ABC。土地估价报告的构成包括：(1) 对估价协议双方基本情况及估价目的的说明；(2) 对委托估价对象的基本情况的说明；(3) 对价格影响因素的说明；(4) 对估价过程的说明；(5) 对地价内涵界定与估价结果的说明；(6) 对土地估价报告的使用的说明。

8. D。根据《城镇国有土地使用权出让和转让暂行条例》的规定，各类用地使用权出让的最高年限为：居住用地 70 年；工业用地 50 年；教育、科技、文化、卫生、体育用地 50 年；商业、旅游、娱乐用地 40 年；综合或者其他用地 50 年。

9. ABC。估价目的是指土地估价为什么要进行，估价结果的用途是什么，以及用户对估价报告所载信息的使用方式等。

估价目的的界定要明确以下三个方面的内容：

（1）估价结果的使用者（并不一定是委托方）。

（2）估价结果的使用方向，需要说明具体的经济活动内容，比如出让、抵押等。

（3）估价结果的具体用法或者效力，比如交易底价、参考价、计价基础等。

10. A。土地估价报告的形式一般不外乎两种基本格式，即文字式报告和表格式报告。一般来说，正式的或者复杂、重要的土地估价报告及土地估价技术报告通常应该采用文字式。具体的估价报告格式还取决于使用者对繁简程度的要求，当报告使用者明确约定仅要求提供简单的估价意见时，可以采用较为简单的表格式报告，但是需要将完成报告所需的资料、数据及工作底稿作为永久性文件存放，便于有需要时对报告进行解释。

五、指错题

1. AB	2. AC	3. ABCE	4. ABE	5. ABC
6. BCD	7. ABCD	8. ABD	9. BCE	10. ADE

1. AB。评估目的表述错误，表述评估价格直接作为保留价不妥，应表述为评估价格为确定保留价提供参考依据；估价期日要明确到日。

2. AC。《中华人民共和国土地管理法》（1988年）过时了。

3. ABCE。设定使用年限为其最高使用年限是50年；开发程度设定不全，未说明地块实际开发程度；价格类型定义不准确，应明确价格类型为国有土地使用权出让市场价格；红线内场地平整。

4. ABE。

5. ABC。在估价期日地产市场为公开、平等、自愿、理性的交易市场。

6. BCD。估价报告有效期没有明确起算日；两个报告的应用对象颠倒了。

7. ABCD。

8. ABD。土地登记内容不全，缺少待估宗地所在土地级别说明；土地拟出让用途为商业用地，前后内容不一致。

9. BCE。出让年限为40年，前后内容不一致；他项权利采用假定说明是错误的；绿地率为≥85%不符合正常情况。

10. ADE。

《土地估价基础与实务》考前小灶卷（二）

一、**不定项选择题**（共15题，每题1分。每题的备选答案中有1个或1个以上的选项符合题意，全部选对的，得1分；错选或多选的，不得分；少选且选择正确的，得0.5分）

1. 建设用地规划许可证主要包括土地的（　　）等控制性指标。
   A. 基本用途　　　　　　　　　　B. 限高
   C. 绿化指标　　　　　　　　　　D. 建筑性质
2. 根据估价对实例的使用需求，重要的估价实例包括（　　）。
   A. 价格实例　　　　　　　　　　B. 租金实例
   C. 成本实例　　　　　　　　　　D. 收益实例
3. 价格实例的特征有（　　）。
   A. 数量较少　　　　　　　　　　B. 分布不均匀
   C. 透明度较高但不全面　　　　　D. 价格背后因素差异大
4. 影响土地估价方法选择的因素有（　　）。
   A. 估价目的　　　　　　　　　　B. 估价原则
   C. 估价对象自身情况　　　　　　D. 能够收集到的估价资料
5. 下列属于估价技术过程审查内容的是（　　）。
   A. 估价目的方面的审查　　　　　B. 价值界定与估价假定方面的审查
   C. 估价原则方面的审查　　　　　D. 估价方法的审查
6. 土地（　　）是土地所有者依法对土地享有的占有、使用、收益和处分的权利。
   A. 所有权　　　　　　　　　　　B. 使用权
   C. 出租权　　　　　　　　　　　D. 抵押权
7. 土地使用权包括（　　）。
   A. 土地承包经营权　　　　　　　B. 建设用地使用权
   C. 居住权　　　　　　　　　　　D. 地役权
8. 我国法律规定，一般情况下，商业用途土地最高使用年期是（　　）年。
   A. 30　　　　　　　　　　　　　B. 40
   C. 50　　　　　　　　　　　　　D. 70
9. （　　）是为了满足自己土地利用的特殊需要，而从他人土地上获得的一种权利。
   A. 土地所有权　　　　　　　　　B. 地役权
   C. 土地抵押权　　　　　　　　　D. 土地承包经营权
10. 地价形成的条件包括土地的（　　）。
    A. 效用大小　　　　　　　　　　B. 稀缺程度
    C. 可转让程度　　　　　　　　　D. 需求多少

11. 通过（　　），不动产估价人员能够识别宗地坐落、四至关系、周围土地利用方式等信息。
   A. 分幅地籍图　　　　　　　　　B. 不动产单元图
   C. 地籍索引图　　　　　　　　　D. 分丘图

12. 不动产单元图包括（　　）。
   A. 宗地图　　　　　　　　　　　B. 宗海图
   C. 房产图　　　　　　　　　　　D. 分幅图

13. （　　）登记是指为确保一项旨在发生未来的物权变动的债权请求权的实现，而向不动产登记机构申请办理的预先登记。
   A. 首次　　　　　　　　　　　　B. 变更
   C. 转移　　　　　　　　　　　　D. 预告

14. 自然资源登记类型包括（　　）。
   A. 首次登记　　　　　　　　　　B. 变更登记
   C. 注销登记　　　　　　　　　　D. 更正登记

15. 《城乡规划法》确立了"一书三证"管理制度，具体包括（　　）。
   A. 项目选址意见书　　　　　　　B. 建设用地规划许可证
   C. 建设工程规划许可证　　　　　D. 乡村建设规划许可证

二、综合分析题（共10题，每题1.5分。每题的备选答案中有1个或1个以上的选项符合题意。全部选对的，得1.5分；错选或多选的，不得分；少选且选择正确的，选对1个得0.5分）

（一）

某房地产开发企业于2015年1月取得一宗经营性用地土地使用权，批准用途为商业用地，土地使用年限40年，取得土地时缴纳了土地使用权出让金3600万元，缴纳契税108万元。2017年1月项目开发完成，共投入开发建造成本5800万元，建成价值1.5亿元的高级写字楼，并出租，租期3年，年租金收入1000万元。2019年1月，该企业以2亿元的价格整体出售该写字楼物业。

1. 我国与不动产有关的主要税收包括（　　）。
   A. 契税　　　　　　　　　　　　B. 耕地占用税
   C. 土地使用税　　　　　　　　　D. 车船使用税

2. 在不动产交易与经营过程中，涉及的税有（　　）。
   A. 契税　　　　　　　　　　　　B. 印花税
   C. 消费税　　　　　　　　　　　D. 土地增值税

3. 按现行规定，属于契税征收对象的行为有（　　）。
   A. 房屋建造　　　　　　　　　　B. 房屋买卖
   C. 房屋交换　　　　　　　　　　D. 房屋赠予

4. 土地增值税实行的税率是（　　）。
   A. 差别比例税率　　　　　　　　B. 三级超率累进税率
   C. 固定比例税率　　　　　　　　D. 四级超率累进税率

5. 所得税通常以纯所得为征税对象，纳税人为转让或租赁不动产的权利人，所得税的企业税率为（   ）。
   A. 15% B. 20%
   C. 25% D. 33%
6. 不动产使用过程中涉及的税有（   ）。
   A. 房产税 B. 城镇土地使用税
   C. 契税 D. 车船使用税

（二）

甲公司在某市规划区内取得一宗土地，计划建一个大型酒店，现已开工。由于需要向国内外的金融机构进行融资，甲公司拟以该宗地办理抵押贷款，并委托某土地评估公司进行地价评估，同时购买了相应保险。甲公司提供了《建设项目选址意见书》和《建设用地批准书》两个土地批准文件。

7. 汇率的标价方法有（   ）。
   A. 直接标价法 B. 间接标价法
   C. 美元标价法 D. 欧元标价法
8. 根据主营业务分类，金融机构分为（   ）。
   A. 银行金融机构 B. 非银行金融机构
   C. 契约型金融机构 D. 投资型金融机构
9. 保险的基本原则有（   ）。
   A. 最大诚信原则 B. 保险利益原则
   C. 近因原则 D. 损失补偿原则
10. 保险合同的当事人是指（   ）。
    A. 保险人 B. 投保人
    C. 被保险人 D. 受益人

三、计算题（2个计算题目，共20分。要求列出算式、计算过程；需按公式计算的，要写出公式；只有计算结果而无计算过程的，不得分。计算结果保留小数点后2位）

（一）

某成片荒地，面积有1km²，准备开发成"七通一平"的熟地后进行分块转让，可转让土地面积的比例为60%。

该荒地所在地区达到"七通一平"熟地的单价为1600元/m²；将该成片荒地开发成"七通一平"熟地的建设成本、管理费用和销售费用合计为5亿元/km²，建设期为3年；年利率为8%，按复利计息；土地开发的年平均投资利润率为10%；当地土地转让交易中卖方需要缴纳的增值税等税费和买方需要缴纳的契税等税费，分别为转让价格的6%和4%。

请采用剩余法测算该成片荒地的总价（亿元）和单价（元/m²）。

（二）

某开发区对土地进行了一级开发，达到了"七通一平"，可供出让的土地面积占开发区总土地面积的80%，土地使用权出让年限为50年。

该开发区所在地的土地取得费用为45万元/亩，土地开发费用为30万元/亩，在开发期内均匀投入，土地开发周期为20个月，月利率为1%，按月复利计息；土地开发的投资回报率要求达到20%，土地增值收益率要求达到10%，土地还原率取8%。

请评估出该开发区出让土地单价（元/m²）的底价。

四、问答题（共10题，每题2分。每题的备选答案中有1个或1个以上的选项符合题意，全部选对的，得2分；错选或多选的，不得分；少选且选择正确的，选对1个得0.5分）

（一）

某市准备建设一条高速公路，需要征收大片集体土地，按照规定的权限和程序，市政府启动了征收工作，在确定了征地补偿方案后进行了公告，被征收土地上的村民对征地补偿方案无异议。

1. 在我国，征收土地的主体是（　　）。
   A. 地方政府　　　　　　　　B. 国家
   C. 企业　　　　　　　　　　D. 个人

2. 下列属于征地补偿方案的是（　　）。
   A. 征收范围　　　　　　　　B. 土地现状
   C. 征收目的　　　　　　　　D. 社会保障

3. 国家征收集体土地时，需要提供的补偿包括（　　）。
   A. 土地补偿费　　　　　　　B. 安置补助费
   C. 社会保障费　　　　　　　D. 搬迁费

4. 下列不属于交通运输用地特点的是（　　）。
   A. 空间线形性　　　　　　　B. 利用外部性
   C. 服务公共性　　　　　　　D. 用途公用性

5. 交通运输用地的价格类型包括（　　）。
   A. 土地使用权成本价格　　　B. 土地使用权基准地价
   C. 土地使用权市场租金　　　D. 土地所有权市场价格

（二）

某工厂坐落于城市中心区域，有厂房数幢，土地使用权性质为划拨的国有建设用地使用权，用途为工业用地。最新城市规划将该地块调整为商业用地，政府现对该地块进行收购储备，委托某房地产估价机构进行有关估价。

6. 政府收购该宗房地产时进行评估，土地用途应界定为（　　）。
   A. 工业用途　　　　　　　　B. 商业用途
   C. 工业或者商业用途　　　　D. 居住用途

7. 政府收购该宗房地产时进行评估，适宜采用的估价方法有（　　）。
   A. 成本逼近法　　　　　　　B. 市场比较法
   C. 剩余法　　　　　　　　　D. 公示地价系数修正法

8. 政府收购该房地产后,将其变成出让熟地还需投入的费用包括( )。
   A. 建筑物拆除费用　　　　　　B. 土地开发费用
   C. 管理费用　　　　　　　　　D. 交易税费
9. 评估该宗熟地出让价格时,土地用途应界定为( )。
   A. 工业用途　　　　　　　　　B. 商业用途
   C. 工业或者商业用途　　　　　D. 居住用途
10. 评估该宗熟地出让价格时,适宜采用的估价方法有( )。
    A. 剩余法　　　　　　　　　　B. 市场比较法
    C. 收益还原法　　　　　　　　D. 公示地价系数修正法

五、指错题(共10题,每题3分。每题的备选答案中有2个或2个以上的选项符合题意,全部选对的,得3分;错选或多选的,不得分;少选且选择正确的,选对1个得0.5分)

土地估价技术报告
第一部分　总　述

一、估价项目名称

Y企业改制上市所涉及的土地价格评估(A省B县)

二、委托估价方

Y企业

三、受托估价方

(略)

四、估价目的

Y企业拟进行股份制改造并上市,特委托C土地估价机构对此次改制上市所涉及的土地使用权价格进行评估,为其改制上市提供土地价格依据。

五、估价依据

1.《中华人民共和国土地管理法》;

2.《中华人民共和国城市房地产管理法》;

3.《城镇土地估价规程》;

4. 当地有关地价管理、土地资产管理和土地市场建设的地方性规定;

5. 估价人员市场调查与现场查勘收集的有关资料;

6. 委托方提供的有关资料。

六、估价期日

2020年12月

七、估价日期

2021年7月20日至2021年9月20日

八、地价定义

待估宗地的评估地价为委托方所使用的土地使用权价格。

九、需要特殊说明的事项

(一)假设条件

1. 土地使用者合法有偿取得土地使用权,并支付有关税费。

2. 估价对象与其他生产要素相结合，能满足目前经营的正常进行，保证企业的持续发展。

3. 在估价期日的地产市场为公开、平等、自愿的交易市场。

4. 任何有关估价对象的运作方式、程序符合国家、地方的有关法律、法规。

5. 委托方提供的资料属实。

（二）使用说明

1. 本报告评估价格仅为Y企业改制并上市提供土地价格依据，不作其他用途。

2. 待估宗地的土地面积、土地权利状况及土地使用权年限等以当地规划管理部门核发的《建设用地规划许可证》为准。

3. 此次土地估价报告分"土地估价报告"和"土地估价技术报告"两部分，"土地估价报告"供委托方使用，"土地估价技术报告"供委托方的上级主管部门使用。

4. 评估报告有效期自估价期日起一年内有效。

5. 本评估报告由C土地估价机构负责解释。

十、土地估价师签字

姓名　估价师资格证书号　签字
×××　×××××

十一、土地估价机构

土地估价机构负责人签字：

（土地估价机构公章）

第二部分　估价对象描述及地价影响因素分析

一、估价对象描述

1. 土地登记状况

待估宗地位于B县光明路××号，土地面积2200.8m²，用途为工业，为国有划拨土地，有关土地登记状况详见表。

2. 土地权利状况

待估宗地为国有划拨土地，估价期日的土地所有者为Y企业，土地使用证编号为××国用（2018序第××号）。无他项权利限制。

3. 土地利用状况

待估宗地范围内现有仓库1座，建筑面积可能为1790.59m²，建筑容积率为1.2。

二、地价影响因素分析

（略）

第三部分　土地估价

一、估价原则

（略）

二、估价方法与估价过程

根据《城镇土地估价规程》GB/T 18508及待估宗地的利用状况，我们选择成本逼近法和基准地价系数修正法对待估宗地的土地价格进行评估。具体评估过程如下：

（一）成本逼近法

成本逼近法是以开发土地所投资的各项费用之和为主要依据，再加上一定的利润、利息、应缴纳的税金和土地所有权收益来确定土地使用权价格的估价方法。其基本计算公式为：

土地价格＝（土地取得费＋土地开发费＋税费＋利息＋利润）×土地增值收益

1. 土地取得费及有关税费

根据《A省土地管理法实施条例》及B县土地征用的有关规定，待估宗地所在区域的征地费包括土地补偿费、安置补助费、青苗（含林木）补偿费和附着物补偿费；税费主要有耕地占用税、土地管理费等。

（1）征地费：通过调查，依据B县土地管理局提供的有关征地案例分析，征用待估宗地所在区域附近的土地，征地费一般在2.0~3.0万元/亩。此次评估取待估宗地的征地费为2.5万元/亩，即37.5元/m²。

（2）有关税费：由于待估宗地周边的土地类型主要为耕地，根据A省及B县的有关规定，征用耕地从事非农业建设的需征收耕地占用税4.5元/m²、耕地开垦费8元/m²和新增建设用地有偿使用费7元/m²，合计税费为19.5元/m²。

（3）土地管理费：根据A省关于征收土地管理费有关规定：土地管理费按征地费总额的3%征收，则为1.1元/m²。

上述三项合计，土地取得费为58.1元/m²。

2. 土地开发费

此次评估设定待估宗地的开发程度为宗地红线外"三通"（通路、通电、通水）及宗地红线内地面平整。

通过调查，待估宗地所在区域"三通一平"的平均开发费用大致在40~60元/m²之间，根据待估宗地的实际开发水平，取待估宗地的开发费用为50元/m²。

3. 投资利息

根据待估宗地的开发程度及开发规模，设定开发周期按1年计，设定土地取得费及有关税费在土地取得时一次支付，土地开发费在开发周期内均匀支付，贷款利息率按估价期日中国人民银行一年期固定资产贷款利率5.85%计，则

投资利息＝（土地取得费及有关税费＋土地开发费）×开发周期×5.85%
＝（58.1＋50）×1×5.85%＝6.32（元/m²）

4. 投资利润

调查近期B县经济开发区开发投资利润及Y企业所在行业的土地开发投资回报情况，设定年投资利润率为12%，则：

投资利润＝（土地取得费及有关税费＋土地开发费＋投资利息）×开发周期×12%
＝（58.1＋50＋6.32）×1×12%＝13.7（元/m²）

5. 计算土地增值收益（土地所有权收益）

根据B县土地出让金水平，结合待估宗地的预期收益以及B县的有关规定，取待估宗地的土地增值收益率为30%。

故土地增值收益＝（征地费及有关税费＋土地开发费＋投资利润）×30%
＝（58.1＋50＋13.7）×30%
＝36.5（元/m²）

6. 计算待估宗地的土地使用权价格

待估宗地的土地使用权价格＝58.1＋50＋6.3＋13.7＋36.5＝164.6（元/m²）

（二）基准地价系数修正法

依据待估宗地所处区域的土地级别和基准地价，结合区域因素、个别因素、期日、土地使用权年期、土地开发程度等因素修正的调整，即可得到待估宗地的土地价格。由于待估宗地位于B县基准地价覆盖范围之内，用途为工业，根据《城镇土地估价规程》GB/T 18508及《B县定级与基准地价评估报告》，采用基准地价测算宗地地价的公式如下：

$$宗地地价＝待估宗地所在区域基准地价 \times A_1 \times A_2 \times A_3 \times A_4 \times A_5$$

A_1——区域条件修正系数

A_2——容积率修正系数

A_3——土地使用权年期修正系数

A_4——基础设施开发程度修正系数

A_5——期日修正系数

采用基准地价系数修正法评估待估宗地地价的步骤如下：

1. 确定待估宗地的土地级别及基准地价

经调查分析：待估宗地位于B县光明路，属于3级地，3级地的工业用地基准地价为150元/m²。

2. 确定区域条件修正系数

经调查，待估宗地的区域条件较好，取修正系数A_1为1.0553。

3. 确定容积率修正系数

待估宗地面积为2200.8m²，建筑总面积为1750.59m²，容积率为1.2，根据容积率修正系数表（略），待估宗地容积率修正系数A_2为1.16。

4. 确定土地使用权年限修正系数

待估宗地是Y企业于2015年5月1日以出让方式获得，设定土地使用年限为40年，至估价期日，剩余土地使用年限为35.67年。根据土地使用年限修正公式：

$A_3＝[1-1/(1+8\%)^{35.67}]/[1-1/(1+8\%)^{40}]$
　　＝0.948017/0.995426＝0.95237

5. 确定基础设施开发程度修正系数

根据此次评估设定待估宗地的开发程度，参照《B县定级与基准地价评估报告》中基础设施开发程度修正系数表，确定待估宗地基础设施开发程度修正系数A_4为1.17。

6. 期日修正系数

《B县定级与基准地价评估报告》是2005年5月经A省国土管理局审核验收后开始使用的，调查B县2015年5月至2018年12月31日的地价交易资料，经分析测算，地价上涨了5%，故取期日修正系数A_5＝1.05。

7. 确定待估宗地的土地价格

根据公式：

宗地地价＝基准地价$\times A_1 \times A_2 \times A_3 \times A_4 \times A_5$
　　　　＝150×1.0553×1.16×0.95237×1.17×1.05＝185.2（元/m²）

（三）地价的确定

1. 地价的确定

对于待估宗地，分别采用成本逼近法和基准地价系数修正法，其评估结果分别为：成本逼近法：164.6元/m²。

基准地价系数修正法：185.2元/m²。

综合分析两种方法评估的结果，两种方法所得结果相差较大，故以两种方法求得结果的加权平均值来确定最终结果。

待估宗地的土地价格＝185.2×0.7＋164.6×0.2＝162.6（元/m²）。

2. 估价结果

待估宗地土地面积：2200.8m²。

单位面积地价：162.6万元/m²。

总地价：35.785万元。

<h2 style="text-align:center">第四部分 附 件</h2>

1. 委托估价函
2. 待估宗地区域位置图
3. 委托方营业执照复印件
4. 估价机构营业执照复印件
5. 土地估价师证书复印件

1. 在地价定义中，应说明而没有明确说明待估宗地的内容是（　　）。

A. 设定用途　　　　　　　　B. 年期

C. 土地开发程度　　　　　　D. 形状

E. 区位

2. 下列关于使用说明内容中提到的表述，存在错误的是（　　）。

A. 待估宗地的土地面积以当地规划管理部门核发的《建设用地规划许可证》为准

B. 待估宗地的土地权利状况以当地规划管理部门核发的《建设用地规划许可证》为准

C. "土地估价报告"供委托方使用

D. "土地估价技术报告"供委托方的上级主管部门使用

E. 评估报告有效期自估价期日起一年内有效

3. 估价对象描述中，存在错误的有（　　）。

A. 有关土地登记状况详情表

B. 估价期日的土地所有者为Y企业

C. 用途为工业

D. 建筑面积可能为1790.59m²

E. 建筑容积率为1.2

4. 成本逼近法的内容中，存在错误的有（　　）。

A. 土地价格＝（土地取得费＋土地开发费＋税费＋利息＋利润）×土地增值收益

B. 待估宗地所在区域的征地费包括土地补偿费、安置补助费、青苗（含林木）补偿费和附着物补偿费

C. 税费主要有耕地占用税、土地管理费等

D. 征收新增建设用地有偿使用费 7 元/m²

E. 待估宗地的开发程度为宗地红线外"三通"（通路、通电、通水）

5. 成本逼近法中，计算有错误的是（　　）。

   A. 投资利息的计算　　　　　　B. 投资利润的计算

   C. 土地增值收益的计算　　　　D. 待估宗地的价格

   E. 土地管理费的计算

6. 基准地价系数修正法中，未明确基准地价的内涵，包括（　　）。

   A. 颁布日期　　　　　　　　　B. 用途

   C. 开发程度　　　　　　　　　D. 规模

   E. 形状

7. 基准地价系数修正法内容中，存在错误的是（　　）。

   A. 待估宗地的容积率为 1.2

   B. 待估宗地的容积率修正系数为 1.16

   C. 期日修正系数为 1.05

   D. 土地使用权年限修正系数的确定

   E. 待估宗地的土地价格计算公式

8. 下列提到的错误类型中，哪些属于地价的确定内容中存在的错误（　　）？

   A. 未说明估价结果确定方法的依据

   B. 两种方法的权重之和不等于 1.0

   C. 总地价没有提供大写

   D. 单位面积地价的单位错误

   E. 采用加权平均值来确定最终结果

9. 附件中缺少的资料有（　　）。

   A. 土地估价结果一览表

   B. 委托人的财务报表

   C. 待估宗地的国有土地使用证复印件

   D. 土地估价师身份证复印件

   E. 估价对象的照片资料

10. 下列关于土地估价技术报告中的内容中，存在错误的是（　　）。

    A. 估价期日

    B. 土地估价机构

    C. 土地估价师签字

    D. 评估报告有效期自估价期日起一年内有效

    E. 宗地红线内地面平整

《土地估价基础与实务》考前小灶卷（二）参考答案及解析

一、不定项选择题

1. ABC	2. ABCD	3. ABCD	4. ABCD	5. ABCD
6. A	7. ABCD	8. B	9. B	10. ABCD
11. A	12. ABC	13. D	14. ABCD	15. ABCD

【解析】

1. ABC。建设用地规划许可证是规划管理部门向建设单位颁发的，是确认建设项目位置和范围符合相关规划的法定凭证。主要包括土地的基本用途、限高、绿化指标等控制性指标。

2. ABCD。根据估价对实例的使用需求，重要的估价实例包括价格实例、租金实例、成本实例和收益实例等。

3. ABCD。价格实例有如下特征：①数量较少；②分布不均匀；③透明度较高但不全面；④价格背后因素差异大。

4. ABCD。估价方法受估价目的、估价原则、估价对象自身情况，以及能够收集到的估价资料的影响。

5. ABCD。估价技术过程审查：①估价目的方面的审查；②价值界定与估价假定方面的审查；③估价原则方面的审查，应重点审查以下三方面的问题，即是否符合估价目的，是否符合估价对象的情况，与估价方法是否协调；④估价方法的审查。

6. A。土地所有权是土地所有者依法对土地享有的占有、使用、收益和处分的权利。

7. ABCD。根据《土地管理法》对土地使用权释义，土地使用权包括土地承包经营权、建设用地使用权、宅基地使用权、居住权、地役权。

8. B。土地使用权可以是永久的，也可以是有限期的。我国法律规定，一般情况下，商业用途土地最高使用年期是40年，居住用途土地最高使用年期是70年，工业用途土地最高使用年期是50年。

9. B。地役权是为了满足自己土地利用的特殊需要，而从他人土地上获得的一种权利。地役权设定不影响土地所有权人或使用权人的其他权利。

10. ABCD。土地效用大小、稀缺程度、可转让程度，以及需求多少是地价形成的条件。

11. A。通过分幅地籍图，不动产估价人员能够识别宗地坐落、四至关系、周围土地利用方式等信息。

12. ABC。不动产单元图包括宗地图、宗海图和房产图等。

13. D。《不动产登记暂行条例》明确规定："不动产登记的类型包括首次登记、变更登记、转移登记、注销登记、更正登记、异议登记、预告登记、查封登记等。"预告登记是指为确保一项旨在发生未来的物权变动的债权请求权的实现，而向不动产登记机构申请办理的预先登记。

14. ABCD。自然资源登记类型包括自然资源首次登记、变更登记、注销登记和更正登记。

15. ABCD。《城乡规划法》确立了"一书三证"管理制度，即项目选址意见书、建设用地规划许可证、建设工程规划许可证、乡村建设规划许可证，并规定由城乡规划主管部门核发有关许可证明。

二、综合分析题

1. ABC　　2. ABD　　3. BCD　　4. D　　5. C
6. AB　　7. ABC　　8. AB　　9. ABCD　　10. AB

【解析】

1. ABC。目前，我国与不动产有关的主要税收包括契税、耕地占用税、土地使用税、土地增值税等。

2. ABD。在不动产交易与经营过程中，涉及财产税、行为税及其他相关税。

3. BCD。土地使用权出让的；出售、赠与、互换等土地使用权转让的；房屋买卖、赠与、互换的；以作价投资（入股）、偿还债务、划转、奖励等方式转移土地、房屋权属的；因共有不动产份额变化的；因共有人增加或者减少的；因人民法院、仲裁委员会的生效法律文书或者监察机关出具的监察文书等因素，发生土地、房屋权属转移的。

4. D。土地增值税实行四级超率累进税率。

5. C。所得税通常以纯所得为征税对象，且纳税人为转让或租赁不动产的权利人，所得税的企业税率为25%，个人税率为20%。其中，个人转让自用5年以上，并且是家庭唯一生活用房，取得的所得免征个人所得税。

6. AB。不动产使用（保有、持有）中，主要涉及房产税、城镇土地使用税等财产税，其税费的高低对保有成本产生影响，从而影响交易意愿。

7. ABC。汇率的标价方法有直接标价法、间接标价法和美元标价法。

8. AB。根据主营业务分类，金融机构分为：①银行，包括中央银行、商业银行、专业银行等；②非银行金融机构，包括证券公司、保险公司、信托投资公司、财务公司、金融资产管理公司等。

9. ABCD。保险的基本原则有最大诚信原则、保险利益原则、近因原则和损失补偿原则。最大诚信原则的主要内容包括告知、保证、弃权和禁止反言。近因是指引起保险标的损失最直接、最有效和起决定性作用的因素。

10. AB。保险合同的主体：（1）保险合同的当事人，即①保险人，②投保人。（2）保险合同的关系人，即①被保险人，②受益人。（3）保险合同的辅助人，即①保险代理人，②保险经纪人，③保险公估人。

三、计算题

（一）

计算步骤如下：

假设该成片荒地的总价为 V，则：

(1) 开发完成后的熟地总价值 $=1600\times 1000000$（即，1×10^6）$\times 60\% = 9.6$（亿元）

(2) 该成片荒地取得税费总额 $=V\times 4\% = 0.04V$（亿元）

(3) 该成片荒地建设成本、管理费用和销售费用总额 $=5\times 1=5$（亿元）

(4) 投资利息 $=(V+0.04V)\times[(1+8\%)^3-1]+5\times[(1+8\%)^{1.5}-1]=0.27V+0.61$（亿元）

(5) 转让开发完成后熟地的销售税费总额 $=9.6\times 6\% = 0.58$（亿元）

(6) 开发利润总额 $=(V+V\times 4\%)\times 10\%\times 3+5\times 10\%\times 1.5$
$=0.31V+0.75$（亿元）

(7) $V=9.6-0.04V-5-(0.27V+0.61)-0.58-(0.31V+0.75)$
$=2.66-0.62V$

$V=1.64$（亿元）

该成片荒地的总价 $=1.64$（亿元）

该成片荒地的单价 $=1.64\times 10^8/(1\times 10^6)=164.00$（元/m²）

（二）

计算步骤如下：

(1) 土地取得费用 $=45\times 10000\div 666.67=675$（元/m²）

(2) 土地开发费用 $=30\times 10000\div 666.67=450$（元/m²）

(3) 利息

土地取得费用的计息期为整个开发周期，即 20 个月；开发费用的计息期为开发周期的一半，即 10 个月。

利息 $=$ 土地取得费用利息 $+$ 土地开发费用利息 $=675\times[(1+1\%)^{20}-1]+450\times[(1+1\%)^{10}-1]=148.63+47.08=195.71$（元/m²）

(4) 利润 $=$（土地取得费用 $+$ 土地开发费用）$\times$ 投资回报率
$=(675+450)\times 20\% = 225$（元/m²）

(5) 土地增值收益 $=$（土地取得费用 $+$ 土地开发费用 $+$ 利息 $+$ 利润）$\times$ 土地增值收益率 $=(675+450+195.71+225)\times 10\% = 154.57$（元/m²）

(6) 无限年期全开发区土地的单位价格
$=$ 土地取得费用 $+$ 土地开发费用 $+$ 利息 $+$ 利润 $+$ 土地增值收益
$=675+450+195.71+225+154.57=1700.28$（元/m²）

(7) 无限年期可出让土地单位价格
$=$ 无限年期全开发区土地单价/可出让土地面积比率
$=1700.28\div 80\% = 2125.35$（元/m²）

(8) 50年期可出让土地单位价格
＝无限年期可出让土地单位价格×年期修正系数
＝2125.35×[1－1/(1＋8%)^{50}]＝2080.03（元/m²）

四、问答题

1. B 2. ABCD 3. ABC 4. D 5. ABC
6. A 7. ABC 8. ABC 9. B 10. ABCD

【解析】

1. B。征收行为属于国家主权行为，因此征收的主体只能是国家，不能是任何单位或个人。

2. ABCD。征地补偿安置方案应当包括征收范围、土地现状、征收目的、补偿方式和标准、安置对象、安置方式、社会保障等内容，保障被征地农民原有生活水平不降低、长远生计有保障。

3. ABC。《民法典》第二百四十三条规定："征收集体所有的土地，应当依法及时足额支付土地补偿费、安置补助费以及农村村民住宅、其他地上附着物和青苗等的补偿费用，并安排被征地农民的社会保障费用，保障被征地农民的生活，维护被征地农民的合法权益。"

4. D。D选项应该是用途专属性。

5. ABC。D选项应该是土地使用权市场价格。

6. A。根据题意，政府收购该宗房地产时进行评估，按照原用途进行，即土地用途应界定为工业用途。

7. ABC。根据题意，政府收购该宗房地产时进行评估，适宜选用成本逼近法、市场比较法和公示地价系数修正法。

8. ABC。收购房地产变为可出让净地过程中需要投入下列费用：
(1) 建筑物拆除费用。
(2) 土地开发费用（如"七通一平"费用）。
(3) 其他成本费用（如财务成本、管理费用）。

9. B。根据题意，出让时对该宗熟地使用权价格进行评估，按照城市规划调整后的新用途进行，即用途应界定为商业。

10. ABCD。根据题意，出让时对该宗熟地使用权价格进行评估，适宜选用剩余法、市场比较法、收益还原法、公示地价系数修正法。

五、指错题

1. ABC 2. ABD 3. ABDE 4. AD 5. ABCD
6. ABC 7. ABCD 8. ABCD 9. CE 10. ABC

【解析】

1. ABC。土地估价报告中，地价定义包括用途、土地利用条件（土地开发使用程度）、权利类型、年期、价格类型以及对应市场状态、估价期日等。

2. ABD。待估宗地的土地面积、土地权利状况等应以当地土地管理部门核发的《国有土地使用证》为准；"土地估价技术报告"供行业主管部门进行估价报告审核或备案以及估价机构存档用。

3. ABDE。有关土地登记状况表没有提供；估价期日的土地使用者为 Y 企业；建筑面积可能为 1790.59m² 中，用可能一词不妥；待估宗地的容积率应为 0.81。

4. AD。成本逼近法中，征用耕地从事非农业建设不征收新增建设用地有偿使用费。

5. ABCD。成本逼近法中投资利息计算错误，土地开发费的计息期应为半年；投资利润计算错误，计算投资利润时，投资利息不应计算利润；计算增值收益时，应以成本价格乘以一定的增值收益率，成本价格应包括投资利息；计算待估宗地的价格有误，计算结果是无限年期的价格，应进行土地使用年期修正，修正为 50 年期的价格。

6. ABC

7. ABCD。基准地价系数修正法中，待估宗地的容积率应为 0.81，待估宗地的容积率修正系数也是错误的；期日修正系数有误，未明确 2018 年 12 月 31 日至 2020 年 12 月 31 日之间的地价变化情况；待估宗地为国有划拨土地，根据估价目的，土地使用年限可设定为最高出让年限 50 年，与基准地价年限相同，不必进行年期修正。

8. ABCD

9. CE

10. ABC。估价期日没有明确到日；土地估价机构中缺少日期；土地估价师签字里只有一名估价师，没有签字。

《土地估价基础与实务》考前小灶卷（三）

一、**不定项选择题**（共 15 题，每题 1 分。每题的备选答案中有 1 个或 1 个以上的选项符合题意，全部选择对的，得 1 分；错选或多选的，不得分；少选且选择正确的，得 0.5 分）

1. 土地估价报告应对估价对象的基本情况进行详细、准确的说明，包括描述其（　　）。
   A. 登记情况　　　　　　　　　B. 权利情况
   C. 利用情况　　　　　　　　　D. 价值情况

2. 在文字式报告中，一般包括事实描述性内容和分析解释性内容，其中，事实描述性内容包括（　　）。
   A. 土地状况　　　　　　　　　B. 有关估价事项的定义
   C. 价格影响因素说明　　　　　D. 市场状况

3. 土地估价报告中，地价定义包括（　　）。
   A. 用途　　　　　　　　　　　B. 土地利用条件
   C. 权利类型　　　　　　　　　D. 年期

4. 《资产评估法》第二十九条规定：评估档案的保存期限不少于（　　）年，属于法定评估业务的，保存期限不少于（　　）年。
   A. 5，10　　　　　　　　　　B. 10，20
   C. 15，30　　　　　　　　　D. 20，25

5. 根据划拨土地使用权的特征及土地估价的一般技术要求，划拨土地使用权价格评估方法有（　　）。
   A. 正算法　　　　　　　　　　B. 倒算法
   C. 比较法　　　　　　　　　　D. 修正法

6. 从样本统计数量的要求看，利用聚类分析方法验证城镇土地等时，应保证参与验证的城镇数量占参加分等的城镇总数（　　）以上。
   A. 70%　　　　　　　　　　　B. 80%
   C. 90%　　　　　　　　　　　D. 95%

7. 确定城镇土地分等定级因素因子权重的常用方法有（　　）。
   A. 特尔菲测定法　　　　　　　B. 因素成对比较法
   C. 层次分析法　　　　　　　　D. 直接确定法

8. 农用地质量等包括农用地（　　）。
   A. 自然等　　　　　　　　　　B. 利用等
   C. 经济等　　　　　　　　　　D. 社会等

9. 城镇土地分等定级采用的方法是（　　）。

A. 多因素综合评价法 B. 层次分析法
C. 倍比法 D. 专家意见法

10. 划分分等单元的方法有（　　）。
A. 叠置法 B. 地块法
C. 网格法 D. 多边形法

11. 从 2020 年开始，我国对农用地征收已全部采用（　　）进行补偿。
A. 市场价 B. 区片综合地价核算补偿标准
C. 补偿价 D. 成本价

12. 影响土地价格的区域性因素有（　　）。
A. 繁华程度 B. 交通条件
C. 基础设施条件 D. 环境条件

13. 与市场相关的估价原则包括（　　）。
A. 需求与供给原则 B. 竞争原则
C. 变动原则 D. 替代原则

14. 在使用一些需要依赖未来情况进行判断的估价方法时，要充分考虑变动原则，如（　　）等。
A. 收益还原法 B. 剩余法
C. 市场比较法 D. 成本逼近法

15. 城市地价动态监测指标主要包括（　　）。
A. 地价水平值 B. 地价变化量
C. 地价增长率 D. 地价指数

二、综合分析题（共 10 题，每题 1.5 分。每题的备选答案中有 1 个或 1 个以上的选项符合题意，全部选对的，得 1.5 分；错选或多选的，不得分；少选且选择正确的，选对 1 个得 0.5 分）

（一）

现有 A、B、C 三家公司，于 2019 年 1 月共同发起设立天通房地产开发有限责任公司（以下简称天通公司），其中 A、B 公司以现金入股，C 公司以技术入股，三方所占股份分别为 78%、17%、5%，注册资金为 8000 万元，全部投入该项目。

A 公司所出资金中，有 3500 万元是其将所拥有的房产进行抵押获得的贷款，贷款期限 2 年。天通公司成立后第二个月即以 4200 万元依法取得一宗 15000 m^2 土地的 70 年土地使用权，并已取得规划许可进行商品住宅开发，为了让住宅产品更有竞争力，聘请了某知名景观设计公司进行景观设计。同时通过招标，D 公司中标承接该商品房的建设工程。在建设过程中，天通公司以土地使用权进行了抵押，银行在审核了该土地的抵押报告和企业的财务报表后，提供了贷款 2800 万元，贷款期限 1 年。天通公司通过商品房预售获得 8500 万元，2021 年 12 月，商品房全部售出，天通公司税后利润达 800 万元。

1. 企业会计报表按其反映的内容不同，分为（　　）。
A. 资产负债表 B. 利润表
C. 现金流量表 D. 所有者权益变动表

2. 按服务对象，财务报表可分为(　　)。
   A. 外部报表   B. 内部报表
   C. 单位会计报表   D. 汇总报表
3. (　　)登记是指为确保一项旨在发生未来的物权变动的债权请求权的实现，而向不动产登记机构申请办理的预先登记。
   A. 首次   B. 变更
   C. 转移   D. 预告
4. 反映企业在某一特定日期的财务状况的报表是(　　)。
   A. 利润表   B. 资产负债表
   C. 现金流量表   D. 所有者权益变动表
5. 与土地价值直接相关的景观可分为(　　)。
   A. 自然景观   B. 经营景观
   C. 人文景观   D. 地域景观
6. 景观具有的特点包括(　　)。
   A. 物质空间性   B. 结构系统性
   C. 功能多样性   D. 文化地域性
7. 景观的人性化服务主要体现在(　　)。
   A. 舒适性   B. 便利性
   C. 舒缓情绪   D. 简洁性

(二)

某工业企业拥有一宗土地，因融资需要，计划以该土地使用权进行抵押贷款，并于2017年9月5日委托某评估公司进行土地价格评估。该企业所拥有的土地位于华南H市，远离城区，为独立工矿用地，总面积1500m²，宗地西高东低，地下水位适中，东南角有一自采水井，用于企业生产生活取水（附近无市政供水管理网）；宗地内有11栋建筑物，其中，办公楼1栋，仓库3栋，车间3栋，宿舍楼2栋，综合服务楼1栋，变电房1栋。企业用电来自3km外的变电站；企业通信网络及设施安全。

8. "三通一平"包括(　　)。
   A. 通水   B. 通电
   C. 通路   D. 平整地面
9. 允许抵押的不动产包括(　　)。
   A. 建筑物   B. 建设用地使用权
   C. 海域使用权   D. 土地所有权
10. 下列属于不能抵押的不动产情形的是(　　)。
    A. 土地所有权
    B. 学校、幼儿园、医疗机构等以盈利为目的成立的营利法人的不动产
    C. 所有权、使用权不明或者有争议的不动产
    D. 依法被查封、扣押、监管的不动产

三、计算题（2个计算题目，共20分。要求列出算式、计算过程；需按公式计算的，要写出公式；只有计算结果而无计算过程的，不得分。计算结果保留小数点后2位）

（一）

某宗土地于2017年底出租给某公司作为停车场使用，收益年限为20年；2018年底至2021年底分别获得纯收益83万元、85万元、90万元、94万元；预计2022年底起每年可获得纯收益将稳定在95万元；该类不动产的还原率为6%。请测算该宗土地2017年底的收益价格（万元）。

（二）

1. 待估土地的具体情况

土地类型：待开发土地（无地上建筑物），形状规则。

土地利用状况：总面积为12000 m^2，居住用途，规划确定的容积率为1.0。

土地市场状况：该城市土地价格指数以2017年为基期，同基期相比每年递增增长率为10个百分点，以容积率1.0为基础，容积率每增加0.1，容积率指数增加5个百分点，土地价格增加5%。

2. 所选比较实例情况

收集到与估价对象条件类似的A、B、C、D共4宗土地交易案例，各案例与估价对象比较情况见下表。

项目	A	B	C	D
成交价格/(元·m^2)	680	690	700	760
交易时间/年	2018	2018	2019	2020
区域条件差异/%	0	+2	−3	0
个别条件差异/%	−4	0	+2	−3
容积率	1.2	1.4	1.4	1.3

3. 估价要求

评估2020年12月31日土地的市场价值。

4. 估价过程

（1）计算该土地价格期日修正系数

年度	2017	2018	2019	2020
价格指数	100			
期日修正系数				

（2）计算容积率修正系数

容积率	1.0	1.1	1.2	1.3	1.4
容积率指数	100				
容积率修正系数					

(3) 计算区域因素、个别因素修正系数

项目	A	B	C	D
区域因素修正系数	100	100	100	100
个别因素修正系数	100	100	100	100

(4) 计算各可比实例修正后的土地价格

(5) 估算土地单价（元/m²，采用简单算术平均数求取）和总价（万元）

四、问答题（共10题，每题2分。每题的备选答案中有1个或1个以上的选项符合题意，全部选对的，得2分；错选或多选的，不得分；少选且选择正确的，选对1个得0.5分）

（一）

某房地产估价机构准备采用基准地价系数修正法评估一块工业用地的市场价格，按照基准地价修正系数法的评估流程和要求进行了评估，最终出具了土地估价报告给委托人。

1. 以基准地价评估该宗地价格时，需要考虑的问题有（   ）。
   A. 区位因素的修正　　　　　B. 个别因素的修正
   C. 用途的修正　　　　　　　D. 宏观环境因素的修正

2. 下列属于工业用途土地价格关键影响因素的是（   ）。
   A. 交通条件　　　　　　　　B. 基础设施
   C. 产业方向　　　　　　　　D. 自然因素

3. 采用基准地价系数修正法评估该工业用地的市场价格，应遵循的估价原则有（   ）。
   A. 替代原则　　　　　　　　B. 竞争原则
   C. 变动原则　　　　　　　　D. 谨慎原则

4. 基准地价系数修正法适用的情形有（   ）。
   A. 适宜于市场不发达情况下的宗地估价
   B. 适宜于税收、抵押等保守性宗地估价目的
   C. 适合于批量评估
   D. 适合于市场发达情况下的宗地估价

5. 下列关于基准地价系数修正法的说法中，错误的是（   ）。
   A. 基准地价系数修正法是一种利用间接地价信息估价的方法
   B. 基准地价是区域性平均地价
   C. 没有公布基准地价的地区或者区域不适合使用基准地价估价
   D. 基准地价具有时效性，法定期限是5年

（二）

近期，某城市房地产市场发生较大变化，房地产成交量明显萎缩，住宅市场价格出现下跌趋势，某房地产估价机构承接了该市一处居住用地使用权抵押评估业务。

6. 结合该市房地产市场状况，采用剩余法评估时要特别遵循的估价原则有（   ）。
   A. 变动原则　　　　　　　　B. 谨慎原则

C. 竞争原则　　　　　　　　　　D. 供需原则

7. 针对未来不动产的价值，可采用的估价方法有（　　）。
   A. 市场比较法　　　　　　　　　B. 收益还原法
   C. 趋势分析法　　　　　　　　　D. 成本逼近法

8. 下列属于剩余法特点的是（　　）。
   A. 现实性，可预见性较强　　　　B. 受土地利用状况影响较大
   C. 市场风险的影响　　　　　　　D. 保守性

9. 用剩余法测算不动产市场价值的要点包括（　　）。
   A. 稳定市场条件下的价值
   B. 土地最有效利用状态下的价值
   C. 基于不动产自身条件的主观价值
   D. 不动产的总价值

10. 下列属于影响住宅市场土地价格的关键因素有（　　）。
    A. 自然环境　　　　　　　　　　B. 人文环境
    C. 公共服务设施　　　　　　　　D. 产业方向

五、指错题（共10题，每题3分。每题的备选答案中有2个或2个以上的选项符合题意，全部选对的，得3分；错选或多选的，不得分；少选且选择正确的，选对1个得0.5分）

土地估价技术报告
第一部分　总述（略）
第二部分　估价对象描述及地价影响因素分析（略）
第三部分　土地估价

一、估价原则
1. 替代原则（略）
2. 需求与供给原则（略）
3. 变动原则（略）
4. 谨慎原则（略）
5. 一致性原则（略）

二、估价方法与估价过程

（一）估价方法选择

估价方法的选择应根据估价对象所在区域的地产市场状况、估价基础资料的可用性和估价对象的性质、特点等因素来确定。估价对象为工业用地，一般用成本逼近法或者市场比较法测算，因此可以用成本逼近法来测算。同时估价对象位于××县基准地价覆盖范围内，故基准地价系数修正法也是一种可选的方法。

综上所述，本次评估决定采用成本逼近法及基准地价系数修正法分别评估其积算价格和收益价格。在上述两种方法试算结果基础上，经综合分析，最终确定估价对象的地价。

（二）估价过程

1. 成本逼近法

成本逼近法是以取得和开发土地所耗费的各项实际费用之和为主要依据，再加上一定

的利息、利润、土地增值收益来确定土地价格的估价方法，地价测算基本公式为：

成本地价＝土地取得费＋土地开发费＋利息＋利润

评估地价＝(成本地价＋土地增值收益)×位置修正系数×使用年期修正系数

(1) 土地取得费

土地取得费包括农地取得费和有关税费，按国家现行的《土地管理法》《土地管理法实施条例》等法律规定，政府征收农地要向农民支付征地费用，即农地取得费，一般包括土地补偿费、劳动力安置补助费、青苗及地上附着物补偿费等。

根据××县人民政府《关于实施征地区片综合价标准的通知》政发〔2000〕207号，确定估价对象农地取得费为45.85元/m²。征地税费根据经验确定为18元/m²。

根据上述条件，得到估价对象土地取得费合计为63.85元/m²。

(2) 土地开发费

土地开发费包括外围基础设施配套费和内部场地平整费两部分。

根据工业园区管委会提供的基础设施配套建设实际投资资料数据，同时考虑估价对象内部实际未平整土地的情况，经综合分析，确定估价对象土地开发费为37元/m²（其中通水10元/m²，通电10元/m²，通路17元/m²）。

(3) 利息

计算投资利息是评估土地时考虑资金的时间价值。设定土地开发周期为一年，利息率取估价期日通行的半年期银行贷款利率6.57%，按惯例设定土地取得费为一次性支付，土地开发费为均匀投入，则

利息＝$63.85 \times [(1+6.57\%)^1 - 1] + 37 \times [(1+6.57\%)^{1/2} - 1]$

＝5.39（元/m²）

(4) 利润

投资的目的是取得利润，视开发土地为投资，也同样应获得相应的利润。考虑到目前工业园区的一般工业企业情况，本次评估确定利润率为10%。则投资利润为

利润＝(63.85＋37)×10%

＝10.09（元/m²）

(5) 土地增值收益

土地增值收益包括土地用途改变增值收益和土地开发增值收益，是土地在市场中能够实现的增值价值的体现。在成本逼近法中，城郊新增建设用地增值收益通常是按土地投入成本的10%～25%计算。经对比分析，考虑到区域土地市场需求量不大，确定无限年土地使用权的工业用地土地增值收益率为10%，则

土地增值收益＝成本地价×增值收益率

＝(土地取得费＋土地开发费＋利息＋利润)×增值收益率

＝(63.85＋37＋5.39＋10.09)×10%

＝11.63（元/m²）

(6) 区域及个别因素修正

在以上地价测算过程中，土地取得费、开发费和土地增值收益均以估价对象所在区域的最低费用水平为基础，要具体测算估价对象的地价还需根据其区域及个别情况进行修正。

经评估人员现场踏勘调查,估价对象虽位于××县工业园区内,但是位置相对较偏,综合考虑后确定估价对象区位条件修正系数为 0.96。

(7) 使用年限修正

积算价格是无限年土地使用权价格,估价对象评估设定使用年限为 50 年,故需要进行使用年限修正,其使用年限修正系数为:

使用年限修正系数 $= 1-1/(1+\text{土地还原率})^{\text{剩余使用年限}}$
$$= 1-1/(1+6\%)^{50}$$
$$= 0.9457$$

(8) 单位地价计算

土地单价 $= (63.85+37+5.39+10.09+11.63)\times 0.96\times 0.9457$
$$= 116 （元/m^2）$$

2. 基准地价系数修正法

基准地价系数修正法是利用城镇基准地价和基准地价修正系数表等估价成果,按照估价对象的区域条件和个别条件与基准地价的基准条件相比较,并对照修正系数表选取相应的修正系数对基准地价进行修正,进而求取估价对象在估价期日价格的方法。其计算公式为:

宗地地价 $=$ 基准地价 $\times K_1 \times K_2 \times (1+\Sigma K)+F$

式中 K_1——期日修正系数;

K_2——土地使用年期修正系数;

ΣK——影响地价区域因素及个别因素修正系数之和;

F——开发程度差异修正值。

(1) 基准地价成果介绍

根据××县人民政府《关于××县城区商业、住宅及全县工业用地基准地价的通告》,××县城区工业用地基准地价划分为三个级别,

具体地价详见下表。

××县工业用地基准地价表   单位:元/m²

地价	一级	二级	三级
基准地价	180	140	110

工业用地基准地价内涵为:估价期日为 2001 年 8 月 25 日;开发程度为"五通一平"(外围通路、通水、排水、通电、通信"五通",内部场地平整)土地开发程度下的区域国有出让土地使用权平均价格;容积率按规划用地要求;土地使用年限为 50 年。

(2) 估价对象基准地价的确定

估价对象位于××县工业园区,属三级地区,其工业用地基准地价为 110 元/m²。

(3) 地价影响因素及修正系数确定

基准地价是同一地区某块工业用地地价的反映,具体地块地价受到多方面因素的影响。以下是××县三级地区工业用地基准地价修正系数表。(略)

(4) 估价对象地价影响因素条件说明和修正系数的确定经实地调查，估价对象影响因素条件具体情况及相应的修正系数表。（略）

(5) 期日修正系数的确定

由于本次采用的基准地价的基准日为 2001 年 8 月 25 日，而估价期日为 2007 年 6 月 26 日，时间相隔比较远，根据本公司对该县近几年来掌握的地价变动信息资料，经测算，本次评估地价期日修正系数为 1.06。

(6) 年限修正系数的确定

基准地价是 50 年使用权的地价，而估价对象设定的土地使用年限也是 50 年，故不需进行年限修正。

(7) 确定土地开发程度差异修正值

本次采用基准地价系数修正法评估的基准条件中，土地开发程度为达到"五通一平"（即外围通路、通水、排水、通电、通信"五通"和场地平整）市政配套要求的熟地，而本次评估设定待估宗地土地开发程度为"三通一平"（即外围通路、通水、通电"三通"和内部场地平整），故需进行土地开发程度差异修正，即应扣除排水和通信费用。根据调查，待估宗地所在区域开发程度达到"外围五通，内部场地平整"的开发费用为 60 元/m^2，即通路 17 元/m^2、通水 10 元/m^2、排水 20 元/m^2、通电 10 元/m^2、通信 8 元/m^2 和场地平整 5 元/m^2。确定"外围三通，内部场地平整"与"外围五通，内部场地平整"的土地开发程度的修正值为 -20 元/m$^2-8$ 元/m$^2=-28$ 元/m^2。

(8) 单位面积地价计算

综上所述，评估宗地修正地价为单位面积地价：基准地价×(1+Σ修正系数)×期日修正系数×年限修正系数+土地开发程度差异值

$=110\times(1-5.0\%)\times1.06-28$

$=83(元/m^2)$

三、地价的确定

1. 地价确定的方法

由成本逼近法得到土地单价为 116 元/m^2，由基准地价系数修正法得到土地单价为 83 元/m^2，两种方法测算的地价结果有一定差距。

因此本次评估以成本逼近法测算结果为主，最终确定本次估价对象的土地单价为 116 元/m^2。

2. 估价结果

估价人员经现场查勘和对当地地产市场分析，按照地价评估的基本原则和估价程序，选择合适的估价方法，评估得到待估宗地在估价设定用途、使用年限、土地开发程度和利用条件下，于估价期日 2001 年 8 月 25 日的国有出让土地使用权价格为：

土地用途：商业用地

使用年限：50 年

土地面积：30025.23m^2

土地单价：116 元/m^2

总地价：348.29 万元

总地价大写（人民币）：叁佰肆拾捌万贰仟玖佰元整

第四部分 附 件

附件一：待估宗地《国有土地使用证》复印件
附件二：受托估价机构资质证书及营业执照
附件三：委托估价方营业执照及法人代表身份证复印件
附件四：待估宗地区域位置图

1. 在估价原则内容中，属于该土地估价技术报告不需要遵循的原则是（   ）。
   A. 替代原则　　　　　　　　　　B. 需求与供给原则
   C. 变动原则　　　　　　　　　　D. 谨慎原则
   E. 一致性原则

2. 在估价方法选择内容中，存在错误的是（   ）。
   A. 成本逼近法估价方法的选择依据
   B. 基准地价系数修正法的选择依据
   C. 采用成本逼近法评估其积算价格
   D. 采用基准地价系数修正法评估其收益价格
   E. 估价方法的选择应考虑估价基础资料的可用性

3. 成本逼近法中，存在计算错误的有（   ）。
   A. 土地取得费　　　　　　　　　B. 土地开发费
   C. 利息　　　　　　　　　　　　D. 利润
   E. 土地增值收益

4. 成本逼近法中，没有取客观费用的是（   ）。
   A. 农地取得费　　　　　　　　　B. 征地税费
   C. 土地开发费　　　　　　　　　D. 利息率
   E. 利润率

5. 成本逼近法中，存在表述错误的是（   ）。
   A. 地价测算基本公式
   B. 土地取得费包括农地取得费和有关税费
   C. 征地税费根据经验确定为 18 元/m^2
   D. 按惯例设定土地取得费为一次性支付
   E. 土地取得费、开发费和土地增值收益均以估价对象所在区域的最低费用水平为基础

6. 基准地价系数修正法中，没有明确描述的内容有（   ）。
   A. 该地块现状　　　　　　　　　B. 土地开发程度差异修正值
   C. 土地使用年限　　　　　　　　D. 期日修正系数
   E. 容积率大小

7. 下列情形中，哪些属于基准地价系数修正法中存在的错误（   ）？
   A. 影响因素条件说明表　　　　　B. "三通一平"的说明
   C. 年限修正系数的确定　　　　　D. 宗地地价的计算公式
   E. "五通一平"的说明

8. 在地价的确定内容中，存在错误的有（　　）。
A. 地价确定的方法
B. 于估价期日 2001 年 8 月 25 日的国有出让土地使用权价格
C. 土地用途：商业用地
D. 使用年限：50 年
E. 总地价大写（人民币）：叁佰肆拾捌万贰仟玖佰元整

9. 附件中缺少的资料有（　　）。
A. 土地估价委托书复印件
B. 土地估价师资格证书复印件
C. 待估宗地现状照片
D. 委托人法人代表资产证明
E. 受托人财产证明

10. 下列关于土地估价技术报告中的描述，存在错误的是（　　）。
A. 农地取得费，一般包括土地补偿费、劳动力安置补助费、青苗及地上附着物补偿费等
B. 土地开发费包括外围基础设施配套费和内部场地平整费两部分
C. 土地还原率 6%
D. 基准地价是同一地区某块工业用地地价的反映
E. 受托估价机构资质证书及营业执照

《土地估价基础与实务》考前小灶卷（三）参考答案及解析

一、不定项选择题

1. ABC	2. AB	3. ABCD	4. C	5. ABCD
6. C	7. ABC	8. ABC	9. A	10. ABCD
11. B	12. ABCD	13. ABCD	14. AB	15. ABCD

【解析】

1. ABC。土地估价报告应对估价对象的基本情况进行详细、准确的说明，包括描述其登记情况、权利情况、利用情况等。

2. AB。在文字式报告中，一般包括事实描述性内容和分析解释性内容。事实描述性内容有土地状况、有关估价事项的定义等；分析解释性内容有价格影响因素说明、市场状况、价格判断等。

3. ABCD。土地估价报告中，地价定义包括用途、土地利用条件、权利类型、年期、价格类型以及对应市场状态、估价期日等。

4. C。《资产评估法》第二十九条规定："评估档案的保存期限不少于十五年，属于法定评估业务的，保存期限不少于三十年。"因此，对评估报告及有关材料进行归档是评估工作的法定要求。

5. ABCD。根据划拨土地使用权的特征及土地估价的一般技术要求，划拨土地使用权价格评估主要有以下思路：①正算法，成本逼近法；②倒算法，出让地价扣减所有者权益法；③比较法，交易案例比较；④修正法，基准地价系数修正法。

6. C。从样本统计数量的要求看，利用聚类分析方法验证城镇土地等时，应保证参与验证的城镇数量占参加分等的城镇总数90%以上；利用市场资料验证城镇土地等时，应保证参与验证的城镇数量占参加分等的城镇总数50%以上。

7. ABC。确定城镇土地分等定级因素因子权重的常用方法有特尔菲测定法、因素成对比较法、层次分析法等。

8. ABC。农用地质量等包括农用地自然等、农用地利用等和农用地经济等。农用地分等采取逐级修正的思路，即：农用地自然等是在标准耕作制度基础上，对土地自然条件进行修正得到；农用地利用等是在自然等基础上，对土地利用水平进行修正得到；农用地经济等是在利用等基础上，对土地经济水平进行修正得到。

9. A。城镇土地分等定级采用的是多因素综合评价法，并结合土地收益、价格等信息，应用市场资料分析法等方式进行验证，综合评定土地的等和级。

10. ABCD。划分分等单元的方法有叠置法、地块法、网格法、多边形法。

11. B。从2020年开始，我国对农用地征收补偿已全部采用区片综合地价核算补偿标准，区片综合地价主要考虑土地原用途、土地资源条件、土地产值、土地区位、土地供求关系、人口及经济社会发展水平等因素进行测算。

12. ABCD。区域性因素主要包括繁华程度、交通条件、基础设施条件、公用设施条件、环境条件、周边土地利用状况、污染状况等。

13. ABCD。与市场相关的估价原则包括：①需求与供给原则；②竞争原则；③变动原则；④替代原则；⑤外部性原则。与土地本身特征相关的估价原则包括：①适合原则；②最有效利用原则；③预期收益原则；④贡献原则；⑤报酬递增、递减原则。

14. AB。在使用一些需要依赖未来情况进行判断的估价方法时，要充分考虑变动原则，如收益还原法、剩余法等。

15. ABCD。城市地价动态监测指标主要包括地价水平值、地价变化量、地价增长率和地价指数。

二、综合分析题

1. ABCD   2. AB   3. D   4. B   5. ABC
6. ABCD   7. ABC   8. ABCD 9. ABC 10. ACD

【解析】

1. ABCD。《会计法》第二十条规定："财务会计报告由会计报表、会计报表附注和财务情况说明书组成。"企业会计报表按其反映的内容不同，分为资产负债表、利润表、现金流量表、所有者权益（股东权益）变动表。

2. AB。财务报表可按照服务对象、编制时间、编制单位等可分为不同种类。①按服务对象，可分为外部报表、内部报表。②按编制时间，可分为年报、中期报表、季报、月报。③按编制单位，可分为单位会计报表、汇总报表、合并会计报表。

3. D。《不动产登记暂行条例》明确规定："不动产登记的类型包括首次登记、变更登记、转移登记、注销登记、更正登记、异议登记、预告登记、查封登记等。"预告登记是指为确保一项旨在发生未来的物权变动的债权请求权的实现，而向不动产登记机构申请办理的预先登记。

4. B。资产负债表也称财务状况表，表示企业在一定日期（通常为各会计期末）的财务状况（即资产、负债和所有者权益的状况）的主要会计报表，是企业经营活动的静态体现。

5. ABC。根据行业要求和评估习惯，与土地价值直接相关的景观分类主要依据人类影响强度划分，分为自然景观、经营景观和人文景观。

6. ABCD。景观具有的特点还包括认知主观性。

7. ABC。景观的人性化服务主要体现在以下三方面：①舒适性；②便利性；③舒缓情绪。

8. ABCD。基础设施配套的"通"指路、水、电、信、热、燃气等设施的配套程度。其中，"三通一平"包括通水、通路、通电、平整地面；"七通一平"包括通上水、通下水、通电、通信、通气、通热、通路、平整地面。

9. ABC。允许抵押的不动产包括建筑物和其他土地附着物、建设用地使用权、海域使用权等。以建筑物抵押的，该建筑物占用范围内的建设用地使用权一并抵押。以建设用地使用权抵押的，该土地上的建筑物一并抵押。抵押人未依据前款规定一并抵押的，未抵押的财产视为一并抵押。

10. ACD。不得抵押的不动产包括：土地所有权；宅基地、自留地、自留山等集体所有土地的使用权，但是法律规定可以抵押的除外；学校、幼儿园、医疗机构等为公益目的成立的非营利法人的不动产和其他公益不动产；所有权、使用权不明或者有争议的不动产；依法被查封、扣押、监管的不动产；法律、行政法规规定不得抵押的其他不动产。

三、计算题

(一)

该宗土地2017年底的收益价格
$= 83/(1+6\%) + 85/(1+6\%)^2 + 90/(1+6\%)^3 + 94/(1+6\%)^4$
$+ (95/6\%) \times [1 - 1/(1+6\%)^{16}]/(1+6\%)^4$
$= 78.30 + 75.65 + 75.57 + 74.46 + 760.46$
$= 1064.44$（万元）

(二)

(1) 计算该土地价格期日修正系数

期日修正系数＝估价期日不动产价格指数/案例交易日期价格指数，期日修正系数见下表。

年度	2017	2018	2019	2020
价格指数	100	110	120	130
期日修正系数	130/100	130/110	130/120	130/130

(2) 计算容积率修正系数

容积率修正系数＝待估土地容积率指数/案例容积率指数，以待估土地容积率指数为100，容积率修正系数见下表。

容积率	1.0	1.1	1.2	1.3	1.4
容积率指数	100	105	110	115	120
容积率修正系数	100/100	100/105	100/110	100/115	100/120

(3) 计算区域因素、个别因素修正系数

区域因素（个别因素）修正系数＝待估土地条件指数/案例条件指数，以待估土地区域因素（个别因素）条件指数为100，案例条件指数为100加上题目中表格里的条件比较差异值，修正系数见下表。

项目	A	B	C	D
区域因素修正系数	100/100	100/102	100/97	100/100
个别因素修正系数	100/96	100/100	100/102	100/97

(4) 计算各可比实例修正后的土地价格

案例A：$680 \times (130/110) \times (100/100) \times (100/96) \times (100/110) = 761.02$（元/m²）

案例 B：690×(130/110)×(100/102)×(100/100)×(100/120)=666.22（元/m²）
案例 C：700×(130/120)×(100/97)×(100/102)×(100/120)=638.71（元/m²）
案例 D：760×(130/130)×(100/100)×(100/97)×(100/115)=681.31（元/m²）

（5）估算土地价格
采用简单算术平均数计算待估土地价格：
待估土地单位价格=(761.02+666.22+638.71+681.31)/4
　　　　　　　　=686.82（元/m²）
待估土地总价=686.82×12000
　　　　　　=824.18（万元）

四、问答题

| 1. ABC | 2. ABC | 3. AB | 4. ABC | 5. D |
| 6. A | 7. ABC | 8. ABC | 9. ABD | 10. ABC |

【解析】

1. ABC。以基准地价评估宗地价格，需要考虑以下几个方面的问题：
（1）区位因素的修正；（2）个别因素的修正；（3）用途的修正；（4）期日修正；（5）年期修正；（6）开发程度修正；（7）容积率修正。

2. ABC。自然因素会影响农业用途土地的价格。

3. AB。根据变动原则和谨慎原则的内涵，采用基准地价系数修正法评估该工业用地的市场价格，不需要遵循这两个原则。

4. ABC。基准地价估价的适用范围：
（1）适宜于市场不发达情况下的宗地估价；（2）适宜于税收、抵押等保守性宗地估价目的；（3）适合于批量评估；（4）适合于作为一些政策性地价标准制订的依据。

5. D。基准地价具有时效性，法定期限是 2～3 年。

6. A。根据题意，该市房地产市场发生较大变化，因此，采用剩余法评估时要特别遵循变动原则。

7. ABC。一般而言，不动产市场价值宜选用市场比较法，也可选用收益还原法、趋势分析或者指数调整等方法进行评估。

8. ABC。保守性是成本逼近法的特点。

9. ABD。C 选项应该是基于不动产自身条件的客观价值。

10. ABC。产业方向是影响工业用途土地价格的关键因素。

五、指错题

| 1. DE | 2. AD | 3. BC | 4. BC | 5. CE |
| 6. AE | 7. AE | 8. ABC | 9. ABC | 10. CD |

【解析】

1. DE。

2. AD。基准地价修正得到的地价不是收益地价。

3. BC。土地开发费计算中缺少了平整费用；利息的计算期有错误。

4. BC。

5. CE。土地取得费、开发费和土地增值收益均以估价对象所在区域的一般费用水平为基础。

6. AE。

7. AE。缺少影响因素条件说明表;"五通一平"(即外围通路、通水、排水、通电、通信"五通"和内部场地平整)。

8. ABC。估价期日是2007年6月26日;土地用途前后不一致。

9. ABC。

10. CD。土地还原率6%没有取值依据;基准地价是同一地区工业用地平均地价水平的反映。